Tobias Hayer | Jens Kalke
Glücksspielsucht im Alter
Risikobedingungen, Entwicklungsverläufe
und Präventionsansätze

LAMBERTUS

 **Laden Sie dieses Buch kostenlos auf Ihr Smartphone, Tablet und/oder Ihren PC und profitieren Sie von zahlreichen Vorteilen:**

- **kostenlos:** Der Online-Zugriff ist bereits im Preis dieses Buchs enthalten
- **verlinkt:** Die Inhaltsverzeichnisse sind direkt verlinkt, und Sie können selbst Lesezeichen hinzufügen
- **durchsuchbar:** Recherchemöglichkeiten wie in einer Datenbank
- **annotierbar:** Fügen Sie an beliebigen Textstellen eigene Annotationen hinzu
- **sozial:** Teilen Sie markierte Texte oder Annotationen bequem per E-Mail oder Facebook

Aktivierungscode: hjga-2024
Passwort: 8187-3896

Download App Store/Google play:

- **App Store/Google play** öffnen
- Im Feld **Suchen Lambertus** eingeben
- **Laden** und **starten** Sie die **Lambertus App**
- Oben links den Aktivierungsbereich anklicken um das E-Book freizuschalten
- Bei **Produkte aktivieren** den **Aktivierungscode** und das **Passwort** eingeben und mit **Aktivieren** bestätigen
- Mit dem Button **Bibliothek** oben links gelangen Sie zu den Büchern

PC-Version:

- Gehen Sie auf www.lambertus.de/appinside
- **Aktivierungscodes** oben anklicken, um das E-Book freizuschalten
- **Aktivierungscode** und **Passwort** eingeben und mit **Aktivieren** bestätigen
- Wenn Sie Zusatzfunktionen wie persönliche Notizen und Lesezeichen nutzen möchten, können Sie sich oben rechts mit einer persönlichen E-Mail-Adresse dafür registrieren
- Mit dem Button **Bibliothek** oben links gelangen Sie zu den Büchern

Bei Fragen wenden Sie sich gerne an uns:
Lambertus-Verlag GmbH – Tel. 0761/36825-24 oder
E-Mail an info@lambertus.de

Tobias Hayer | Jens Kalke

Glücksspielsucht im Alter

Risikobedingungen, Entwicklungsverläufe
und Präventionsansätze

Bibliografische Information der Deutschen Nationalbibliothek
Die Deutsche Nationalbibliothek verzeichnet diese Publikation in der Deutschen Nationalbibliografie; detaillierte bibliografische Daten sind im Internet über http://dnb.d-nb.de abrufbar.

1. Auflage 2024
Alle Rechte vorbehalten
© 2024, Lambertus-Verlag, Freiburg im Breisgau
www.lambertus.de
Umschlaggestaltung: Nathalie Kupfermann, Bollschweil
Druck: Elanders Waiblingen GmbH
ISBN 978-3-7841-3697-4
ISBN eBook 978-3-7841-3698-1

Inhalt

Vorwort 9

1 Einleitung 11
   Tobias Hayer, Jens Kalke

2 Forschungsmodul 1: Systematische Literaturanalyse in Form eines
   Scoping Reviews 22
   Lydia Girndt, Tobias Hayer
   2.1 Hintergrund und Zielsetzung 22
   2.2 Methodik 24
   2.3 Ergebnisse 32
   2.4 Diskussion 60
   2.5 Fazit 63
   2.6 Literatur 64

3 Forschungsmodul 2: Auswertung von Kerndaten der ambulanten
   Suchthilfe 74
   Jens Kalke, Eike Neumann-Runde
   3.1 Hintergrund und Zielsetzung 74
   3.2 Methodik 75
   3.3 Auswertungen nach Altersklassen 78
   3.4 Geschlechterspezifische Unterschiede bei der älteren
       Glücksspiel-Klientel 86
   3.5 Fazit und Diskussion 88
   3.6 Literatur 90

4 Forschungsmodul 3: Qualitative Interviewstudie 92
   Michael Klein
   4.1 Ausgangslage 92
   4.2 Risikofaktoren für Glücksspielsuchtprobleme im Alter –
       Stand der Forschung 92
   4.3 Methodik 95
   4.4 Durchführung der Interviews 97
   4.5 Ergebnisse – Synoptische Darstellung 97
   4.6 Ergebnisse – Einzeldarstellung 103
   4.7 Fazit 117
   4.8 Literatur 121

5　Forschungsmodul 4: Quantitative Befragung von älteren Glücksspielenden – Ausgewählte Analysen nach soziodemografischen und glücksspielbezogenen Merkmalen 124
Veronika Möller, Jens Kalke
　5.1　Hintergrund und Zielsetzung 124
　5.2　Methodik 126
　5.3　Beschreibung der Stichprobe 131
　5.4　Ergebnisse: Gruppenvergleiche 134
　5.5　Ergebnisse: Akzeptanz von Maßnahmen des Spieler- und Jugendschutzes 142
　5.6　Diskussion und Fazit 143
　5.7　Limitationen 146
　5.8　Literatur 147

6　Forschungsmodul 5: Panel von Expertinnen und Experten zu altersgerechten Präventions- und Hilfeansätzen per Delphi-Methode 149
Tobias Turowski, Tobias Hayer
　6.1　Ausgangslage und Zielsetzung 149
　6.2　Methodik 151
　6.3　Ergebnisse 156
　6.4　Diskussion 165
　6.5　Fazit und Handlungsempfehlungen 169
　6.6　Literatur 171

7　Implikationen 173
Tobias Hayer, Jens Kalke
　7.1　Fazit 173
　7.2　Handlungsempfehlungen für Prävention, Hilfe und Forschung 176
　7.3　Literatur 179

Verzeichnis der Autorinnen und Autoren 181

Vorwort

Der soziodemografische Wandel mit der stetig steigenden Anzahl von Menschen im fortgeschrittenen Lebensalter hat in den letzten Jahren dazu geführt, dass diese Alterskohorte sukzessiv weiter in das Blickfeld der gesundheitswissenschaftlichen Forschung gerückt ist. Unterschiedliche psychische Störungen, wie etwa Depressionen, aber auch stoffgebundene Sucht- bzw. Abhängigkeitserkrankungen – hier vornehmlich bezogen auf den Alkoholkonsum und die Einnahme von Medikamenten – werden in diesem Zusammenhang verstärkt vor dem Hintergrund von alterstypischen Entwicklungsprozessen, -dynamiken und -aufgaben diskutiert. Dieser Sachverhalt trifft, zumindest was Deutschland anbelangt, bisher jedoch nicht auf das Thema „Glücksspielsucht im Alter" zu. So lassen sich national zum einen nahezu keine wissenschaftlichen Abhandlungen mit empirischen Daten zum Glücksspielverhalten älterer Personengruppen finden. Zum anderen mangelt es an Fachpublikationen mit Vorschlägen für eine Erfolg versprechende Präventions- und Interventionspraxis, die sich passgenau an diese Zielpersonen und ihre Bedürfnisse richtet. Aufgrund der Expansion des Glücksspielmarktes bzw. der Zunahme von Spielanreizen im Allgemeinen sowie der stetig wachsenden Popularität des Online-Glücksspiels im Speziellen erstaunt diese Wissenslücke umso mehr. Das vorliegende Forschungsprojekt setzt an diesem defizitären Kenntnisstand an und verfolgt erstmals in Deutschland das übergeordnete Ziel, auf breiter Basis über fünf verschiedenartige Forschungsmodule, d. h. eine systematische Literaturanalyse, die Auswertung klinischer Daten der ambulanten Suchthilfe, qualitative Interviews, eine quantitative Befragung sowie ein Panel mit Expertinnen und Experten, wissenschaftlich belastbare Befunde zum Forschungsgegenstand „Glücksspielsucht im Alter" vorzulegen. Dabei ist dieser Forschungsbericht insgesamt wie ein Herausgeberband zu lesen: Jedes Kapitel steht für sich, die Inhalte liegen ausnahmslos in der Verantwortung der jeweiligen Autorinnen und Autoren. Ein abschließendes Kapitel dient der Befundsynthese und führt zentrale Handlungsempfehlungen zusammen. Beim vorliegenden Buch handelt es sich um eine leicht gekürzte Fassung des Forschungsberichtes.

Naturgemäß wäre eine derart umfassende Forschungsarbeit nicht ohne die Unterstützung Dritter zustande gekommen. Die Auflistung der einzelnen Personen und Institutionen, die zum Gelingen dieses Forschungsprojektes beigetragen haben, würde allerdings den Rahmen des Vorwortes sprengen. Stellvertretend sei an der Stelle daher allen Glücksspielerinnen und Glücksspielern gedankt, die an unseren Befragungen teilgenommen haben. Explizit richtet sich unser Dank auch an das Bundesministerium für Gesundheit, das dieses Forschungsprojekt nicht nur finanziell gefördert, sondern darüber hinaus auch eine großzügige Verlängerungsfrist gewährt sowie der Veröffentlichung im Lambertus-Verlag zugestimmt hat. Die zu Projektbeginn nicht zu antizipierende pandemische Lage und ihre massiven Auswirkungen stellten uns gerade bei der Ansprache bzw. Rekrutierung älterer Personen – und damit einer Risikogruppe für schwere Erkrankungsverläufe im Falle einer COVID-19-Infektion – vor besondere Herausforderungen. Wir hoffen dennoch, trotz der erschwerten Rahmenbedingungen den vorab gesetzten Zielen gerecht geworden zu sein und wünschen eine spannende wie inspirierende Lektüre!

Tobias Hayer und Jens Kalke

1 Einleitung

Tobias Hayer, Jens Kalke

1.1 Ausgangslage zu Projektbeginn: Theoretischer und empirischer Hintergrund

Suchterkrankungen können in jedem Lebensabschnitt auftreten und mit mannigfaltigen Belastungen für die Betroffenen und ihr soziales Nahumfeld einhergehen. Im Wesentlichen bedingt durch den demografischen Wandel sind die älteren Generationen in den letzten Jahren zunehmend in den Fokus des gesundheitswissenschaftlichen Diskurses gerückt. Die kontinuierliche Verschiebung der Altersstruktur auf Populationsebene, die auf einer stetig steigenden Lebenserwartung sowie durchweg niedrigen Geburtenraten fußt, dürfte auch in Zukunft zu einem deutlichen Anstieg von diversen altersbezogenen psychischen, kognitiven, psychosomatischen sowie somatischen Erkrankungen und damit ebenfalls von Suchterkrankungen unterschiedlicher Art und Ausprägung führen (Riedel-Heller/Luck 2021). Entsprechend bedeutsam sind Forschungsarbeiten, die sich konkret mit dieser Altersgruppe beschäftigen, altersspezifische risikoerhöhende Bedingungen für Fehlanpassungen in jener Entwicklungsphase empirisch bestimmen und daraus folgend bedarfsgerechte Handlungsempfehlungen für Maßnahmen der Prävention, Früherkennung, Frühintervention und Behandlung ableiten.

Während substanzbezogene Störungen im Alter mittlerweile auch in Deutschland auf breiter fachlicher Basis diskutiert werden, spielt das Thema der Verhaltenssüchte im Allgemeinen und hier das Thema der Glücksspielsucht im Besonderen bislang bestenfalls am Rande eine Rolle (z. B. Wolter 2011). Selbst aktuelle Lehrbücher zu Abhängigkeitserkrankungen bei Menschen im höheren Lebensalter widmen den stoffungebundenen Suchterkrankungen in der Regel nur wenig Raum (exemplarisch hierzu siehe Savaskan/Laimbacher 2021). Ein Hauptgrund hierfür besteht in dem hierzulande vorherrschenden

Erkenntnisdefizit bzw. in weitestgehend fehlenden Befunden zum Ausmaß der Glücksspielaktivitäten von älteren Menschen einschließlich etwaiger suchtartiger Fehlentwicklungen (vgl. Kalke/Haug/Hayer 2019).

Eine der wenigen Ausnahmen stellten zu Projektbeginn[1] drei Repräsentativerhebungen der Bundeszentrale für gesundheitliche Aufklärung (BZgA) zum Glücksspielverhalten der deutschen Bevölkerung dar, die im Jahr 2015 erstmals auf epidemiologischer Ebene den Altersrahmen der Stichprobe erweiterten und die Gruppe der 66- bis 70-Jährigen inkludierten (die Altersobergrenze vorheriger BZgA-Surveys lag bei 65 Jahren). So zeigten die Ergebnisse der Erhebung von 2017, dass über alle Altersgruppen hinweg die 12-Monatsprävalenz einer Glücksspielteilnahme bei den 56- bis 70-Jährigen (als „älteste" Kategorie) mit 43,1 % am höchsten ausfällt (BZgA 2018).[2] Diese Aussage besaß für beide Geschlechter Gültigkeit (Männer: 46,2 %; Frauen: 39,8 %). Bei Differenzierung nach spezifischen Glücksspielformen wurde eine relativ große Beliebtheit von Lotterieprodukten deutlich, von denen allerdings vergleichsweise geringe Suchtgefahren ausgehen. Ferner hatte die allgemeine Glücksspielnachfrage in dieser Altersgruppe im Vergleich zu 2015 entgegen dem allgemeinen Trend insgesamt zugenommen (damals: 38,1 %). Schließlich wiesen von den 56- bis 70-jährigen Befragten 1,0 % die Symptome eines problematischen oder (wahrscheinlich) pathologischen Glücksspielverhaltens auf. Dieser Wert entsprach in etwa der Problemprävalenz der gesamten Stichprobe (0,9 %) und ließ die Formulierung der folgenden Arbeitshypothese zu: Bezogen auf Glücksspiele erweist sich sowohl die Teilnahme- als auch die Problemprävalenz bei den älteren Personen in Deutschland als keineswegs unbedeutend. Damit lag zum Zeitpunkt des Projektbeginns ein erstes zentrales Argument vor, diesen Sachverhalt hierzulande im Rahmen eines größer angelegten Forschungsprojektes in differenzierter Weise zu beleuchten.

Im internationalen Kontext konnten zudem einige empirische Studien identifiziert werden, die sich auf das Glücksspielverhalten älterer Personengruppen bezogen. Nicht umsonst fanden sich erste Übersichtsarbeiten, die den aktuellen Kenntnisstand mit jeweils unterschiedlicher Schwerpunktsetzung zusammenfassten (Ariyabuddhiphongs 2012; Guillou Landreat et al. 2019; Luo/Ferguson 2017; Matheson et al. 2018; Subramaniam et al. 2015; Tse et al. 2012). Stichpunktartig waren die folgenden vorläufigen Erkenntnisse festzuhalten: (1) Es existiert kein Konsens darüber, welche Altersgruppe unter „älteren Menschen" zu verstehen ist. (2) Eine Glücksspielteilnahme

---

1 Aktuelle Zahlen sowohl die Teilnahme- als auch die Problemprävalenz betreffend sind der Bevölkerungsumfrage von Buth/Meyer/Kalke (2022) zu entnehmen (s. Kapitel 5.1.).
2 In 2019 lag die 12-Monatsprävalenz in dieser Altersgruppe bei 40,7 % (Männer: 45,7 %; Frauen: 35,5 %; BZgA 2020).

im fortgeschrittenen Alter verkörpert keine Seltenheit; die Angaben für die 12-Monatsprävalenz schwanken je nach Land und Studie zwischen 27 % und 86 % (Tse et al. 2012). (3) Der Anteil problematisch oder pathologisch Glücksspielender stellt sich in einer extremen Bandbreite dar: So reichen die Werte für die Lebenszeitprävalenz von 0,01 % (65–74 Jahre, Dänemark) bis 10,6 % (65+ Jahre, Connecticut/USA) und die Werte für die aktuell problematisch oder pathologisch Glücksspielenden von 0 % (61+ Jahre, USA) bis 1,2 % (60+ Jahre, Manitoba/Kanada) (Subramaniam et al. 2015). (4) Die Bedeutung einzelner Glücksspielformen für die Entstehung und Manifestation glücksspielbezogener Probleme ist kaum erforscht, allerdings dürfte zumindest die Nachfrage nach Online-Glücksspielen auch in dieser Altersgruppe zukünftig an Bedeutung gewinnen.

Des Weiteren stellte sich die übergeordnete Frage nach einem Erklärungsmodell glücksspielsüchtigen Verhaltens im Alter. Als wesentliche Bedingungsgrößen kommen in diesem Zusammenhang einerseits suchtmittelunspezifische Einflüsse wie soziale Isolation bzw. sozialer Rückzug, Einsamkeit, fehlende soziale Unterstützung, Verlusterlebnisse (u. a. Scheidung, Tod der Lebenspartnerin bzw. des Lebenspartners) sowie andere einschneidende Lebensereignisse (u. a. Ausstieg aus dem Berufsleben, Pflege von Angehörigen), Strukturlosigkeit, eine generell erschwerte Teilhabe am sozialen Leben, finanzielle Engpässe oder immer häufiger auftretende somatische Beschwerden in Betracht. Hier liegt die These nahe, dass die Teilnahme am Glücksspiel – ähnlich wie bei anderen Suchtmitteln – funktional im Sinne einer Selbstmedikation oder Selbstbehandlung der Linderung negativer Emotionen und alltäglicher Belastungen dient. Andererseits umfassen glücksspielspezifische Risikofaktoren in erster Linie die generelle Erhöhung der Verfügbarkeit von Glücksspielen sowie gezielt bei älteren Personen greifende Spielanreize und Lockangebote (z. B. sog. Kasino-Ausflüge oder Vergnügungsfahrten in den USA). Darüber hinaus steht die Einnahme bestimmter Medikamente (z. B. Dopamin-Agonisten bei Parkinson-Erkrankungen) mit einem erhöhten Risiko für die Entwicklung eines problematischen Glücksspielverhaltens in Verbindung. Hintergrund dieser medikamenteninduzierten Glücksspielsucht dürfte eine pathologische Überaktivierung des dopaminergen Belohnungs- und Verstärkungssystems sein (Wolfschlag/Håkansson 2023). Gerade im fortgeschrittenen Alter muss daher immer die Abklärung einer organischen Ursache bei Erstauftreten einer glücksspielbedingten Fehlanpassung in Betracht gezogen werden.

Einschränkend ist allerdings darauf hinzuweisen, dass die oben zitierten Reviews entweder inzwischen als veraltet gelten oder aber lediglich spezifische Teilaspekte des Themenkomplexes „Glücksspielverhalten und

Glücksspielsucht im Alter" bedienen (z. B. kulturspezifische Fragestellungen bei Luo/Ferguson 2017 oder ausschließlich Bedingungsfaktoren einer Glücksspielstörung bei Guillou Landreat et al. 2019). Daneben dürfte vor allem die in den einzelnen Primärstudien definierte untere Altersgrenze in der Stichprobenziehung ein Stück weit die Höhe der Teilnahme- und Problemprävalenzen bedingen: So ist bei niedrigeren Schwellenwerten (z. B. Samples im Alter von 50+-Jahren) generell mit einer ausgeprägteren (problematischen) Glücksspielbeteiligung zu rechnen als bei höheren Schwellenwerten (z. B. Samples im Alter von 65+-Jahren). Entsprechend bestand ein großer Bedarf an einer systematischen und breit ausgerichteten Synthese des aktuellen Forschungsstandes. Dieser Umstand bedeutete ein zweites gewichtiges Argument zur Durchführung dieses Forschungsprojektes.

Schließlich offenbarte die Fachliteratur grundsätzlich ein gravierendes Erkenntnisdefizit im Hinblick auf wirksame Präventions- und Interventionsansätze bei älteren Glücksspielerinnen und Glücksspielern (Matheson et al. 2018). Hinzu kam, dass in Deutschland ein gewisser Behandlungsbedarf zwar durchaus schon erkannt wurde (z. B. Schwager 2013), gleichzeitig aber evidenzgeleitete Handlungsempfehlungen für die Praxis im Sinne von „Good-Practice-Ansätzen" in Gänze fehlten. Ähnliches galt ebenfalls für Maßnahmen des Spielerschutzes und deren Passgenauigkeit für ältere Generationen. An dieser Stelle ließ sich somit ein drittes überzeugendes Argument für die Notwendigkeit altersbezogener Forschung mit Glücksspielbezug in Deutschland ableiten.

Grundsätzlich liegt dem Forschungsprojekt ein suchttheoretisches Rahmenkonzept zugrunde (vgl. Meyer/Bachmann 2017). Die mit glücksspielbedingten Fehlentwicklungen assoziierten Erlebensweisen, Risikobedingungen, Symptome, Krankheitsverläufe und Negativfolgen weisen frappierende Ähnlichkeiten zu stoffgebundenen Suchtstörungen auf, sodass hier und im Folgenden von der Glücksspielsucht als stoffungebundene Suchterkrankung die Rede ist (Hayer/Meyer/Girndt 2018/2019). In der Fachliteratur findet sich eine Vielzahl an Begriffen, die Fehlanpassungen im Zusammenhang mit Glücksspielen kennzeichnen. Hierzu zählen unter anderem Adjektive wie exzessiv, zwanghaft, riskant, problematisch, gestört, (wahrscheinlich) pathologisch und süchtig (Hayer 2012). Nachfolgend werden die Begriffe „Störung durch Glücksspielen" bzw. „Glücksspielstörung" (als aktuell formal-klassifikatorisch korrekte Bezeichnung; American Psychiatric Association 2015) und „pathologisches Glücksspielverhalten" (als veraltete diagnostische Bezeichnung) sowie Glücksspielsucht aus dem allgemeinen Sprachgebrauch als Synonyme zur Beschreibung dieser Störungsentität verwendet. Handlungsleitend ist dabei jeweils die Terminologie aus den zitierten Primärquellen. Termini wie „glücksspielbezogene Probleme" oder „problematisches Glücksspielverhalten" sind hingegen als Oberkategorien zu verstehen, die verschiedenartige Facetten normabweichender Verhaltens- und Erlebensweisen im Kontext des Glücksspiels und somit auch subklinisch relevante Ausprägungen dieses Phänomens umfassen.

Weiterhin bietet die Suchttrias eine Art heuristisches Ordnungsschema an, das suchtmittel-, umgebungs- und individuumsbezogene Bedingungsfaktoren im Hinblick sowohl auf ihre risikoerhöhende als auch auf ihre risikominimierende Wirkung unterscheidet. Beispielsweise könnte die regelmäßige Teilnahme an bestimmten Glücksspielformen mit hohem Suchtpotenzial als Risikofaktor fungieren. Hingegen geht womöglich eine regelmäßige Beteiligung am Lottospiel oder bei Bingo (= Glücksspielformen mit eher geringem Suchtpotenzial) sogar – gerade bei älteren Menschen – mit einem Schutz- oder Puffereffekt einher (zumindest im statistisch-technischen Sinne). Ein möglicher Erklärungsansatz bezieht sich auf die ausgeprägtere soziale Teilhabe dieser Subgruppe, die auch die Nachfrage nach bestimmten Glücksspielen miteinschließt und damit einen Indikator für psychisches Wohlbefinden darstellen könnte. Damit wird deutlich, dass diesem Forschungsprojekt ein breites Verständnis von „Glücksspielen" zugrunde liegt, das alle möglichen Spielarten von Wohlfahrtslotterien bis zu virtuellen Automatenspielen meint. Gemeinsamer definitorischer Nenner aller Glücksspielformen ist a) die ausschließliche (z. B. bei Lotto oder Roulette) oder überwiegende (z. B. bei Poker oder Sportwetten) Zufallsbezogenheit der Spielausgänge, b) der in Aussicht gestellte Gewinn in Form eines nicht unerheblichen Vermögenswertes und c) der Geldeinsatz als Voraussetzung für eine Glücksspielteilnahme (Meyer/Bachmann 2017).

Darüber hinaus erweist sich der Rückgriff auf grundlegende Konstrukte aus den Entwicklungswissenschaften (vgl. Petermann/Niebank/Scheithauer 2004), spezifiziert im Hinblick auf die hier im Fokus stehende Zielgruppe, hier als sinnvoll. Im Kern wird die Suchtperspektive damit um das Konzept altersspezifischer Entwicklungsaufgaben ergänzt. Generell verkörpern Entwicklungsaufgaben Bindeglieder zwischen gesellschaftlichen Anforderungen und individuellen Bedürfnislagen. Sie gelten daher auch als Schlüssel für das Verständnis von Anpassungen und Fehlanpassungen: Während ihre erfolgreiche Bewältigung mit einer positiven Entwicklungsprognose verknüpft ist, begünstigen misslungene Bewältigungsversuche die Entstehung von Problemverhalten unterschiedlicher Art und Intensität. So stellt etwa der Ausstieg aus dem Berufsleben einen gravieren Einschnitt in die bisherige Lebensgestaltung dar, der eine Sinnkrise auslösen und die Flucht in einem verstärkten Suchtmittelkonsum bzw. eine Intensivierung des Glücksspielverhaltens bedingen kann (vgl. mit Preston/Shapiro/ Keene 2007, die in vergleichbarer Weise versucht haben, Erkenntnisse aus der Glücksspielsuchtforschung mit Erkenntnissen aus der Literatur zum „Erfolgreichen Altern" und den besonderen Anforderungen dieser sensiblen Entwicklungsphase zu verbinden). Für Deutschland ist zu berücksichtigen, dass die Regelaltersgrenze für den Bezug einer Altersrente lange Zeit stabil bei 65 Jahren lag, seit 2012 aber eine schrittweise Erhöhung auf 67 Jahre erfolgt (Bund-Länder Demografie Portal 2023). Das tatsächliche Eintrittsalter in die Rente ist für beide Geschlechter allerdings niedriger: Im Durchschnitt beziehen Frauen mit 64,2 Jahren und Männer mit 64,1 Jahren erstmalig Rente. Aufgrund der in den letzten Jahrzehnten deutlich gestiegenen Lebenserwartung stellt diese Entwicklungsphase nach dem Erwerbsleben inzwischen einen beträchtlichen Anteil der gesamten Lebensspanne dar, die mit sehr heterogenen Verläufen und einer großen „Bandbreite an Ruheständen" assoziiert ist (Micheel et al. 2018). Insbesondere der Wegfall einer identitätsstiftenden bzw. subjektiv als bedeutsam erlebten Erwerbstätigkeit verlangt nach diversen Anpassungsleistungen an die neue einschneidende Lebenssituation. Dabei hängt das Gelingen von verschiedenen Komponenten ab, etwa von der wahrgenommenen Kontrolle des Wechsels in den Ruhestand (u. a. eigen- vs. fremdmotiviert) oder den allgemeinen Möglichkeiten der sozialen Teilhabe im fortgeschrittenen Alter. In Anlehnung an Ponomaremko (2020) lässt sich festhalten, dass die Entwicklung der Lebenszufriedenheit im Zuge der Verrentung im Wesentlichen auf zwei Faktorenbündeln fußt: der bisherigen Erwerbssituation und den spezifischen Übergangsbedingungen. Die Gründe für Fehlanpassungen im Alter, wie beispielsweise eine exzessive Beschäftigung mit dem Glücksspiel, sind daher immer auch vor dem Hintergrund dieser besonderen Entwicklungsaufgaben zu suchen.

Der Vollständigkeit halber sei abschließend erwähnt, dass Personen mit einer Glücksspielproblematik im fortgeschrittenen Alter mit hoher Wahrscheinlichkeit keine homogene Einheit bilden (vgl. Hayer et al. 2018). Eine denkbare Unterscheidung wäre, Betroffene mit einem frühen Problembeginn im jüngeren Erwachsenenalter und persistierenden oder immer wiederkehrenden Belastungen (als „early starters" bezeichnet) von Betroffenen zu unterscheiden, deren Glücksspielproblematik als krisenhafte Reaktion auf eine Akutbeanspruchung (z. B. Verlusterleben) erst im späteren Entwicklungsverlauf entsteht (als „late starters" oder „geriatric onset" bezeichnet).

1.2 Ziele und Methodik im Überblick

Von diesem lückenhaften Forschungsstand ausgehend verfolgt dieses Projekt das übergeordnete Ziel, erstmals in Deutschland wissenschaftlich belastbare Befunde zum Thema „Glücksspielverhalten und Glücksspielsucht im Alter" vorzulegen. Gemäß der Ausschreibung sind vor allem spezifische Risikobedingungen eines problematischen bzw. pathologischen Glücksspielverhaltens unter älteren Betroffenen herauszuarbeiten. Darüber hinaus bedarf es der evidenzgestützten Ableitung von Ansatzpunkten für Präventions- und Hilfemaßnahmen, die sich passgenau an die Bedürfnisse dieser Altersgruppe richten. Aufgrund des ausgeprägten Wissensdefizits war es in diesem Zusammenhang daher am ehesten zielführend, sich dem Forschungsgegenstand möglichst breit und offen über verschiedene Module bzw. mit einem Methodenmix anzunähern. Zugleich erklärt sich damit auch der explorative Charakter des Forschungsprojektes, da feste Vorannahmen oder sogar die Vorgabe von konkreten Hypothesen zu Projektbeginn nicht zielführend erschienen.

Eine zentrale Überlegung a priori bezog sich auf die Zielpopulation und damit die Frage, was unter „Alter" überhaupt zu verstehen ist. In der internationalen Literatur werden ältere Glücksspielteilnehmende unterschiedlich definiert: Die Spannbreite reicht hier von 50+ bis 65+ Jahren (vgl. Kalke et al. 2019). In Deutschland existiert keine allgemeinverbindliche rechtliche Definition der Begriffe „ältere Menschen" oder „Seniorinnen und Senioren". Auch im politischen oder fachöffentlichen Sprachgebrauch knüpfen diese Begriffe nicht an feste Altersgrenzen an. Dieser Umstand ist der Erkenntnis geschuldet, dass die Erscheinungsformen des Alters sehr vielfältig sind und Menschen desselben Alters sich in sehr verschiedenen Lebensumständen befinden können, sodass das chronologische Alter allein wenig aussagekräftig ist. In der Statistik findet sich ebenfalls keine offizielle Definition. Im vorliegenden Fall fiel deshalb aus pragmatischen Gründen die Entscheidung für eine Definition von 60+-Jahren: Einerseits liegt diese in etwa in der Mitte der in der internationalen Literatur gewählten Altersgrenzen für ältere Glücksspielende, andererseits lässt eine solche Festlegung aussagekräftige Fallzahlen in den einzelnen Forschungsmodulen erwarten.

Das Forschungsprojekt umfasst insgesamt fünf eigenständige Module, die eine Kombination aus quantitativen und qualitativen Methoden sowie einer Literaturanalyse bilden. Ein derartiger Methodenmix ist ein häufig gewählter Ansatz für explorativ angelegte Studien, um sich einem bislang weitestgehend vernachlässigten Forschungsgegenstand möglichst in seiner ganzen Breite anzunähern. Dabei bedienen die einzelnen Module unterschiedliche Facetten des Phänomens „Glücksspielsucht im Alter", ohne jedoch den Bezug zueinander zu verlieren.

Im Einzelnen wurde im Rahmen eines Scoping Reviews zunächst eine umfassende Literaturanalyse durchgeführt (Kapitel 2). Hauptziel dieses ersten Moduls war es, den aktuellen Forschungsstand zum Thema „Glücksspielverhalten und Glücksspielsucht im Alter" möglichst breit abzudecken und weiterführende Impulse für die Ausgestaltung der nachfolgenden Forschungsmodule zu erhalten. Dabei flossen 68 Primärstudien in die Befundsynthese ein, darunter befanden sich 61 Originalartikel und sieben Reviews. In einem zweiten Forschungsmodul erfolgte eine quantitative Analyse von Daten aus der ambulanten Suchthilfe in Abhängigkeit von verschiedenen Altersgruppen (Kapitel 3). Grundlage der Auswertung war ein aggregierter Datensatz aus den Bundesländern Hamburg, Hessen, Nordrhein-Westfalen und Schleswig-Holstein mit Informationen zu insgesamt n = 597 älteren Glücksspielenden bei einer Gesamtstichprobe von N = 13.958 Glücksspiel-Klientinnen und -Klienten. Demgegenüber nimmt Forschungsmodul 3 eine „verstehende" Perspektive ein, indem über die Durchführung von qualitativen, problemzentrierten Interviews die subjektiven Erlebenswelten der Zielgruppe greifbarer gemacht (d.h. „mit Leben gefüllt") und Tiefenwissen zum Forschungsgegenstand „Glücksspielsucht im Alter" aus erster Hand generiert wurden (Kapitel 4). Der Stichprobe gehörten N = 12 ältere Personen mit einer ehemaligen oder aktuellen Glücksspielproblematik an. Forschungsmodul 4 wiederum setzt auf quantitative Datenanalyse und eine standardisierte Befragung von älteren aktiven Glücksspielerinnen und Glücksspielern (Kapitel 5). Dabei fand die Ansprache der Zielgruppe entweder direkt vor Ort in verschiedenen Spielstätten bzw. in ihrem direkten Umfeld (d.h. Lottoannahmestellen, Spielbanken-Glücksspielautomaten, Spielbanken-Tischspiel, Wettbüros und Spielhallen) oder online mittels eines internetgestützten Befragungs-Tools statt. Im Ganzen konnten N = 515 Personen zur Beantwortung des Fragebogens motiviert werden. Das abschließende Forschungsmodul 5 besteht aus einem Panel aus Expertinnen und Experten, die im Wesentlichen Aussagen zu altersspezifischen Präventions- und Hilfemaßnahmen für ältere Glücksspielende fachlich bewerten sollten (Kapitel 6). Der grundsätzliche Zweck dieses Vorgehens nach der sogenannten Delphi-Methode besteht in der Bündelung des Wissens von Fachleuten zu einem wenig beforschten Sachverhalt einschließlich des Versuches einer Konsensbildung. Im vorliegenden Fall zählten 15 Expertinnen und Experten zum Panel.

Schließlich umfasst ein letzter Forschungsschritt die Erstellung eines kurzen Abschlusskapitels (Kapitel 7), das die Implikationen der einzelnen Forschungsmodule integrativ zusammenführt. Nach einem komprimierten Fazit mündet der Projektbericht in der Formulierung von evidenzgestützten Handlungsempfehlungen für die Praxis in Sachen „Glücksspielsucht im Alter". Unabhängig davon verfolgt das vorliegende Forschungsprojekt den Anspruch, dass jedes Kapitel eigenständig zu lesen ist und somit „für sich steht". Entsprechend liegt die Verantwortung für die Inhalte der einzelnen Kapitel ausschließlich bei den jeweiligen Verfasserinnen und Verfassern.

1.3 Literatur

American Psychiatric Association (APA)/Falkai, P., Wittchen, H.-U., Döpfner, M., Gaebel, W., Maier, W., Rief, W., Saß, H./Zaudig, M. (Hrsg.) (2015). Diagnostisches und Statistisches Manual Psychischer Störungen DSM-5. Göttingen: Hogrefe.

Ariyabuddhiphongs, V. (2012). Older adults and gambling: A review. International Journal of Mental Health and Addiction, 10, 297–308.

Bund-Länder Demografie Portal (2023). Verfügbar unter: www.demografie-portal.de/DE/Fakten/renteneintrittsalter.html (abgerufen am 03.02.2023).

Bundeszentrale für gesundheitliche Aufklärung (BZgA) (2018). Glücksspielverhalten und Glücksspielsucht in Deutschland: Ergebnisse des Surveys 2017 und Trends. BZgA: Köln.

Bundeszentrale für gesundheitliche Aufklärung (BZgA) (2020). Glücksspielverhalten und Glücksspielsucht in Deutschland: Ergebnisse des Surveys 2019 und Trends. BZgA: Köln.

Buth, S., Meyer, G./Kalke, J. (2022). Glücksspielteilnahme und glücksspielbezogene Probleme in der Bevölkerung – Ergebnisse des Glücksspiel-Survey 2021. Hamburg: Institut für interdisziplinäre Sucht- und Drogenforschung (ISD).

Guillou Landreat, M., Cholet, J., Grall Bronnec, M., Lalande, S./Le Reste, J. Y. (2019). Determinants of gambling disorders in elderly people. Frontiers in Psychiatry, 10:837.

Hayer, T. (2012). Jugendliche und glücksspielbezogene Probleme: Risikobedingungen, Entwicklungsmodelle und Implikationen für präventive Handlungsstrategien. Frankfurt/M.: Peter Lang.

Hayer, T., Brosowski, T., Meyer, G./Prkno, M. (2018). Unterschiedliche Subtypen von pathologischen Glücksspielerinnen und Glücksspielern: Empirische Befunde aus dem ambulanten Suchthilfesystem. Suchttherapie, 19, 21–30.

Hayer, T., Meyer, J./Girndt, L. (2018/2019). Glücksspiele und Glücksspielsucht: Ausgewählte Forschungsbefunde und Herausforderungen für das Suchthilfesystem. rausch: Wiener Zeitschrift für Suchttherapie, 7/8, 340–348.

Luo, H./Ferguson, M. (2017). Gambling among culturally diverse older adults: a systematic review of qualitative and quantitative data. International Gambling Studies, 17, 290–316.

Kalke, J., Haug, S./Hayer, T. (2019). Glücksspiele und Glücksspielsucht im Alter - Ein kursorischer Forschungsüberblick. SuchtMagazin, 45 (5), 33–37.

Matheson, F. I., Sztainert, T., Lakman, Y., Steele, S. J., Ziegler, C. P./Ferentzy, P. (2018). Prevention and treatment of problem gambling among older adults: A scoping review. Journal of Gambling Issues, 39, 6–66.

Meyer, G./Bachmann, M. (2017). Spielsucht: Ursachen, Therapie und Prävention von glücksspielbezogenem Suchtverhalten (4. Aufl.). Berlin: Springer.

Micheel, F., Cihlar, V., Konzelmann, L./Zins, S. (2018). Die Lebensgestaltung im Un-Ruhestand: Einordnung und empirische Schlaglichter. Bevölkerungsforschung Aktuell, 6, 2–12.

Petermann, F., Niebank, K./Scheithauer, H. (2004). Entwicklungswissenschaft: Entwicklungspsychologie, Genetik, Neuropsychologie. Berlin: Springer.

Ponomarenko, V. (2020). Subjektives Wohlbefinden nach dem Rentenübertritt: Eine Analyse zu Zufriedenheitsveränderungen mit europäischen Daten. Informationsdienst Soziale Indikatoren, 64. DOI: 10.15464/isi.64.2020.1–6.

Preston, F. W., Shapiro, P. D./Keene, J. R. (2007). Successful aging and gambling: Predictors of gambling risk among older adults in Las Vegas. American Behavioral Scientist, 51, 102–121.

Riedel-Heller, S./Luck, T. (2021). Epidemiologie gerontopsychiatrischer Erkrankungen. In: Klöppel, S./Hessen, F. (Hrsg.), Praxishandbuch Gerontopsychiatrie und -psychotherapie: Diagnostik und Therapie im höheren Lebensalter (S. 7–14). München: Elsevier.

Savaskan, E./Laimbacher, S. (Hrsg.) (2021). Abhängigkeitserkrankungen im Alter: Empfehlungen zur Prävention, Diagnostik und Therapie. Bern: Hogrefe.

Schwager, J.-C. (2013). Die Behandlung von älteren Glücksspielern. In: Petry, J. (Hrsg.), Differentielle Behandlungsstrategien bei pathologischem Glücksspielen (S. 49–61). Freiburg: Lambertus.

Subramaniam, M., Wang, P., Soh, P., Vaingankar, J. A., Chong, S. A., Browning, C. J./Thomas, S. A. (2015). Prevalence and determinants of gambling disorder among older adults: A systematic review. Addictive Behaviors, 41, 199–209.

Tse, S., Hong, S. I., Wang, C. W./Cunningham-Williams, R. M. (2012). Gambling behavior and problems among older adults: A systematic review of empirical studies. Journals of Gerontology Series B: Psychological Sciences and Social Sciences, 67, 639–652.

Wolfschlag, M./Håkansson, A. (2023). Drug-induced gambling disorder: Epidemiology, neurobiology, and management. Pharmaceutical Medicine. DOI: 10.1007/s40290-022-00453-9.

Wolter, D. K. (2011). Sucht im Alter – Altern und Sucht: Grundlagen, Klinik, Verlauf und Therapie. Stuttgart: Kohlhammer.

2 Forschungsmodul 1: Systematische Literaturanalyse in Form eines Scoping Reviews

Lydia Girndt, Tobias Hayer

2.1 Hintergrund und Zielsetzung

In Deutschland ist der Anteil von Menschen im Alter von mindestens 60 Jahren an der Gesamtbevölkerung laut Statistischem Bundesamt (Statistisches Bundesamt 2021a) von 26,7 % im Jahr 2011 bis auf 28,9 % im Jahr 2020 gestiegen. Bei Betrachtung der absoluten Zahlen zeigt sich, dass sich im Jahr 2020 insgesamt gut 24 Millionen Personen im Rentenalter oder im Übergang dazu befanden. Obwohl auch der Anteil der Menschen im Rentenalter, die weiterhin erwerbstätig sind, von 4,0 % auf 8,0 % innerhalb von zehn Jahren deutlich angestiegen ist (Statistisches Bundesamt 2021b), lässt sich insgesamt von einem erhöhten Anteil frei verfügbarer Zeit in dieser Altersgruppe ausgehen.

Durch eine Zunahme altersbedingter körperlicher Einschränkungen, die mit begrenzter Mobilität einhergehen können, schrumpfen andererseits mit zunehmendem Alter tendenziell die Möglichkeiten zur aktiven Freizeitgestaltung. Zugleich erhöht sich durch einen Anstieg der Todesfälle im Freundes- und Bekanntenkreis das Risiko zur Vereinsamung (Tse et al. 2012). Eine Glücksspielteilnahme kann im Alter zunächst eine Möglichkeit darstellen, die Freizeit zu füllen bzw. dem Alltag und der Langeweile zu entfliehen sowie neue Leute zu treffen (McNeilly/Burke 2000).

Aus der Perspektive von Glücksspielanbietern liegt in der Kombination aus altersbezogenen Attributen wie höherer Freizeitanteil bei geringeren Gestaltungsmöglichkeiten und steigendem Bedarf nach neuen sozialen Bezügen die Chance, mit Marketingmaßnahmen eine interessante und wachsende Zielgruppe anzusprechen. Mehrere internationale Studien (vgl. Bjelde/Chromy/Pankow 2008; Guillou Landreat et al. 2019) berichten von eigens für diese Zielgruppe angebotenen Kasino-Bustouren. Aus der Perspektive des Spielerschutzes sprechen altersbezogene Veränderungen für eine potenziell vulnerable Gruppe, die sich aus Mangel an anderen anregenden Aktivitäten zu stark an das Glücksspiel binden oder es zur dysfunktionalen Bewältigung altersbedingter Herausforderungen nutzen kann und womöglich durch fixe, begrenzte Einnahmen keine Möglichkeiten hat, größere Verluste auszugleichen (vgl. Tirachaimongkol/Jackson/Tomnay 2010).

Seit etwa Anfang dieses Jahrtausends gibt es daher international eine wachsende Zahl an Studien zum Themenkomplex „Ältere Menschen und Glücksspiel" in denen als Ausgangslage verallgemeinert ausgedrückt steht, es gebe immer mehr ältere Menschen, die aufgrund ihrer Situation einem besonderen Risiko durch Glücksspielteilnahme ausgesetzt seien oder sein könnten (vgl. Tse et al. 2012). Deshalb beschäftige sich die jeweilige Studie mit einer diesbezüglichen Fragestellung. Das gilt auch für das vorliegende Forschungsprojekt. Die Definition der Gruppe älterer Menschen schwankt allerdings zwischen den Studien. So wird die untere Altersgrenze zwischen 50 (vgl. Granero et al. 2020b) und 65 Jahren (vgl. Foottit/Anderson 2012) angesetzt. Zum Teil gibt es innerhalb der Stichprobe älterer Menschen im Sinne von Seniorinnen und Senioren (im Englischen im Sinne von „elderly") weitere Subgruppen, die miteinander verglichen werden (vgl. Foottit/Anderson 2012).

Das Forschungsmodul 1 dieses Projekts soll daher in Form eines Scoping Reviews einen relativ breiten Überblick darüber ermöglichen, was aus dem großen Themenkomplex in den letzten zehn Jahren in welcher Intensität untersucht wurde, wo bereits mehrere Befunde in die gleiche oder in widersprüchliche Richtungen weisen und wo noch Erkenntnisse ausstehen. Ein solcher Überblick trägt nicht nur dazu bei, die eigenen Befunde angemessen einzuordnen, sondern kann darüber hinaus als Ausgangsbasis dafür dienen, worauf in künftigen Untersuchungen zum Themenbereich „Alter und Glücksspielsucht" ein besonderes Augenmerk zu legen ist.

Entsprechend untersucht diese systematische Übersichtsarbeit die Fragestellung: Wie stellt sich die internationale Forschungslandschaft der vergangenen zehn Jahre zum Themenkomplex Glücksspielsucht im Alter dar, für welche Altersgruppen steht „im Alter" und welche Kernbefunde zu unterschiedlichen Fragestellungen werden genannt?

2.2 Methodik

Die wissenschaftliche Erforschung der Gruppe der Seniorinnen und Senioren bezüglich ihrer Teilnahme am und Gefährdung durch das Glücksspiel erfolgt in vielfältigen Kulturen und Regionen unter diversen Gesichtspunkten und Fragestellungen sowie mit unterschiedlichen methodischen Ansätzen. Während ein systematischer Review den Stand der Evidenz zu einer spezifischen Fragestellung untersucht und bewertet, ermöglicht ein Scoping Review die systematische Darstellung der Forschungslandschaft zu einem breiteren Themenkomplex (Munn et al. 2018). Daraus lässt sich ableiten, welche Fragestellungen mit welcher Methodik bereits in welchen Kulturen und Regionen bearbeitet wurden und wo andererseits noch Forschungslücken bestehen bzw. wie unterschiedlich oder einheitlich bestimmte Konzepte und Konstrukte definiert werden (Arksey/O'Malley 2005). Gemein ist den beiden Review-Formen die rigorose systematische Methodik in Verbindung mit hoher Transparenz (Munn et al. 2018).

Methodisches Vorgehen in Scoping Reviews
Arksey und O'Malley (2005) beschreiben fünf Projektstadien von Scoping Reviews, in denen einzelne Schritte nicht zwingend linear, sondern gegebenenfalls iterativ zu durchlaufen sind, um einen möglichst vollständigen Überblick zu bekommen:
1. Identifikation der Fragestellung
2. Identifikation relevanter Studien
3. Studienselektion
4. Kartierung bzw. tabellarische Extraktion der Daten
5. Ergebnisdarstellung
6. Beratender Austausch mit Interessenvertreterinnen und Interessenvertretern aus Praxis und Politik (optional).

Aufbauend auf ihren Erfahrungen in der Umsetzung dieses Vorgehensmodells formulieren Levac, Colquhoun und O'Brien (2010) Empfehlungen zu den einzelnen Stadien. So weisen sie beispielsweise darauf hin, die Fragestellung unter Beibehaltung der angestrebten Breite der Untersuchung ausreichend klar zu definieren, sodass sich eine zielgerichtete Recherche sowie Selektionskriterien ableiten lassen. Weiterhin schlagen sie eine Recherchestrategie vor, die die Beantwortung der Fragestellung ermöglicht, zugleich jedoch die forschungsökonomische Machbarkeit berücksichtigt. Bezüglich der Studienselektion raten sie zur Teamarbeit, in der sich mindestens zwei Forschende frühzeitig bezüglich der Kriterien abstimmen und ihre Selektionsergebnisse diskursiv miteinander abgleichen. Auch das Kodierungsschema zur Extraktion der Daten sollte nach Levac et al. (2010) im Team abgestimmt und anhand einiger Testkodierungen erprobt sein. Für die Ergebnisdarstellung empfiehlt die Publikation ein Vorgehen in drei distinkten Schritten: Analyse, Darstellung und Interpretation der kodierten Daten. Für den beratenden Austausch mit Praktikerinnen und Praktikern schlagen sie als Zeitpunkt das Vorliegen vorläufiger Ergebnisse in Schritt 5 vor, sodass Interpretationsideen aus der Praxis mit einfließen. Weitestgehend entsprechen diese Empfehlungen den Erfahrungen des Forschungsteams für den vorliegenden Review mit vorherigen systematischen Reviews (vgl. Kalke/Hayer 2018; Hayer/Girndt/Kalke 2019), die sich im methodischen Vorgehen an den PRISMA-Richtlinien („Preferred Reporting Items for Systematic Reviews and Meta-Analyses"; vgl. Liberati et al. 2009; Moher et al. 2011) orientieren. Eine auf Scoping-Reviews ausgelegte Erweiterung letztgenannter Richtlinien bieten Tricco et al. (2018) mit den PRISMA-ScR, zu deren Umsetzungsleitlinien Peters et al. (2020) ergänzende Erläuterungen liefern. Die an Arksey und O'Malley (2005) angelehnten methodischen Schritte des vorliegenden Reviews sind im Folgenden dargestellt.

Identifikation der Fragestellung

Die einleitend genannte Fragestellung zielt sowohl auf das Erstellen einer aktuellen Forschungslandkarte zum Themenkomplex „Glücksspielsucht im Alter" mit Ableitung etwaiger Forschungslücken ab als auch auf eine Übersicht der gewählten Altersdefinitionen. Daher wird für dieses Modul nicht die für das Gesamtprojekt geltende untere Altersgrenze von 60 Jahren gewählt, sondern die Festlegung der unteren Altersgrenzen in den aufgenommenen Studien ist Teil des Erkenntnisinteresses.

Recherchestrategie und Studienselektion

Die eingesetzte Recherchestrategie und die daran anschließende Studienselektion wurden so gewählt, dass der Review die Breite des Themenkomplexes angemessen erfasst und zugleich die forschungsökonomisch bedingten Grenzen Berücksichtigung finden. Recherchestrategie, Einschluss- und Ausschlusskriterien wurden von zwei Mitgliedern des Forschungsteams diskutiert und final abgestimmt.

Die Recherche richtete sich auf Studien, die explizit die Glücksspielteilnahme und/oder glücksspielbezogene Probleme bei Älteren im Sinne von Seniorinnen und Senioren untersuchen, die sich in der Lebensphase befinden, in der bei Erwerbstätigen der Übergang in den Ruhestand stattfindet oder abgeschlossen ist. Dies sollte sich darin ausdrücken, dass eine entsprechende Haupt- oder Teilfragestellung im Titel oder Abstract der Veröffentlichung genannt ist. Fokussiert wurde auf Studien, die im Zeitraum von 2010 bis 2020 online oder offline in peer-reviewten Fachzeitschriften erschienen sind und entweder als empirische Originalstudie oder als Review vorliegen. Über die eingeschlossenen Reviews sind mittelbar auch Originalstudien vor dem genannten Zeitraum erfasst, sofern sie eine davor bereits mehrfach untersuchte Fragestellung betreffen. Grundsätzlich würde ein Scoping Review den Einschluss grauer Literatur rechtfertigen, um einen Themenkomplex vollständig zu erfassen. Allerdings lässt das Vorliegen erster Übersichtsarbeiten erkennen, dass das Themenfeld bereits so weit erschlossen ist, dass der Verzicht auf graue Literatur – wie es nachfolgend der Fall ist – nicht zu einem Übersehen von Kernfragestellungen führt. Ähnliches gilt für Fallstudien, die grundsätzlich die Untersuchung der Erkenntnisse an einer größeren Stichprobe anregen können, hier jedoch nicht miterfasst wurden. Eine Übersicht über die gewählten Einschlusskriterien bietet Tabelle 2.1.

Tabelle 2.1: Einschlusskriterien

Kriterium
Die zentrale Fragestellung oder eine explizite Teilfragestellung der Untersuchung betrifft Zusammenhänge zwischen dem Seniorenalter und der Glücksspielteilnahme bzw. glücksspielbezogenen Problemen. Entsprechend findet sie im Titel und/oder Abstract Erwähnung.
Es handelt sich um eine online oder offline in einer Fachzeitschrift mit Peer-Review-Verfahren publizierte Arbeit.
Es handelt sich um eine empirische Originalarbeit oder eine Übersichtsarbeit (Review) zu „echtem" Glücksspiel mit klarer Darstellung des methodischen Vorgehens.
Die Arbeit wurde im Zeitraum 2010 bis 2020 veröffentlicht.

Anmerkung: Alle Einschlusskriterien müssen zutreffen.

Studien mit experimentellem Design, die zum Beispiel das Entscheidungsverhalten Älterer anhand einer Glücksspielaufgabe untersuchen, wurden zugunsten der Konzentration auf „echtes" Glücksspielverhalten ebenso ausgeschlossen wie Publikationen zu simuliertem Glücksspiel. Auch antizipiertes Glücksspielverhalten unter veränderten Bedingungen zählte in der Studienselektion nicht als „echtes" Glücksspiel. Noch weiter vom echten Glücksspiel entfernt und damit eindeutig auszuschließen waren Untersuchungen zur Effektivität von spielerisch gestalteten psychoedukativen oder präventiven Maßnahmen, die die Prinzipien beliebter Glücksspielformen wie Bingo nutzen, um gesundheitsbezogene Themen zu vermitteln. Das Kriterium der expliziten Fragestellung in Bezug auf Glücksspielteilnahme und/oder -problematik im Alter wurde relativ streng gefasst, was zum Ausschluss von Studien führte, in denen die Glücksspielteilnahme im Alter nur in einer Liste möglicher stimulierender Aktivitäten genannt wird oder in denen das höhere Lebensalter sich als ein Merkmal eines Ergebnisclusters gezeigt hat. Dasselbe gilt für Untersuchungen anderer glücksspielbezogener Zusammenhänge, in denen das Alter als möglicher Interaktionseffekt mit betrachtet wird.

Auch wenn sich erst im Kodierungsprozess zeigte, dass die Personengruppe älterer Glücksspielerinnen und Glücksspieler sich nicht im oben beschriebenen Sinne auf Seniorinnen und Senioren bezieht, sondern ausdrücklich ein mittleres Lebensalter einschließt, führte dies zum Ausschluss der Studie. Sowohl für Originalstudien als auch für Übersichtsarbeiten galt eine klare Darstellung des methodischen Vorgehens als Mindestvoraussetzung, auch wenn die Qualität des Vorgehens nicht wie in einem systematischen Review bewertet wurde. Sofern sich bei der Kodierung zeigte, dass dieses Mindestkriterium nicht erfüllt war, wurden die entsprechenden Studien in diesem Prozessschritt noch entfernt. Die Ausschlusskriterien mit Beispielreferenzen sind in Tabelle 2.2 zusammengefasst. Aufgenommen wurden Studien, die alle Einschlusskriterien und keines der Ausschlusskriterien erfüllen.

Tabelle 2.2: Ausschlusskriterien

Kriterium	Beispielreferenzen
Keine explizite seniorenbezogene Fragestellung: Das Untersuchungsdesign beinhaltet keine separat analysierte (Teil-)Stichprobe im höheren Lebensalter.	Bischof et al. (2014); King et al. (2020)
Keine explizite seniorenbezogene Fragestellung: Höheres Alter wird nur als ein Merkmal eines Ergebnisclusters erwähnt.	Faregh/Leth-Steensen (2011)
Höheres Alter wird nur als ein möglicher Interaktionseffekt mit untersucht. Im Fokus steht ein altersunabhängiger Haupteffekt.	Barnes et al. (2013)
Untersucht wird eine Glücksspielteilnahme nur als eine von mehreren stimulierenden Aktivitäten im Alter.	Lee et al. (2018)
Mit „Älteren" sind nicht Seniorinnen und Senioren gemeint. Die ältere Stichprobe orientiert sich an der statistischen Verteilung der Stichprobe und umfasst das mittlere Alter mit.	Granero et al. (2020d)
Es handelt sich um eine Fallstudie.	Tondo et al. (2017)
Kein „echtes" Glücksspiel: Untersucht wird simuliertes Glücksspiel.	Dixon/Nastally/Waterman (2010)
Kein „echtes" Glücksspiel: Untersucht wird antizipiertes Verhalten bei potenziellen Veränderungen der Umgebungsfaktoren statt des tatsächlichen Glücksspielverhaltens.	Brokenleg et al. (2014); Piscitelli et al. (2017)
Kein „echtes" Glücksspiel: Es handelt sich um eine spielerische edukative Maßnahme.	Seah et al. (2018)
Kein „echtes" Glücksspiel: Untersucht wird das Entscheidungsverhalten Älterer unter Risiko und Unsicherheit mit experimentellem Studiendesign.	McCarrey/Henry/Luszcz (2010)
Kein „echtes" Glücksspiel: Es handelt sich um ein experimentelles Studiendesign.	McCarrey et al. (2012)
Die Veröffentlichung beinhaltet keine explizite Darstellung der Methodik bzw. der Zwischenergebnisse.	Wick (2012); Skinner et al. (2018)

Anmerkung: Keines der genannten Kriterien darf zutreffen.

Die Recherche erfolgte am 30.04.2021 in den Datenbanken Medline/PubMed, Web of Science und Scopus mit folgender Stichwortsuche im Titel oder Abstract: (gambling OR betting OR poker OR bingo) AND (old OR older OR elder* OR senior*). Als Filter wurden der Veröffentlichungszeitraum 2010 bis 2020, der Veröffentlichungstyp Artikel und die Sprachen Englisch oder Deutsch gesetzt. Insgesamt wurden im ersten Schritt 1.742 Referenzen in das Literaturverwaltungsprogramm Endnote (Version 20) geladen. Nach automatischer und manueller Entfernung von 847 Duplikaten blieben 895 Treffer für ein erstes Screening übrig. Die meisten Ausschlüsse im Screening (n = 537) erfolgten aufgrund unmittelbar erkennbarer Abweichung vom Thema oder von der Altersgruppe, zum Beispiel, weil es sich um die Huntington-Erkrankung in Ratten drehte oder ausschließlich um Jugendliche im Alter von bis zu 18 Jahren oder um bis dahin übersehene Duplikate. Bei den übrigen in diesem Schritt ausgeschlossenen Studien handelte es sich um Studien zur Entscheidungsfunktion mit der Iowa Gambling Task und daher nicht um echtes Glücksspiel (n = 30), das Publikationsjahr entsprach nicht dem avisierten Publikationszeitraum (n = 10) oder der Artikel war in einer anderen Sprache als Englisch oder Deutsch veröffentlicht (n = 4). Insgesamt wurden bei diesem Screeningschritt von einer Person 581 Referenzen ausgeschlossen, die eindeutig nicht den Einschlusskriterien entsprachen. Bei den übrigen 314 in Frage kommenden Quellen prüften zwei Personen unabhängig voneinander die Titel und Abstracts bezüglich der oben erwähnten Einschluss- und Ausschlusskriterien. Hierbei wurde bewusst in Kauf genommen, Studien auszuschließen, die im Volltext doch noch prinzipiell interessante Aussagen zum Themenkomplex Glücksspielsucht im Alter liefern, da der Fokus auf Studien lag, die mit der entsprechenden expliziten Fragestellung durchgeführt wurden. Bei uneinheitlichen Entscheidungen über Einschluss und Ausschluss stimmte sich das Forschungsteam ab und entschied im Konsens. Das führte zu einer Schärfung und Ergänzung der Einschluss- und Ausschlusskriterien. Darüber hinaus wurden in diesem Schritt die Literaturnachweise der Reviews dahingehend geprüft, ob sie weitere relevante Studien enthalten, die in der bisherigen Liste fehlten. In diesem Zuge wurden insgesamt 236 Referenzen ausgeschlossen und eine neue Quelle eingefügt. Nach der Abstract-Prüfung blieben damit 79 Studien, die entweder eindeutig einzuschließen waren oder noch Fragen offenließen. Die Volltextprüfung und Kodierung im vorher abgestimmten Kodierungsschema erfolgten in einem Schritt. Dabei ergab sich, dass 11 weitere Publikationen nicht den Einschlusskriterien bzw. einem Ausschlusskriterium entsprachen, sodass letztlich 68 Studien vollständig in einer Excel-Tabelle kodiert wurden und in die Auswertung einflossen. Abbildung 2.1 gibt einen Überblick über den Selektionsprozess.

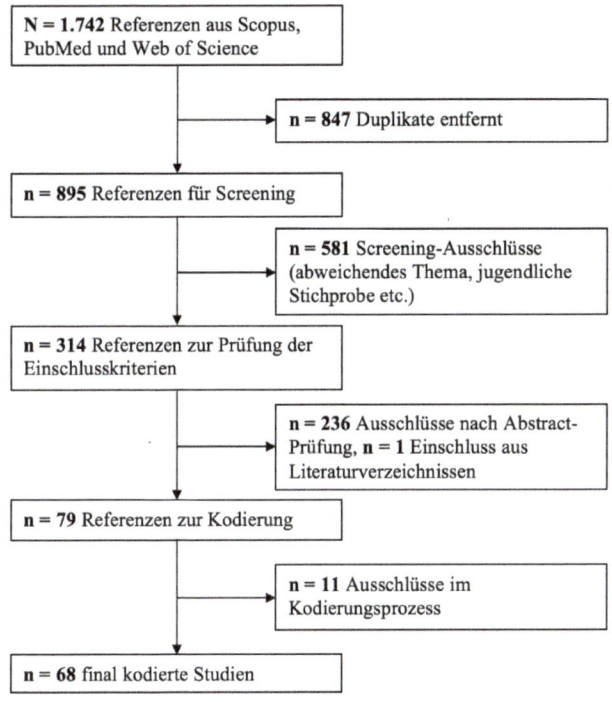

Abbildung 2.1: Flussdiagramm zum Selektionsprozess

Kodierungstabellen und -prozess zur Datenextraktion

Im Vorfeld zur Recherche, Selektion und Durcharbeitung der einzelnen Studien stimmte das Forschungsteam ab, welche Informationen in welcher Form aus den Studien extrahiert werden sollten. Entscheidungsgrundlage war auch hier die Fragestellung und Zielsetzung. In der Folge entstanden zwei vorläufige Kodierungsschemata in Form von Excel-Tabellenblättern. Ein Schema diente zur Kodierung von Originalstudien, das andere zur Kodierung von Reviews. Der jeweils erste Entwurf wurde an je einer Publikation erprobt und angepasst. Eine weitere iterative Überarbeitung und Ergänzung der Schemata im Kodierungsprozess war dabei eingeplant, insbesondere hinsichtlich der Kategorisierung der jeweils untersuchten Fragestellungen. Die letzte Kodierungskategorie, die erst im Rahmen der Auswertung hinzugefügt und im Nachgang analysiert wurde, war die Frage nach dem Kohortenvergleich mit anderen Altersgruppen oder innerhalb der Gruppe der Seniorinnen und Senioren.

Tabelle 2.3 zeigt die finalen Kodierungsvorgaben, die für Originalstudien und Reviews gleichermaßen galten. Das umfasst die Quellenangaben, Charakteristika der Untersuchung sowie die Befundkodierung. Bezüglich der Fragestellung war aufgrund der Darstellung in der Zusammenfassung und der kodierbaren Befunde zu entscheiden, welches die Kernfragestellungen der Autorinnen und Autoren waren. Mit Prädiktoren sind im Kodierungsschema Merkmale gemeint, deren Vorliegen in statistisch bedeutsamer Weise mit dem Vorliegen einer Glücksspielteilnahme oder Glücksspielproblematik einhergehen. Das bedeutet, dass sie überwiegend nicht kausal zu verstehen sind und damit nicht die Entstehung einer Glücksspielproblematik erklären.

Tabelle 2.3: Gemeinsame Kodierungsvorgaben für Originalstudien und Reviews

Titel	vollständiger Titel der Publikation
Autorinnen und Autoren	alle Autorinnen und Autoren in der Reihenfolge ihrer Nennung im Format Nachname, Initial 1, Initial 2
Quellenangaben	Zeitschrift, Band, Ausgabe, Seitenzahlen oder DOI
Jahr	Publikationsjahr
Studienkategorie	*Originalstudie*
	Review
Kategorie der Fragestellung[a]	*Prävalenz GT*: Prävalenz oder Inzidenz der Glücksspielteilnahme
	Prävalenz GP: Prävalenz oder Inzidenz glücksspielbezogener Probleme
	Konsequenzen: Konsequenzen der Glücksspielteilnahme oder Problematik/Problemschwere
	Prädiktoren GT: Prädiktoren der Glücksspielteilnahme im Alter
	Prädiktoren GP: Prädiktoren glücksspielbezogener Probleme im Alter
	Motivation: Motivation zur bzw. Funktion der Glücksspielteilnahme
	Prävention: Möglichkeiten zur Prävention glücksspielbezogener Probleme im Alter
	Genesung: Interventionsmöglichkeiten und Genesungsfaktoren
	Einstellung: Einstellung/Haltung zum Glücksspiel, Wahrnehmung des Glücksspiels
	Glücksspielverhalten: zum Beispiel genutzte Spielformen, Spielhäufigkeit
Sonstiges	im Kodierungsprozess relevant erscheinende Zusatzhinweise

Anmerkung: Kursiv dargestellte Begriffe waren direkt so zu übernehmen. [a] bezogen auf die (Teil-)Stichprobe der Älteren.

Tabelle 2.4 zeigt die spezifischen oder spezifisch definierten Vorgaben für Originalstudien, Tabelle 2.5 diejenigen für Reviews.

Tabelle 2.4: Spezifische Kodierungsvorgaben für Originalstudien

Art der Daten	*qualitativ*
	quantitativ
	gemischt
Design	*Querschnitt:* Untersuchung zu einem Mess- bzw. Befragungszeitpunkt
	Längsschnitt: Untersuchung zu mehreren Mess- bzw. Befragungszeitpunkten
Befunde	Kernbefunde laut Zusammenfassung ohne Bewertung der Aussagekraft, z. B. lt. Studie relevante Prädiktoren
Kohortenvergleich	*Ältere:* Vergleich unterschiedlicher Altersgruppen innerhalb des Seniorenalters
	Jüngere: Vergleich (auch) mit Gruppen unterhalb des definierten Seniorenalters
	nein: ausschließliche Betrachtung der Seniorenstichprobe als Ganzes
untere Altersgrenze	untere Altersgrenze der (Teil-)Stichprobe(n) im höheren Erwachsenenalter
Durchschnittsalter	Durchschnittsalter der (Teil-)Stichprobe im höheren Erwachsenenalter in Jahren, wie von den Autorinnen und Autoren angegeben

Anmerkung: Kursiv dargestellte Begriffe waren direkt so zu übernehmen.

Tabelle 2.5: Spezifische Kodierungsvorgaben für Reviews

Reviewkategorie	*Systematisch:* Systematischer Review, weitestgehend ausgerichtet an den PRISMA-Regeln (Liberati et al. 2009)
	Scoping: Scoping Review, so bezeichnet durch die Autorinnen und Autoren mit systematischer Darstellung der Methodik
	unsystematisch: Übersichtsarbeit mit Darstellung der Methodik, ohne vollständige Darstellung der Auswahlkriterien
	Metaanalyse: Review mit Berechnung studienübergreifender statistischer Befunde
Anzahl Studien	Anzahl der in die Analyse eingeschlossenen Studien
Zeitraum	der in die Recherche eingeschlossene Publikationszeitraum
Art der Studien	*qualitativ*: Es wurden nur qualitative Studien eingeschlossen
	quantitativ: Es wurden nur quantitative Studie eingeschlossen
	gemischt: Beide Studienformen wurden eingeschlossen
Befunde	Kernaussagen, die der Review aus der Gesamtschau zusammenfassend ableitet

Region	Region der einbezogenen Studien, z. B. Europa, Asien, weltweit
untere Altersgrenze	Kriterium für Einschluss bezüglich Alter der Studienteilnehmenden
Sprachen	Einschlusskriterium bezüglich der Sprachen der Originalstudien

Anmerkung: Kursiv dargestellte Begriffe waren direkt so zu übernehmen.

Die Extraktion der interessierenden Inhalte anhand der Kodierungsschemata erfolgte zunächst durch ein Teammitglied mit Kommentierung von Unklarheiten oder Unsicherheiten. Ein weiteres Teammitglied überprüfte im Anschluss alle Kodierungen mit besonderem Augenmerk auf die Kommentare. Bei Uneinigkeiten in der Kodierung wurde durch Diskussion ein Konsens hergestellt und bei Bedarf das Kodierungsschema klarer gefasst.

Die vollständigen Kodierungstabellen sind auf Anfrage bei dem Zweitautor erhältlich.

Analyse und Ergebnisdarstellung

Die Analyse erfolgte tabellarisch bzw. grafisch hinsichtlich der Häufigkeiten einzelner Studiencharakteristika für die Originalstudien und Reviews. Die Befunde unterschiedlicher Untersuchungen wurden ohne Bewertung oder Gewichtung bezogen auf die Kategorien der Fragestellungen zusammengefasst. Daraus wurde abgeleitet, wie sich die Forschungslandschaft der vergangenen zehn Jahre zur Glücksspielteilnahme und -sucht im Alter darstellt, wie Seniorenalter definiert wird, und welche Befunde in eine oder in widersprüchliche Richtungen weisen. Weiterhin wurde abgeleitet, welche Fragestellungen bisher unterrepräsentiert sind.

2.3 Ergebnisse

Anzahl und Arten eingeschlossener Veröffentlichungen

Die 68 eingeschlossenen Veröffentlichungen umfassen 61 Originalartikel und sieben Reviews. In mehreren Fällen beziehen sich unterschiedliche Publikationen mit verschiedenen Fragestellungen einer Forschungsgruppe auf eine Datenbasis. Hinweise darauf finden sich in der Kodierung (erhältlich auf Anfrage) unter „Sonstiges". In anderen Fällen haben Forschungsgruppen mehrere Fragestellungen zu einer Datenbasis innerhalb einer Publikation dargestellt. Die Anzahl der Originalartikel lässt daher keinen Rückschluss auf die Anzahl der Erhebungen oder Fragestellungen zu.

Wie Abbildung 2.2 zeigt, hat die Anzahl der veröffentlichten Originalstudien, die explizit auf das Glücksspielverhalten oder glücksspielbezogene Probleme im Alter ausgerichtet sind, im Verlauf der zehn Jahre geschwankt. Es zeichnet sich jedoch insgesamt betrachtet ein steigender Trend ab.

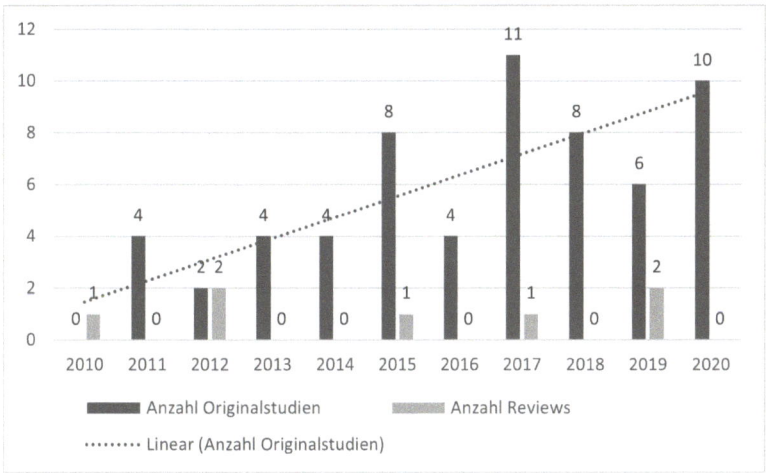

Abbildung 2.2: Anzahl der Publikationen pro Jahr

In den sieben Reviews bewegt sich die Anzahl der eingeschlossenen Studien zwischen 18 und 75 (vgl. Tabelle 2.6). Die Veröffentlichungszeiträume der eingeschlossenen Studien beginnen in zwei Fällen im Jahr 1990, bei drei Reviews in den Jahren 1995 bzw. 1996 und einmal im Jahr 2000. Einmal fehlt diese Angabe. In zwei Fällen ist die Methodik ohne systematische Einschluss- und Ausschlusskriterien dargestellt. Die übrigen fünf Überblicksartikel beanspruchen den Status systematischer Reviews. Ein Scoping Review ist nicht darunter.

Tabelle 2.6: Rahmenangaben Reviews

Quelle	Art des Reviews	Zeitraum eingeschlossener Veröffentlichungen	Anzahl eingeschlossener Veröffentlichungen
Ariyabuddhiphongs (2012)	narrativ	1990–2010	55
Guillou Landreat et al. (2019)	systematisch	1990–2018	51
Luo/Ferguson (2017)	systematisch	1996–2017	18

Quelle	Art des Reviews	Zeitraum eingeschlossener Veröffentlichungen	Anzahl eingeschlossener Veröffentlichungen
Sharman/Butler/ Roberts (2019)	systematisch	2000–2018	32
Subramaniam et al. (2015)	systematisch	1995–2013	25
Tirachaimongkol/ Jackson/Tomnay (2010)	narrativ	keine Angabe	22
Tse et al. (2012)	systematisch	1996–2010	75

Von den 61 Originalstudien beziehen sich 20 auf Bevölkerungsstichproben in dem Sinne, dass eine Auswahl aus der Allgemeinbevölkerung befragt wurde und auch Daten von Personen enthalten sind, die nicht am Glücksspiel teilnehmen (s. Tab. 2.7). Die 31 Populationsstudien untersuchen spezifischere Stichproben, beispielsweise nur aktive Glücksspielerinnen und Glücksspieler (vgl. Elton-Marshall et al. 2018) oder nur Gefängnisinsassinnen und Gefängnisinsassen, die am Glücksspiel teilnehmen (vgl. Kerber et al. 2012). Lediglich vier Originalstudien betrachten ausschließlich Personen mit mindestens problematischem Glücksspielverhalten (klinisch), und vier weitere kombinieren klinische Stichproben mit Stichproben aus der Allgemeinbevölkerung. In einem Fall fehlt eine entsprechende Angabe.

Tabelle 2.7: Art der Stichproben

Art der Stichprobe	Anzahl Originalstudien
Bevölkerung	20
Population	31
Klinisch	4
Bevölkerung/Klinisch	4
keine Angabe	1

Knapp ein Viertel (24,6 %, n = 15) der 61 Originalstudien beziehen sich auf qualitative Daten und 70,5 % (n = 43) auf quantitative Daten (s. Tab. 2.8). Nur 4,9 % (n = 3) beziehen ausdrücklich beide Datenarten ein. In den Reviews findet sich nur in drei Fällen dazu eine Angabe, die alle drei sowohl quantitative als auch qualitative Studien einbeziehen. Aus den berichteten Befunden lässt sich jedoch ableiten, dass in jedem Fall quantitative Studien einbezogen sind.

Tabelle 2.8: Art der erhobenen Daten/eingeschlossenen Studien

Art	Originalstudien		Reviews
	Anzahl	Prozent	Anzahl
qualitativ	15	24,6 %	0
quantitativ	43	70,5 %	0
gemischt	3	4,9 %	3
keine Angabe	0	0,0 %	4

Regionale Verteilung der Datenerhebungen

Keiner der sieben Reviews hat eine regionale Beschränkung der Recherche angegeben. Insofern ist von einer weltweiten Literatursichtung auszugehen. Die beiden narrativen Reviews haben kein sprachliches Einschlusskriterium definiert. Unter den fünf systematischen Reviews schließen vier nur englischsprachige Veröffentlichungen ein und einer englisch- sowie französischsprachige Publikationen. Eine indirekte regionale Begrenzung der Reviews ergibt sich daher daraus, aus welchen Nationen und Regionen englischsprachige Veröffentlichungen zum Thema vorliegen.

Tabelle 2.9 zeigt die Länder und zugehörigen Kontinente, aus denen jeweils die Daten der 61 Originalstudien stammen. Da eine der Veröffentlichungen Daten aus Brasilien mit Daten aus den USA vergleicht, ergibt sich eine Gesamtanzahl von 62. Die angegebenen Prozentwerte beziehen sich auf die Gesamtanzahl der Publikationen (n = 61). Erneut ist darauf hinzuweisen, dass es sich um die Anzahl von Veröffentlichungen zu Daten aus diesen Ländern handelt und häufig mehrere Veröffentlichungen zu einer Datenerhebung erfolgt sind. Auf Daten aus Nordamerika beziehen sich 55,7 % (n = 34) der 61 Publikationen. An zweiter Stelle folgt Europa mit 19,6 % (n = 12). Unter den europäischen Studien befinden sich keine Veröffentlichungen mit Bezug zu Daten aus Deutschland. Aus teilweise sehr weit voneinander entfernten Regionen Asiens stammen die Daten von 14,6 % (n = 9) der Originalstudien. Australien liefert Daten für 9,8 % (n = 6) und Südamerika für 1,6 % (n = 1) der Publikationen. Daten vom Kontinent Afrika sind in keiner der Originalstudien einbezogen.

Tabelle 2.9: Regionale Verteilung des Datenbezugs der Originalstudien

Kontinent	Anzahl[a]	Prozent[b]	Land	Anzahl[a]	Prozent[b]
Nordamerika	34	55,7 %	USA	21	34,4 %
			Kanada	13	21,3 %
Europa	12	19,6 %	Spanien	4	6,6 %
			Vereinigtes Königreich	3	4,9 %
			Finnland	3	4,9 %
			Tschechien	1	1,6 %
			Schweiz	1	1,6 %
Asien/Vorderasien	9	14,6 %	Singapur	6	9,8 %
			Hongkong	1	1,6 %
			Thailand	1	1,6 %
			Israel	1	1,6 %
Australien	6	9,8 %	Australien	6	9,8 %
Südamerika	1	1,6 %	Brasilien	1	1,6 %

Anmerkung: [a] Da eine Studie Daten aus zwei Ländern einbezieht, ergibt sich eine Gesamtanzahl von n = 62, [b] bezogen auf die 61 Originalstudien.

Untere Altersgrenzen des Seniorenalters

Bei der Untersuchung des Glücksspielverhaltens und -erlebens älterer Menschen bestimmt die Definition der unteren Altersgrenze mit darüber, welche Spezifika des Lebensalters in die Befunde einfließen. Vor dieser Frage der Zielgruppendefinition stehen sowohl die Forschungsgruppen, die Originaldaten erheben oder analysieren als auch diejenigen, die Einschlusskriterien für Reviews definieren. Im vorliegenden Scoping Review sind diese Festlegungen Teil des Erkenntnisinteresses. In zwei Veröffentlichungen, die ältere Altersgruppen mit jüngeren vergleichen (Barnes et al. 2011; Assanangkornchai et al. 2016) ist nicht eindeutig, welche Altersgruppen zum Seniorenalter zählen. In diesen Fällen wurde bei der Auswertung die untere Altersgrenze der Gruppe gewählt, die die 55-Jährigen einschließt. Von allen 68 Veröffentlichungen inklusive Reviews definieren unter dieser Voraussetzung 41,2 % (n = 28) ältere Menschen im Sinne von Seniorinnen und Senioren als Personen ab 55 bzw. 56 Jahren, 27,9 % (n = 19) legen die untere Altersgrenze auf 60 bis 62 Jahre fest, 14,7 % (n = 10) beziehen Personen ab 50 bzw. 51 Jahren ein, und 13,2 % (n = 9) wählen eine untere Altersgrenze von 65 bis 66 Jahren. In zwei Veröffentlichungen finden sich keine Angaben zur unteren Altersgrenze (siehe Abbildung 2.3).

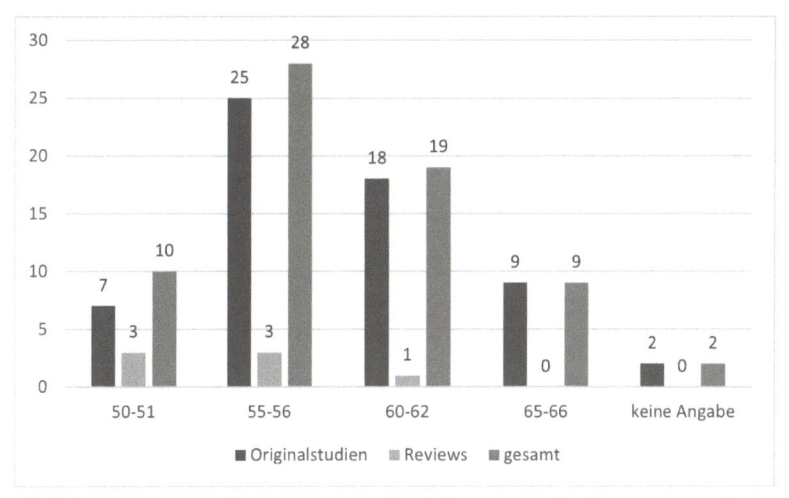

Abbildung 2.3: Untere Altersgrenzen (in Jahren) der Gruppen der Seniorinnen und Senioren

Kohortenvergleiche

Einen Vergleich mit jüngeren Glücksspielerinnen und Glücksspielern stellen 23,0 % (n = 14) der Originalstudien in den kodierten Befunden dar. Einen ausschließlichen Vergleich unterschiedlicher Altersgruppen innerhalb des Seniorenalters ziehen 8,2 % (n = 5) der Originalstudien. Die übrigen 68,9 % (n = 42) betrachten ausschließlich die Seniorenstichprobe ohne weitere Unterteilung.

Untersuchte Fragestellungen

Am häufigsten werden in den 68 eingeschlossenen Publikationen mit 39,7 % (n = 27) Prädiktoren für mindestens problematisches Glücksspielverhalten (Prädiktoren GP) untersucht. Abbildung 2.4 zeigt, dass diese Fragestellung in fünf von sieben Reviews adressiert wird. Die Frage nach der Prävalenz glücksspielbezogener Probleme (Prävalenz GP) folgt an zweiter Stelle mit 26,5 % (n = 18). Die Prävalenz der Glücksspielteilnahme (Prävalenz GT) wurde in 17,6 % der Studien (n = 12) kodiert, darunter ein Review. Einstellungen und Haltungen Älterer zum Glücksspiel (Einstellung) untersuchen 16,2 % (n = 11) und das spezifische Glücksspielverhalten 14,7 % (n = 10) der Veröffentlichungen. Beide Fragestellungen sind in den sieben Reviews nicht Thema. Prädiktoren der Glücksspielteilnahme älterer Personen (Prädiktoren GT) geben insgesamt neun Studien (13.2 %) inklusive eines Reviews an. Die Konsequenzen der Glücksspielteilnahme oder Glücksspielproblematik bzw. das Ausmaß der Problematik (Konsequenzen) sind ebenfalls Teil der Fragestellung in 13,2 % (n = 9) der Studien. Am wenigsten untersucht sind Präventionsmaßnahmen (Prävention, 5,9 %, n = 4) sowie Genesungsprozesse bzw. Versorgungsmaßnahmen (Genesung, 1,5 %, n = 1) im fortgeschrittenen Lebensalter.

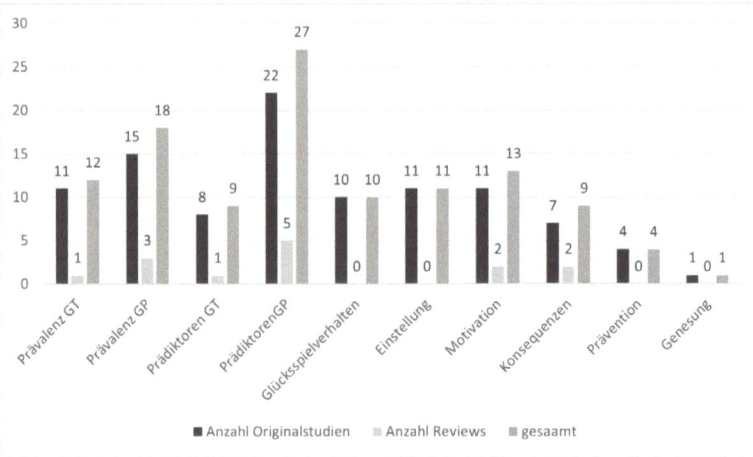

Abbildung 2.4: Untersuchte Fragestellungen

Befunde zu den Fragestellungen

Die Darstellung der Befunde dient an dieser Stelle ausdrücklich nur der Anregung, in welchen Quellen bei Interesse für weitere Informationen nachzuschauen wäre. Um sie miteinander zu vergleichen oder gar Maßnahmen aus ihnen abzuleiten, ist eine qualitative Einordnung ihrer Aussagekraft, die Teil klassischer systematischer Reviews wäre, unumgänglich.

Prävalenzen Glücksspielteilnahme

Die angegebenen Prävalenzen zur Glücksspielteilnahme und zu glücksspielbezogenen Problemen lassen sich ohne weitere methodische Bewertung kaum sinnvoll nebeneinanderstellen. Die stark differierenden Arten der Stichproben, Stichprobengrößen und Erhebungsregionen mit unterschiedlichen Regulierungen erlauben keine direkten Vergleiche der Veröffentlichungen. Tabelle 2.10 gibt eine knappe Übersicht zu den Prävalenzen bzw. prävalenzbezogenen Aussagen, die die jeweiligen Autorinnen und Autoren publiziert haben, und soll dazu anregen, bei näherem Interesse die Rahmenbedingungen der Originalliteratur zu prüfen. An dieser Stelle sei lediglich auf einige Besonderheiten hingewiesen.

Die Befunde von Assanangkornchai et al. (2016) weisen auf einen großen Unterschied zwischen dem grundsätzlichen Vorkommen einer Glücksspielteilnahme im Lebensverlauf (76,8 %) und einer regelmäßigen Teilnahme (4,8 % bzw. 5,6 %) innerhalb einer thailändischen Stichprobe hin. In den

Originalstudien angegebene Lebenszeitprävalenzen bewegen sich zwischen 48,9 % bei Subramaniam et al. (2015a) innerhalb einer Stichprobe aus Singapur und 85,0 % in einer kanadischen Stichprobe (van der Maas et al. 2018). Tse et al. (2012) fanden in ihrem Review für den Veröffentlichungszeitraum 1996 bis 2010 Lebenszeitprävalenzen der Glücksspielteilnahme in Höhe von 28,7 % bis 100,0 %. Bezüglich der Teilnahme an Lotterien liegt laut Barnes et al. (2011) die Prävalenz in den Altersgruppen 50 bis 59 Jahre (64 %) und 60 bis 69 Jahre (67 %) in einer ähnlichen Spanne wie die Prävalenzen der Altersgruppen zwischen 22 und 49 Jahren (zwischen 69 % und 71 %). Eine deutlich niedrigere Lotterieteilnahme zeigt sich demnach bei den ab 70-Jährigen (45 %). In einer australischen Untersuchung (Christensen et al. 2015) zeigt sich gegenüber der Gesamtbevölkerung (Teilnahmequote 64,8 %) eine signifikant geringere Glücksspielteilnahme (55,9 %) bei Personen ab 65 Jahren. Allerdings spielen sie, wenn sie am Glücksspiel teilnehmen, ebenso wie die 55- bis 64-Jährigen im Schnitt häufiger als Spielteilnehmerinnen und Spielteilnehmer aus der Gesamtbevölkerung. Salonen, Alho und Castrén (2015; 2017) geben die Unterschiede zwischen verschiedenen Messzeitpunkten an. Im Jahr 2011 zeigte sich eine erhöhte Glücksspielteilnahme bei den 50- bis 64-Jährigen gegenüber 2007, nicht aber bei den 65- bis 74-Jährigen (Salonen et al. 2015). Gegenüber 2011 hatte die Glücksspielteilnahme der 65- bis 74-jährigen Frauen im Jahr 2015 sowohl online als auch landbasiert zugenommen, die der 55- bis 64-jährigen Männer nur online. Darüber hinaus gab es keine signifikanten Veränderungen.

Prävalenzen Glücksspielproblematik

Noch stärker wird hinsichtlich der Angaben zur Prävalenz glücksspielbezogener Probleme deutlich, dass eine sinnvolle Interpretation der dargestellten Befunde (Tabelle 2.10) nur unter Beachtung des jeweiligen Studiendesigns möglich ist und die Heterogenität eben dieser Studiendesigns keinen direkten Vergleich erlaubt. Tse et al. (2012) berichten für den Veröffentlichungszeitraum 1996 bis 2010 Lebenszeitprävalenzen von 0,2 % bis 12,9 % und 12-Monatsprävalenzen von 0,3 % bis 10,4 %. Ähnlich breit gestreut zeigen sich die von Subramaniam et al. (2015b) angegebenen Lebenszeitprävalenzen zwischen 0,01 % und 10,6 % für Veröffentlichungen aus den Jahren 1995 bis 2013. Auch in den hier eingebundenen Originalstudien liegen die Werte von 0,9 % (Tse/Hong/Ng 2013) bis zusammengerechnet 44,2 % (n = 19, Kerber et al. 2012). Letztere Zahl gilt allerdings für eine Population von Kasino- und Racinogästen mit einem Stichprobenumfang von N = 43. Aufschluss über die Prävalenzbefunde im Einzelnen gibt Tabelle 2.10. Hinsichtlich glücksspielbezogener Probleme interessiert besonders, ob ältere Glücksspielteilnehmerinnen und Glücksspielteilnehmer stärker betroffen sind als jüngere bzw. die Gesamtbevölkerung. Diesbezüglich gibt es in den eingeschlossenen

Originalstudien Hinweise aus den USA (McCarthy et al. 2018) und Singapur (Subramaniam et al. 2015a), dass sie eher in geringerem Ausmaß betroffen sind. Thériault, Norris und Tindaile (2020) stellen ein geringeres Risiko bei französischsprachigen älteren Einwohnern Ontarios als bei der englischsprachigen Mehrheit fest. Dies ist ein weiteres Beispiel dafür, wie spezifisch sich einige der untersuchten Populationen darstellen.

Tabelle 2.10: Befunde zu Prävalenzen

Quelle	Prävalenz Glücksspielteilnahme	Prävalenz Glücksspielproblematik	Land
Assanangkornchai et al. (2016)	76,8 % Lebenszeitprävalenz; regelmäßige Spielteilnahme: 55–59 J.: 4,8 %; 60+ J.: 6,5 %	55–59 J.: 0,8 % problematisches, 1,6 % pathologisches Glücksspiel; 60+ J.: 0,4 % problematisches, 0,3 % pathologisches Glücksspiel	Thailand
Barnes et al. (2011)	nur Lotterien: 50–59 J.: 64 %; 60–69 J.: 67 %; 70+ J.: 45 %; 22–49 J.: zw. 69 % und 71 %		USA
Christensen et al. (2015)	55–64 J.: 65,7 %, kein Unterschied zur Gesamtbevölkerung (64,8 %); 65+ J.: 55,9 %, signifikant niedriger; durchschnittliche Teilnahmehäufigkeit pro Jahr in beiden Gruppen signifikant höher als in der Gesamtbevölkerung		
Foottit/Anderson (2012)	34,2 % (n = 88), davon 0 % täglich, 58,8 % (n = 53) wöchentlich, 14,1 % (n = 37) gelegentlich[a]	2,0 % (n = 4)	Australien
Granero et al. (2020a)		1,4 % (n = 5)	Spanien
Kerber et al. (2012)		problematisch: 14,0 % (n = 6) Störung durch Glücksspiel: 30,2 % (n = 13)	USA
Kim/Kim (2020)	n = 17 (von N = 20) 12-Monatsprävalenz		USA
McCarthy et al. (2018)		Älteste haben eine geringere Quote an Problemspielerinnen (2,9 %) als die anderen beiden Altersgruppen	USA
Ng (2011)	27 % 1-Monatsprävalenz		Singapur
Ohtsuka/Chan (2014)		n = 3 (von 18)	Hongkong

Quelle	Prävalenz Glücksspielteilnahme	Prävalenz Glücksspielproblematik	Land
Salonen et al. (2015)	Entwicklung 2007–2011: 50–64 J.: 2011 weniger Nicht-Spielerinnen und Nicht-Spieler, mehr mit Teilnahme bis zu 3-mal monatlich; 65–74 J.: keine Veränderung in der Häufigkeit der Spielteilnahme	Entwicklung 2007–2011: 50–64 J./65–74 J.: keine signifikanten Veränderungen	Finnland
Salonen et al. (2017)	Entwicklung 2011–2015: 65–74 J. (Frauen): Erhöhung landbasiert und online; 55–64 J. (Männer): Erhöhung online; keine weiteren signifikanten Veränderungen	Entwicklung 2011–2015: 50–64 J./65–74 J.: keine signifikanten Veränderungen	Finnland
Subramaniam et al. (2015a)	48,9 % Lebenszeitprävalenz	4,0 % versus 5,4 % bei den Jüngeren	Singapur
Thériault/Norris/Tindale (2018)		moderat riskant: 5,5 %; hoch riskant: 2,1 %	Kanada
Thériault et al. (2020)		ethnische Minderheit französischsprachiger älterer Einwohnerinnen und Einwohner weist ein geringeres Risiko auf als die Kontrollgruppe älterer englischsprachiger Einwohnerinnen und Einwohner Ontarios.	Kanada
Tse et al. (2013)	56,2 % Lebenszeitprävalenz; 39,2 % (gewichtet) 12-Monatsprävalenz	0,9 % (gewichtet)	Singapur
Turner et al. (2018)		moderate Spielprobleme: 20,3 %; ausgeprägt problematisches Spielverhalten: 6,9 %	Kanada
van der Maas et al. (2018)	85,0 % Lebenszeitprävalenz; 69,7 % 12-Monatsprävalenz; 44 % 1-Monatsprävalenz	1,8 % (o. A.)	Kanada

Quelle	Prävalenz Glücksspielteilnahme	Prävalenz Glücksspielproblematik	Land
Tse et al. (2012)	Lebenszeitprävalenzen: 28,7 % bis 100,0 %; 12-Monatsprävalenzen: 26,6 % bis 85,6 %	Lebenszeitprävalenzen: 0,2 % bis 12,9 %; 12-Monatsprävalenzen: 0,3 % bis 10,4 %	weltweit
Ariyabuddhiphongs, V. (2012)		Ältere Menschen sind in ähnlichem Ausmaß von problematischem Glücksspiel betroffen wie Jüngere.	weltweit
Subramaniam et al. (2015b)		Lebenszeitprävalenzen von 0,01 % bis 10,6 %	weltweit
Tse et al. (2012)	Lebenszeitprävalenzen: 28,7 % bis 100,0 %; 12-Monatsprävalenzen: 26,6 % bis 85,6 %	Lebenszeitprävalenzen: 0,2 % bis 12,9 %; 12-Monatsprävalenzen: 0,3 % bis 10,4 %	weltweit
Ariyabuddhiphongs, V. (2012)		Ältere Menschen sind in ähnlichem Ausmaß von problematischem Glücksspiel betroffen wie Jüngere.	weltweit
Subramaniam et al. (2015b)		Lebenszeitprävalenzen von 0,01 % bis 10,6 %	weltweit

Anmerkung: [a] Zahlen so übernommen, nicht in sich konsistent.

Prädiktoren der Glücksspielteilnahme

Prädiktoren der Glücksspielteilnahme Älterer werden zum Teil an spezifischen Populationen wie chinesischen Migrantinnen und Migranten in den USA (Chen/Dong 2015) oder Kanada (Luo 2020a) untersucht. Mit einer kulturspezifischen Fragestellung nähern sich auch Luo und Ferguson (2017) in einem Review dem Thema und finden widersprüchliche Befunde zum Einfluss von Geschlecht, Bildung und Einkommen auf das Glücksspielverhalten älterer Personen nicht-kaukasischer Abstammung. Übergreifend identifizieren sie die kulturelle Akzeptanz des Glücksspiels, ein die Glücksspielteilnahme unterstützendes Sozialumfeld, den Zugang zu Spielstätten und externe Auslöser als Prädiktoren der Glücksspielteilnahme. Das männliche Geschlecht benennen sowohl Chen und Dong (2015) als auch Subramaniam et al. (2015a) als Prädiktor. Bei älteren Frauen, die am Glücksspiel teilnehmen, ergeben sich laut Pattinson und Parke (2017) Zusammenhänge unter anderem mit animierenden Umgebungsreizen und geringem Risikobewusstsein. Das Bildungsniveau ist laut Chen und Dong (2015) sowie Subramaniam et al. (2015a) bei Älteren mit Glücksspielteilnahme eher etwas geringer ausgeprägt, während Martin, Lichtenberg und Templin (2011) bei Kasinobesucherinnen und Kasinobesuchern ein eher höheres Bildungsniveau feststellen. In ihrer unproblematischen Form scheint die Glücksspielteilnahme mit subjektivem Wohlbefinden assoziiert zu sein (Foottit/Anderson 2012). Die Aufrechterhaltung der Glücksspielteilnahme bis ins hohe Alter nach initialen Erfahrungen mit durchschnittlich Mitte 20 sehen Subramaniam et al. (2017a) mit Kontrollillusion, verzerrten Wahrscheinlichkeitseinschätzungen und einer verzerrten Wahrnehmung des Gewinn-Verlust-Verhältnisses assoziiert. Dabei erkennen die Autorinnen und Autoren an anderer Stelle (Subramaniam et al. 2017b) zumindest im asiatischen Kulturkreis Wechselwirkungen zwischen der individuellen Glücksspielteilnahme und dem Glücksspiel als Familienereignis, familiären Konflikten sowie finanziellen Problemen. Während die jährlichen individuellen Einnahmen älterer Glücksspielerinnen und Glücksspielern laut Subramaniam et al. (2015a) eher bei maximal 19.999 Dollar liegen, übertreffen sie laut Chen und Dong (2015) diesen Betrag eher. Nur Chen und Dong (2015) erwähnen einen Zusammenhang zwischen einer höheren Kinderzahl, einem besseren Gesundheitszustand, gesundheitlichen Verbesserungen im zurückliegenden Jahr sowie einer niedrigeren wahrgenommenen Lebensqualität und der Glücksspielteilnahme älterer Chinesinnen und Chinesen in den USA (für eine Zusammenfassung s. Tab. 2.11).

Tabelle 2.11: Befunde zu Prädiktoren der Glücksspielteilnahme

Quelle	Prädiktoren
Chen/Dong (2015)	Glücksspielteilnahme vs. Nicht-Teilnahme älterer Chinesinnen und Chinesen in den USA: männlich, niedrigeres Bildungsniveau, höheres Einkommen, höhere Kinderzahl, längerer Aufenthalt in den USA/der Gemeinde, besserer Gesundheitszustand, niedrigere Lebensqualität, gesundheitliche Verbesserung im vergangenen Jahr
Foottit/Anderson (2012)	positiver Zusammenhang zwischen wahrgenommenem Wohlbefinden und unproblematischer Glücksspielteilnahme
Luo (2020a)	Ältere Chinesinnen und Chinesen in Kanada: frühe erste Glücksspielerfahrungen in Extremsituationen im Herkunftsland mit Fortführung der Teilnahme in Kanada, familiäre Konflikte, mentale Gesundheitsprobleme
Martin et al. (2011)	Kasinobesuche eher bei höherem Einkommen und höherem Bildungsgrad
Pattinson/Parke (2017)	Erhöhte Glücksspielteilnahme-Frequenz bei älteren Frauen: animierende Umgebungsreize, wenig Risikobewusstsein
Subramaniam et al. (2015a)	männlich, verheiratet/verwitwet, kein Universitätsabschluss, nicht (mehr) berufstätig und ein Jahreseinkommen von max. 19.999 $
Subramaniam et al. (2017a)	durchschnittlicher Start mit 24,5 Jahren und Aufrechterhaltung durch Kontrollillusion, verzerrte Wahrscheinlichkeitseinschätzung und verzerrte Wahrnehmung des Gewinn-Verlust-Verhältnisses
Subramaniam et al. (2017b)	Glücksspiel als Familienereignis, Konflikte, finanzielle Probleme in der Familie
Review	
Luo/Ferguson (2017)	Ältere nicht-kaukasischer Abstammung: widersprüchliche Befunde zum Einfluss von Geschlecht, Bildung, Einkommen auf das Glücksspielverhalten; frühe Glücksspielteilnahme häufiger in glücksspieltoleranten Kulturen; teilweise erste Glücksspielteilnahme nach Migration in den westlichen Kulturkreis; kulturelle Akzeptanz von Glücksspiel, unterstützendes soziales Umfeld, Zugang zu Spielstätten, externe Auslöser

Prädiktoren problematischen Glücksspielverhaltens

Einen Überblick über die in den Befunden kodierten Prädiktoren für problematisches Glücksspielverhalten bietet Tabelle 2.12. Zu den soziodemografischen Prädiktoren zählt das männliche Geschlecht (Chen/Dong 2015; Granero et al. 2020a; Sharman et al. 2019; Subramaniam et al. 2015b), wobei laut Black et al. (2017) das weibliche Geschlecht häufiger vertreten ist als bei jüngeren Betroffenen. Innerhalb der Gruppe der Älteren ergibt sich teilweise das jüngere Seniorenalter als Prädiktor (Chen,/Dong 2015; Kerber et al. 2012; Subramaniam et al. 2015b), in einem Fall dagegen das höhere Seniorenalter (Granero et al. 2020a). Guillou et al. (2019) konstatieren den sozialen, den finanziellen und den Bildungsstatus als soziodemografische Einflussfaktoren. Als weitere soziodemografische Prädiktoren werden mehr Personen im Haushalt (Chen/Dong 2015) sowie der Status als Single oder als geschieden (Elton-Marshall et al. 2018; Subramaniam et al. 2015b) erwähnt. Im Abgleich mit jüngeren Betroffenen weisen die Älteren laut Black et al. (2017) häufiger eine kaukasische Ethnie auf und haben im Schnitt ein geringeres Bildungsniveau. Cookman und Weatherly (2016) finden im höheren Alter keinen Interaktionseffekt zwischen Ethnie und dem Problemausmaß. Dass Ältere mit glücksspielbezogenen Problemen nicht in einer Partnerschaft leben, trifft laut Medeiros et al. (2015) eher auf Betroffene in den USA als in Brasilien zu.

Aus dem Bereich des Glücksspielverhaltens wird mehrfach eine Assoziation zwischen einem frühen Start der Glücksspielteilnahme und entsprechend eine relativ lange Spielerkarriere mit einer Glücksspielproblematik im Alter festgestellt (Granero et al. 2020a; Tse et al. 2013). Medeiros et al. (2015) konstatieren auch für diesen Aspekt, dass er in stärkerem Maße auf die US-amerikanische Stichprobe als auf die brasilianische Stichprobe zutrifft. Bezogen auf den Beginn der Glücksspielstörung finden Granero et al. (2014) ein höheres Durchschnittsalter als bei jüngeren Betroffenen. Guillou Landreat et al. (2019) identifizieren die Wahl bestimmter Spielformen als einen Faktor, der mit glücksspielbezogenen Problemen im Alter zusammenhängt. Granero et al. (2020a) benennen die Teilnahme an strategischen und nicht-strategischen Spielformen gegenüber der ausschließlichen Teilnahme an nicht-strategischen Spielformen als Risikofaktor. Laut Black et al. (2017) bevorzugen ältere Betroffene stärker das Automatenspiel als Jüngere. Tse et al. (2013) identifizieren etwas allgemeiner Glücksspielformen mit kontinuierlicher Spielabfolge ohne festgesetzte Limits als Risikofaktoren im Alter, während Granero et al. (2020c) wiederum konkret die Teilnahme am Automatenspiel als Prädiktor benennen. Während für Ältere grundsätzlich die Kriterien des SOGS für glücksspielbezogene Probleme zutreffen, zeigen sie laut Parke et al. (2018) seltener ein Chasing-Verhalten als jüngere Betroffene.

Bormann et al. (2019) berichten von geringerer öffentlicher und intrinsischer Religiosität sowie stärkerem Aberglauben und Kontrollillusionen bei Älteren mit glücksspielbezogenen Problemen gegenüber Älteren ohne glücksspielbezogene Probleme. Gegenüber jüngeren Personen mit glücksspielbezogenen Problemen zeigen sie demnach dagegen eine höhere private und intrinsische Religiosität. Im Vergleich innerhalb der Gruppe der Älteren lassen sich intrinsische und öffentliche Religiosität demnach als Schutzfaktoren interpretieren. Das Glücksspielverlangen ist bei US-amerikanischen älteren Betroffenen laut Medeiros et al. (2015) stärker ausgeprägt als bei brasilianischen älteren

Betroffenen. Als ungünstige Motivation älterer Glücksspielteilnehmenden benennen Subraminiam et al. (2015b) die Teilnahme zur Bewältigung negativer Emotionen. Motive wie Einsamkeit (Guillou Landreat et al. 2019; Sharman et al. 2019), Langeweile (Guillou Landreat et al. 2019; van der Maas et al. 2017b), Motivation im Zusammenhang mit Geld (Sharman et al. 2019; van der Maas et al. 2017b) bzw. Geldgewinne zum Schuldenabbau sowie das Vergessen von Sorgen und kostenlose Verpflegung (van der Maas et al. 2017b) werden als konkrete ungünstige Motive benannt.

Individuelle Vulnerabilität (Tirachaimongkol et al. 2010), frühere Aktivitäten nicht mehr ausführen zu können (Subramaniam et al. 2015b) und psychische sowie physische Gesundheitsfaktoren (Guillou Landreat et al. 2019; Granero et al. 2020a; Sharman et al. 2019) werden als weitere Risikofaktoren der untersuchten Altersgruppe gekennzeichnet. Konkret zählen dazu substanzbezogene Probleme (Granero et al. 2020b), die jedoch laut Black et al. (2017) ebenso wie Zwangsstörungen bei den älteren Betroffenen eine geringere Rolle spielen als bei den Jüngeren, klinische Depressionen (Chou/Cheung,2013) bzw. geriatrische Depression und Angst (Parke et al. 2018), sexuelle Probleme (Granero et al. 2020b), geringe Befriedigung psychischer Grundbedürfnisse (Dennis et al. 2017) sowie eine eingeschränkte Verhaltensregulation (Tirachaimongkol et al. 2010).

Laut Tira, Jackson und Tomnay (2014) sind darüber hinaus unverarbeitete Verluste, Gewohnheit sowie exzessive Verhaltensweisen mit glücksspielbezogenen Problemen assoziiert. Kerber et al. (2012) ergänzen wahrgenommene Einschränkungen in der sozialen Funktionsfähigkeit. Tirachaimongkol et al. (2010) schreiben allgemein von sozialen und Umgebungsfaktoren. Eine Glücksspielteilnahme der Eltern, limitiertes und festes Einkommen sowie ein kleineres soziales Netzwerk benennen Sharman et al. (2019) als weitere individuelle Prädiktoren. Botterill et al. (2016) ergänzen speziell bei älteren Männern die wahrgenommene Einsamkeit als Risikofaktor. Zusammenhänge mit glücksspielbezogener Problematik im Alter zeigen sich darüber hinaus laut Granero et al. (2020b) für das Erleben häuslicher Gewalt, schwerwiegende finanzielle Probleme sowie außerehelichen Geschlechtsverkehr. Eine erhöhte Rollenkomplexität sowie diversere Freizeitgestaltung, verbunden mit sozialer Unterstützung und geringerem Stresslevel, erwähnen Hilbrecht und Mock (2019) dagegen als Schutzfaktoren. Als risikoerhöhende Umgebungsfaktoren werden eine hohe Verfügbarkeit (Sharman et al. 2019), spezifische Werbekampagnen (Guillou Landreat et al. 2019) und Incentives wie von Kasinobetreibern angebotene Bustouren (van der Maas et al. 2017a) sowie weniger Zugang zu anderen aufregenden Aktivitäten (Subramianiam et al. 2015b) genannt.

Tabelle 2.12: Befunde zu Prädiktoren glücksspielbezogener Probleme

Quelle	Soziodemografisches	Glücksspielverhalten	Individuelle Wahrnehmungen/Überzeugungen/Motive	Gesundheit	Individuelle Situation/ soziales Umfeld/Sonstiges
			Originalstudien		
Black et al. (2017)	Ältere mit PG häufiger weiblich, kaukasisch, geschieden, geringere Bildung als Jüngere mit PG	Ältere bevorzugen häufiger Automatenspiel als Jüngere		Ältere seltener Drogenprobleme/Zwangsstörungen als Jüngere	
Bormann et al. (2019)			Ältere mit PG geringere öffentliche/intrinsische Religiosität + mehr Aberglaube/Kontrollillusion als Ältere ohne PG; höhere private/ intrinsische Religiosität als Jüngere mit PG		
Botterill et al. (2016)					wahrgenommene Einsamkeit bei älteren Männern
Chen/Dong (2015)	jüngeres Seniorenalter; männlich; mehr Personen im Haushalt				
Chou/Cheung (2013)				klinische Depression	
Cookman/Weatherly (2016)	kein signifikanter Zusammenhang zw. Alter und Problemausmaß; im höheren Alter kein Interaktionseffekt zw. Ethnie und Problemausmaß				
Dennis et al. (2017)					geringe Befriedigung psychischer Grundbedürfnisse

Quelle	Soziodemografisches	Glücksspielverhalten	Individuelle Wahrnehmungen/Überzeugungen/Motive	Gesundheit	Individuelle Situation/soziales Umfeld/Sonstiges
Elton-Marshall et al. (2018)	Single-Status; höchstes Problemausmaß (PGSI) bei Geschiedenen, gefolgt von Singles, Verwitweten, Verheirateten				
Granero et al. (2014)		späterer Beginn der Glücksspielstörung als bei Jüngeren			
Granero et al. (2020b)				sexuelle Probleme, substanzbezogene Probleme (Alkohol/Drogen)	Betroffenheit von häuslicher Gewalt, schwerwiegende finanzielle Probleme, außereheliche Geschlechtsverkehr
Granero et al. (2020c)		Teilnahme am Automatenspiel (Slots)			
Granero et al. (2020a)	männlich; höheres Seniorenalter	Teilnahme an strategischen und nicht-strategischen Spielformen; längere Spielerkarrieren		erhöhter Substanzkonsum; schlechter psychopathologischer Zustand	
Hilbrecht/Mock (2019)					Schutzfaktoren: Rollenkomplexität + diverse Freizeitgestaltung, verbunden mit sozialer Unterstützung und geringerem Stresslevel
Kerber et al. (2012)	jüngeres Seniorenalter				eingeschränkt in „sozialer Funktionsfähigkeit"
Medeiros et al. (2015)	Ältere mit PG in USA eher ohne Partnerschaft als in Brasilien	Zeitpunkt der ersten Glücksspielteilnahme in den USA früher als in Brasilien	Ausprägung des Glücksspielverlangens bei Älteren mit PG in den USA höher als in Brasilien		
Parke et al. (2018)		seltener Chasing-Verhalten als 25- bis 59-Jährige		geriatrische Depression und Angst	

Quelle	Soziodemografisches	Glücksspielverhalten	Individuelle Wahrnehmungen/Überzeugungen/Motive	Gesundheit	Individuelle Situation/soziales Umfeld/Sonstiges
Tira et al. (2014)					unverarbeitete Verluste; Gewohnheit; vorherige exzessive Verhaltensweisen
Tse et al. (2013)		früherer Start der Glücksspielerkarriere; Spielformen mit kontinuierlicher Spielabfolge ohne festgesetzte Limits			
van der Maas et al. (2017a)					Nutzung der von Kasinobetreibern angebotenen Bustouren
van der Maas et al. (2017b)			Motive: Geldgewinne, Sorgen vergessen, Langeweile, kostenlose Verpflegung, Geldgewinn zum Schuldenabbau		
Reviews					
Guillou Landreat et al. (2019)	sozialer, finanzieller und Bildungsstatus	bestimmte Glücksspielformen	Motive wie Einsamkeit und Langeweile	psychische und medizinische Erkrankungen/Störungen	Verfügbarkeit, gezielte Werbekampagnen
Sharman et al. (2019)	männliches Geschlecht		Einsamkeit, Motivation in Zusammenhang mit Geld	physische und psychische Gesundheitsfaktoren	Verfügbarkeit, Glücksspielteilnahme der Eltern, limitiertes und festes Einkommen, kleineres soziales Netzwerk
Subramaniam et al. (2015b)	jüngeres Alter innerhalb der Gruppe der Älteren, männliches Geschlecht und Single-Status		eher zur Bewältigung negativer Emotionen spielen	frühere Aktivitäten nicht mehr ausführen können	weniger Zugang zu anderen aufregenden Aktivitäten;
Tirachaimongkol et al. (2010)				individuelle Vulnerabilität; eingeschränkte Verhaltensregulation	soziale und Umgebungsfaktoren

Quelle	Soziodemografisches	Glücksspielverhalten	Individuelle Wahrnehmungen/Überzeugungen/Motive	Gesundheit	Individuelle Situation/soziales Umfeld/Sonstiges
Tse et al. (2012)					Risikofaktoren: monatlicher Kasinobesuch, Substanzabhängigkeit, niedriges Einkommen, keine Ausbildung, keine Erwerbstätigkeit, geringer Optimismus, gesundheitliche Einschränkungen, Single oder verwitwet; Schutzfaktoren: soziale Unterstützung, Vielfalt an Freizeitaktivitäten, verheiratet, höhere Bildung, höheres Einkommen, aktive Religiosität

Motivation zur Glücksspielteilnahme und Funktion des Glücksspiels

Eine mehrfach aufgeführte Motivation Älterer zur Glücksspielteilnahme ist das soziale Miteinander bzw. die Geselligkeit (Ariyabuddhiphongs 2012; Keovisai/Kim 2019; Kim 2020) als Gegenpol zu sozialer Isolation und Einsamkeit (Pattinson/Parke 2016), insbesondere bei Singles (Elton-Marshall et al. 2018) und Frauen (Ohtsuka/Chan 2014; Pattinson/Parke 2017) oder in asiatischen Familien als Familienereignis (Subramaniam et al. 2017). Des Weiteren dient die Glücksspielteilnahme laut den Befunden als Copingstrategie bzw. Ablenkungsstrategie von altersbedingten Einschränkungen und negativen Affekten (Keovisai/Kim 2019; Luo 2020; Pattinson/Parke 2016/2017; van der Maas et al. 2019a) sowie Flucht vor familiären Problemen (Subramaniam et al. 2017). Eine weitere Gruppe von Motiven bezieht sich auf Unterhaltung (Martin et al. 2011; Pattinson/Parke 2016), kognitive Aktivität (Kim 2020) bzw. aktive Freizeitgestaltung (Ariyabuddhiphongs 2012; Luo 2020b), Gesundheitsförderung (Keovisai/Kim 2019) und Reduktion von Langeweile (Kim 2020; Pattinson/Parke 2017). Van der Maas et al. (2019a) nennen, ähnlich wie Ariyabuddhiphongs (2012), Geld als eine von drei Motivationsgruppen, und auch aus Sicht von sozialen Dienstleistern für Seniorinnen und Senioren spielt die Hoffnung auf Geldgewinne eine Rolle (Stansbury et al. 2015). Dieses Motiv trifft laut Ohtsuka und Chan (2014) eher bei Männern als bei Frauen zu. Martin et al. (2011) berichten, dass das Geldmotiv gegenüber dem Unterhaltungsmotiv eher eine untergeordnete Rolle spielt. Luo und Ferguson (2017) fassen in ihrem Review die Motivatoren zusammen als Bedürfnis nach Spannung, Aussicht auf Geldgewinne, Bewältigung von Langeweile sowie strukturell bedingtem Stress. Tabelle 2.13 gibt einen Überblick über die Hauptbefunde zu diesem Themenkomplex.

Tabelle 2.13: Befunde zur Motivation Älterer zur Glücksspielteilnahme bzw. Funktion der Glücksspielteilnahme

Quelle	Coping	Soziales	Aktivität/ Unterhaltung	Geld
Elton-Marshall et al. (2018)		bei Singles eher Motivation Einsamkeit		
Keovisai/Kim (2019)	Glücksspielteilnahme als Copingstrategie, zum Beweis des eigenen Glücks oder der eigenen Fähigkeiten, …	… als eine Form der Geselligkeit	… zur Gesundheitsförderung	
Kim (2020)		Mahjong: soziales Miteinander, …	… kognitive Aktivität, Langeweile reduzieren	

Quelle	Coping	Soziales	Aktivität/ Unterhaltung	Geld
Luo (2020a)	Kasinos als Zufluchtsort vor familiären Konflikten und Ablenkung von mentalen Gesundheitsproblemen im Rentenalter			
Lou (2020b)			Kasinobesuche: Bedürfnis nach aktiver Freizeitgestaltung	
Martin et al. (2011)			eher intrinsische (v. a. Unterhaltung) ...	... als extrinsische Motive (v. a. Gewinne)
Ohtsuka/Chan (2014)		Einführung durch Familienmitglieder; Motivation von Frauen eher Geselligkeit, ...		... von Männern eher die Aussicht auf Gewinne
Pattinson/Parke (2016)	Reduktion psychologischer Stressoren (soz. Isolation, neg. Affekte durch Trauer u. Ruhestand), Reduktion physischer Stressoren (Ablenkung von altersbedingten Gebrechen, Autonomieerleben), ...		... Bedürfnis nach Stimulation, leichter Zugang/Verfügbarkeit	
Pattinson/Parke (2017)	Frauen: Leerräume füllen, Ablenkung von emotionalen Belastungen (Einsamkeit aufgrund von Ruhestand, Trauer, abnehmende Gesundheit), ...			
Stansbury, et al. (2015)		Gruppendruck geringe Relevanz	lt. sozialen Dienstleistern: Unterhaltung, ...	... Hoffnung auf Gewinne
Subramaniam et al. (2017)	asiatische Familie: Aufrechterhaltung z. B. durch Glücksspiel als Zufluchts- bzw. Ausweichort	asiatische Familie: initiale Glücksspielteilnahme z. B. als Familienereignis		

Quelle	Coping	Soziales	Aktivität/ Unterhaltung	Geld
van der Maas et al. (2019a)			drei Motivationsgruppen: Unterhaltung, Emotionen, ...	... Geld
Reviews				
Ariyabuddhiphongs (2012)		Beteiligung an Kasinofahrten, um unter Leute zu kommen, ...	... etwas zu erleben ...	... und Geld zu gewinnen
Luo/Ferguson (2017)	Bewältigung von Langeweile, strukturell bedingten Stresses		Bedürfnis nach Spannung	Aussicht auf Geldgewinne

Einstellung zum und Wahrnehmung des Glücksspiels

Forschungsgruppen, die Einstellungen zum Glücksspiel bei Seniorinnen und Senioren untersuchten, berichten teilweise eher von negativeren Einstellungen in dieser Altersgruppe (Fiedor et al. 2017; Salonen et al. 2014). Laut Fiedor et al. (2019) haben die ab 70-Jährigen eine besondere Aversion gegen das Glücksspiel, und auch die Männer dieser Altersgruppe haben keine positivere Einstellung. Für die Jahre 2002 und 2004 geben Martin et al. (2011) jeweils eher positive Einstellungen an. Zwischen 2011 und 2015 hat sich laut einer Studie von Salonen et al. (2017) die Einstellung zum Glücksspiel altersgruppen- und geschlechterübergreifend in eine positivere Richtung entwickelt. Keine signifikanten Einstellungsunterschiede finden van der Maas et al. (2019b) zwischen den Geburtsjahrgängen 1925 bis 1942 und 1943 bis 1960. Einflussfaktoren auf die Einstellung sind nach Luo (2020) die Herkunftskultur, der Lebensverlauf sowie nahestehende Personen. Personen mit problematischem Glücksspielverhalten haben demnach eine eher negative Einstellung, soziale Glücksspielerinnen und Glücksspieler eine neutrale bis positive.

Einige Unterschiede lassen sich bezüglich der Wahrnehmung des Glücksspiels und des eigenen Glücksspielverhaltens verzeichnen. So unterscheiden ältere chinesische Einwanderinnen und Einwanderer Glücksspiel und normales Spiel (Keovisai/Kim 2019): Wenn es sich um Glücksspiel handelt, meinen die Studienteilnehmenden, zeigt jemand problematisches Glücksspielverhalten, das mit großen Verlusten einhergeht. Tira und Jackson (2015) erläutern, dass in ihrer Stichprobe die Glücksspielteilnahme als „nicht richtiges Glücksspiel" wahrgenommen wird, wenn es nicht zum Bild einer/eines Glücksspielenden passt, das Ergebnis gar nicht beeinflussbar ist, man es nicht so ernst nimmt, wenn es einen besonderen Raum im Herzen einnimmt, es ein Teil der eigenen Identität ist, die Kosten denen anderer Freizeitaktivitäten ähneln, es in Verbindung mit anderen Aktivitäten geschieht, es nicht vom hart erarbeiteten Geld finanziert wird, es sich nicht real anfühlt oder die Spielstätte sich wie eine zweite Heimat anfühlt. Auf einem Kontinuum der Glücksspielintensität empfinden sich die älteren Glücksspielteilnehmenden laut Wagner et al. (2017) auf niedrigster Intensität nicht als Glücksspielende, dann als Glücksspielende und dann als Problemspielende bzw. glücksspielsüchtige Personen und neutralisieren innere Widersprüche durch unterschiedliche Techniken. Vor dem Hintergrund einer Migration aus einem Herkunftsland mit einer anderen glücksspielbezogenen Kultur und/oder Regulation unterscheiden Kim und Kim (2020) bei ihren Studienteilnehmenden drei qualitative Hauptkategorien: 1) kulturelle Überzeugungen, die Glücksspiel als unethisch bewerten sowie mit Suchtgefahr und Verlustrisiko verbinden, 2) Einstellungsanpassung durch Migration mit einer Glücksspielbewertung als harmlose, anregende Freizeitaktivität oder Bewältigungsstrategie und 3) Ambivalenz im realen Leben zwischen Herkunftskultur und neuer Glücksspielumgebung mit heimlicher Glücksspielteilnahme. Laut Tomei, Bamert und Sani (2017) fallen Ältere nicht durch besondere kognitive Verzerrungen auf. Lediglich die 18- bis 25-Jährigen denken häufiger, dass Rouletteergebnisse fähigkeitsbasiert seien, während es bei Darts, Lotterien und Tombolas keine signifikanten Altersunterschiede gibt. Tabelle 2.14 fasst die Hauptbefunde zu diesem Themenbereich zusammen.

Tabelle 2.14: Befunde zur Einstellung Älterer zum Glücksspiel/Wahrnehmung des Glücksspiels

Quelle	Glücksspielverhalten
Fiedor et al. (2019)	Seniorinnen und Senioren: negativere Einstellung zum Glücksspiel als jüngere Altersgruppen; 70+-Jährige signifikant negativer als alle anderen Altersgruppen außer 60–69-Jährige, und einzige Gruppe, in der die Männer keine positivere Einstellung zeigen als die Frauen
Keovisai/Kim (2019)	ältere chinesische Einwandererinnen und Einwanderer unterscheiden Glücksspiel und normales Spiel; Glücksspielteilnahme = problematisches Glücksspielverhalten; Assoziation mit großen Verlusten
Kim/Kim (2020)	3 qualitative Hauptkategorien: 1) kulturelle Überzeugungen: Glücksspiel unethisch, Suchtgefahr, Verlustrisiko, 2) Einstellungsanpassung durch Migration: harmlose Freizeitaktivität, Bewältigungsstrategien, anregend, 3) Ambivalenz im realen Leben: Glücksspielumgebung (Regulierung und Angebot in den USA), heimliche Glücksspielteilnahme
Lou (2020)	soziale Glücksspielerinnen und Glücksspieler: positive bis neutrale Einstellung zum Glücksspiel problematisch Spielende: eher negative Einstellung Einflussfaktoren: Herkunftskultur, Lebensverlauf, nahestehende Personen

Quelle	Glücksspielverhalten
Martin et al. (2011)	2 Messzeitpunkte (2002, 2004): beide Male Einstellung eher positiv
Salonen et al. (2017)	2 Messzeitpunkte (2011, 2015): Einstellung hat sich altersgruppen- und geschlechterübergreifend in eine positivere Richtung entwickelt
Salonen et al. (2014)	jüngeres Lebensalter (bis 54 Jahre): positivere Einstellung
Tira/Jackson (2015)	typisch für Glücksspiel: auf unsicheres Ergebnis wetten mit Gewinnmöglichkeit nicht-„richtiges" Glücksspiel: passt nicht zum Bild eines Glücksspielenden, Ergebnis gar nicht beeinflussbar, man nimmt es nicht so ernst, es nimmt einen besonderen Raum im Herzen ein, es ist Teil der eigenen Identität, Kosten ähneln anderen Freizeitaktivitäten, es geschieht in Verbindung mit anderen Aktivitäten, es wird nicht vom hart erarbeiteten Geld finanziert, es fühlt sich nicht real an o. die Spielstätte fühlt sich wie eine zweite Heimat an
Tomei et al. (2017)	18–25 Jahre: glauben häufiger als alle anderen Altersgruppen, dass der Spielausgang beim Roulette auf Fähigkeiten der Spielenden basiert; keine altersbezogenen Unterschiede bei anderen Spielformen (Tombola, Darts, Lotterie)
van der Maas et al. (2019b)	keine signifikanten Unterschiede in der Einstellung zwischen Geburtsjahrgängen 1925 bis 1942 und 1943 bis 1960
Tira/Jackson (2015)	typisch für Glücksspiel: auf unsicheres Ergebnis wetten mit Gewinnmöglichkeit nicht-„richtiges" Glücksspiel: passt nicht zum Bild eines Glücksspielenden, Ergebnis gar nicht beeinflussbar, man nimmt es nicht so ernst, es nimmt einen besonderen Raum im Herzen ein, es ist Teil der eigenen Identität, Kosten ähneln anderen Freizeitaktivitäten, es geschieht in Verbindung mit anderen Aktivitäten, es wird nicht vom hart erarbeiteten Geld finanziert, es fühlt sich nicht real an o. die Spielstätte fühlt sich wie eine zweite Heimat an
Wagner et al. (2017)	je nach Intensität der Glücksspielteilnahme: 1) keine Identifikation als Glücksspielerin bzw. Glücksspieler, 2) Identifikation als Glücksspielerin bzw. Glücksspieler, 3) Identifikation als Problemspielerin bzw. Problemspieler/glücksspielsüchtige Person; Vereinbarung des Glücksspielverhaltens mit der eigenen Identität („Neutralisation") durch unterschiedliche Techniken

Glücksspielverhalten

Die Mehrzahl der Originalstudien, die hier als Studien zum Glücksspielverhalten kodiert sind (Tabelle 2.15), nennt die bevorzugten Spielformen Älterer. Laut McCarthy et al. (2018) ist eine multiple Glücksspielteilnahme unter Älteren eher selten, während Turner et al. (2018) bei älteren Kasino- und Racinobesucherinnen und -besuchern von durchschnittlich 3,6 genutzten Spielformen und von einer durchschnittlichen Aufenthaltsdauer pro Besuch von 3,3 Stunden schreiben. Delfabbro und King (2020) beschreiben eine

Abnahme der Teilnahme am Automatenspiel unter älteren Australierinnen und Australiern, die der Abnahme in der Allgemeinbevölkerung entspricht. Mit „Electronic Gambling Machines" (EGMs) haben die Älteren laut McCarthy et al. (2018) jedoch die meiste Erfahrung, gefolgt von Pferderennwetten, Kasinospielen und Sportwetten. Bei Ng (2011) sind Lotterien die häufigste Spielform. Lotterien nennen auch Granero et al. (2020c) als häufigste Spielform in beiden Teilstichproben. Die Bevölkerungsstichprobe bevorzugt an zweiter Stelle Sportwetten, die klinische Stichprobe Geldspielautomaten. Laut Assanangkornchai et al. (2016) ist die Teilnahme an Lotterien bei Personen ab 60 Jahren (M: 67,5 %, F: 66,3 %) stärker ausgeprägt als bei der jüngsten Gruppe, jedoch bei den 26- bis 59-Jährigen noch etwas stärker. In asiatischen Stichproben spielt Mahjong bzw. Wetten auf Mahjong eine Rolle. Dabei nehmen in der Untersuchung von Ohtsuka und Chan (2014) Frauen eher an Mahjong teil, während Männer Sport- und Pferderennwetten bevorzugen. Bei Chen und Dong (2015) weisen Wetten auf Mahjong die höchste Teilnahmefrequenz auf, während Kasinobesuche die am häufigsten angegebene Spielform darstellen. Laut Subramaniam et al. (2015a) bevorzugen Ältere häufiger Pferderennwetten, Lotterien und Mahjong als jüngere Glücksspielende.

Tabelle 2.15: Befunde zum Glücksspielverhalten

Quelle	Glücksspielverhalten
Assanangkornchai et al. (2016)	Teilnahme an Lotterien: in höheren Altersgruppen stärker ausgeprägt als bei der jüngsten Gruppe, bei 26–59-Jährigen etwas stärker (M: 71,4 %, F: 76,3 %) als bei 60+-Jährigen (M: 67,5 %, F: 66,3 %)
Chen/Dong (2015)	häufigste Spielformangabe: Kasinobesuche; höchste Teilnahmefrequenz: Wetten auf Mahjong
Delfabbro/King (2020)	über 65 J.: Abnahme der Teilnahme am Automatenspiel (2001: 30 %, 2018: 18 %) entsprechend dem allgemeinen Trend 55–65 J.: 2001: 30 %, 2018: 18 %
Granero et al. (2020c)	Rangfolge der bevorzugten Spielformen: Bevölkerungsstichprobe: Lotterien, dann Sportwetten („Pools") klinische Stichprobe: Lotterien, Geldspielautomaten (Slots)
McCarthy et al. (2018)	multiple Spielteilnahme bei den Ältesten selten; meiste Erfahrung mit EGMs, gefolgt von Pferderennwetten, Kasinospielen und Sportwetten
Ng (2011)	bevorzugte Spielform: 4D (Lotterie)
Ohtsuka/Chan (2014)	Frauen nehmen eher an Mahjong teil, Männer stärker an Sportwetten/Pferderennwetten
Subramaniam et al. (2015a)	Ältere bevorzugen häufiger Pferderennwetten, „Numbers"/Lotterien und Mahjong als jüngere Glücksspielende

Quelle	Glücksspielverhalten
Turner et al. (2018)	im Durchschnitt Nutzung von 3,6 Spielformen. Insgesamt 78 % spielen an EGMs und verbringen pro Kasino-/Racinobesuch (= Pferderennbahnen mit EGMs) dort im Schnitt 3,3 Stunden

Schwere und Konsequenzen glücksspielbezogener Probleme

Verbunden mit der Glücksspielteilahme an sich erwähnen Tse et al. (2012) sowohl negative als auch positive Gesundheitsfolgen. Laut Black et al. (2017) erleben Ältere und Jüngere mit einer glücksspielbezogenen Problematik eine ähnliche Problemschwere, während Sacco et al. (2011) bezogen auf die Symptomatik von einem geringeren Ausmaß als bei Jüngeren berichten. Hinsichtlich der Folgen beschreibt Ariyabuddhiphongs (2012) im Review bei Älteren ein besonderes Ausmaß an mit der Glücksspielproblematik assoziierten körperlichen, psychischen und sozialen Probleme. Es gibt Hinweise auf die Entwicklung von Depressionen (Kerber et al. 2015), generalisierten Angststörungen und substanzbezogenen Störungen (Pilver et al. 2013) infolge einer Glücksspielproblematik bei Älteren. Pilver et al. (2013) berichten darüber hinaus von einer negativen Assoziation zwischen niedrig-riskantem Glücksspielverhalten und der Inzidenz von Hypomanie zwischen zwei Messzeitpunkten. Des Weiteren kann es bei noch ausgeübter Berufstätigkeit zur Kündigung aufgrund der Glücksspielproblematik und glücksspielbedingten Schulden kommen. Auf körperlicher Ebene erhöht sich das Risiko zur Entwicklung von Arteriosklerose und jeglicher Art von Herzerkrankungen (Pilver/Potenza 2013). Subramaniam et al. (2017) nennen Konflikte und finanzielle Probleme als wesentliche Folgen (s. Tab. 2.16 für einen Befundüberblick).

Tabelle 2.16: Befunde zu Schwere und Konsequenzen der Glücksspielproblematik Älterer

Quelle	Schwere/Konsequenzen
Anderson/Rempusheski/Leedy (2018)	familiäre Konflikte bis hin zu Trennungen, finanzielle Not in der Familie
Black et al. (2017)	Ältere und Jüngere haben eine ähnliche Problemschwere
Kerber et al. (2015)	Depression als Folge des Glücksspiels, Kündigung aufgrund der Glücksspielproblematik und glücksspielbedingter Schulden
Pilver et al. (2013)	Entwicklung generalisierter Angststörungen und substanzbezogener Störungen; negative Assoziation zwischen niedrig-riskantem Glücksspielverhalten und der Inzidenz von Hypomanie
Pilver/Potenza (2013)	erhöhtes Risiko zur Entwicklung von Arteriosklerose und jeglicher Art von Herzerkrankungen
Sacco et al. (2011)	ältere Altersgruppe: signifikant geringerer Mittelwert bestätigter DSM-IV-Kriterien als 25- bis 59-Jährige

Quelle	Schwere/Konsequenzen
Subramaniam et al. (2017)	Konflikte, finanzielle Probleme
Reviews	
Ariyabuddhiphongs (2012)	mit Glücksspielproblemen assoziierte körperliche, psychische und soziale Probleme
Tse et al. (2012)	negative sowie positive Gesundheitsfolgen der Glücksspielteilnahme

Prävention und Genesung

Bei der hier angewandten Suchstrategie wurden vier Originalstudien gefunden, die nach spezifischer Prävention von Glücksspielproblemen im Alter fragen, nur eine die Genesungsvoraussetzungen betrachtet und keine, die sich mit Spezifika in der Versorgung älterer Betroffener beschäftigt (Tabelle 2.17). Subramaniam et al. (2017c) benennen familiäre Interventionen (z. B. Flehen und Drohen) und individuelle Strategien (z. B. persönliche Limits, Wahrnehmung/Bewusstmachung der Zwecklosigkeit des Glücksspiels) als Responsible Gambling-Strategien bzw. -Themen in ihrer Untersuchung. Jedoch finden Thériault et al. (2018) keinen Zusammenhang zwischen dem Einsatz von Responsible Gambling-Strategien bei älteren Glücksspielerinnen und Glücksspielern und dem glücksspielbezogenen Risiko- bzw. Problemstatus. Gemeinsam ist Jüngeren und Älteren laut Gainsbury et al. (2018) eine Präferenz für positiv statt wertend formulierte Responsible Gambling-Botschaften. Während Seniorinnen und Senioren Botschaften zur Limitsetzung bevorzugen, sind es bei Jüngeren eher individuelle Botschaften zum Spielverhalten und zur Expertise. Eingesetzte Kontrollstrategien bei Mahjong sind laut Kim (2020) geringe Einsätze, Akzeptanz von Gewinnen und Verlieren sowie Gewohnheitsvermeidung. Eine Reduktion der glücksspielbezogenen Problematik ist laut Gavriel-Fried, Moretta und Potenza (2020) bei Älteren ebenso wie bei Jüngeren positiv mit ihrem „Recovery Capital" und negativ mit Angst und Depression assoziiert. Bei den Jüngeren zeigt sich darüber hinaus ein positiver Zusammenhang mit intrinsischer Spiritualität und ein negativer Zusammenhang mit stressreichen Lebensereignissen. Unter „Recovery Capital" sind genesungsfördernde, individuelle, finanzielle, kommunale und soziale Ressourcen zu verstehen (Gavriel-Fried/Lev-el 2018).

Tabelle 2.17: Befunde zur Prävention einer Glücksspielproblematik Älterer und zur Genesung

Quelle	Prävention/Genesung
Gainsbury et al. (2018)	Seniorinnen und Senioren präferieren „Responsible Gambling"-Botschaften zur Limit-Setzung, 18- bis 24-Jährige und Personen mit häufiger Glücksspielteilnahme eher Botschaften zum eigenen Spielverhalten und eigener Expertise, alle bevorzugen positiv statt wertend formulierte Botschaften

Thériault et al. (2018)	kein Zusammenhang zwischen Einsatz von Responsible Gambling-Strategien und dem glücksspielbezogenen Risiko- bzw. Problemstatus
Subramaniam et al. (2017c)	zwei Kategorien von Responsible Gambling-Strategien bzw. -Themen: familiäre Interventionen (z. B. Flehen und Drohen) und individuelle Strategien (z. B. persönliche Limits, Wahrnehmung/Bewusstmachung der Zwecklosigkeit des Glücksspiels)
Kim (2020)	Vermeidung von Kontrollverlust bei Mahjong durch geringe Einsätze, Akzeptanz von Gewinnen und Verlieren, Gewohnheitsvermeidung
Gavriel-Fried et al. (2020)	Zusammenhänge mit Reduktion glücksspielbezogener Symptomatik: < 55 J.: positiv mit intrinsischer Spiritualität und Recovery Capital, negativ mit Angst, Depression und stressreichen Lebensereignissen 55+ J.: positiver Zusammenhang nur mit Recovery Capital (etwas geringer), negativ mit Angst und Depression

2.4 Diskussion

Die Anzahl peer-reviewter Veröffentlichungen, die explizit Glücksspielverhalten und/oder eine Glücksspielproblematik im Seniorenalter untersuchen, hat von 2010 bis 2020 in der Gesamttendenz zugenommen. Der vorliegende Scoping Review umfasst insgesamt 68 Veröffentlichungen, darunter sieben Reviews. Die Publikationen analysieren überwiegend quantitative, teilweise aber auch qualitative Daten. Von den sieben Reviews werden fünf als systematische Reviews deklariert. Es befindet sich kein Scoping Review darunter. Eine Vergleichbarkeit der Befunde sowohl der Originalstudien als auch der Reviews ist kaum gegeben. Das wird insbesondere an den unterschiedlichen Stichprobengrößen und -arten deutlich, unter denen sich einige auf die Allgemeinbevölkerung beziehen, andere auf so spezifische Populationen wie Gefängnisinsassinnen bzw. Gefängnisinsassen mit Glücksspielerfahrung. Darüber hinaus wird zu einem großen Teil nur das Glücksspielverhalten innerhalb einer Stichprobe mit Seniorinnen und Senioren untersucht, in anderen Fällen finden Vergleiche mit jüngeren Glücksspielteilnehmenden statt.

Außerdem sind regionale, kulturelle und regulatorische Spezifika mögliche Einflussfaktoren, die international gültige Aussagen zum Thema ohne genauere Bewertung nicht zulassen. Trotz der Heterogenität der Glücksspielregulationen und Kulturen in den 42 europäischen Ländern beziehen sich die zwölf inkludierten europäischen Studien auf nur fünf unterschiedliche Länder. Keine der Studien nutzt Daten aus Deutschland, obwohl es eines der bevölkerungsreichsten europäischen Länder mit alternder Bevölkerung ist. Plausibler erscheint es dagegen, dass aus vorderasiatischen und nordafrikanischen Ländern mit religiösen und staatlichen Verboten des Glücksspiels keine Veröffentlichungen vorliegen. Ähnliches gilt beispielsweise für afrikanische Staaten, deren altersbezogene Bevölkerungsstruktur sich gänzlich anders gestaltet. In Europa dagegen, wo die glücksspielbezogene Regulationstendenz vielerorts in Richtung Liberalisierung bei gleichzeitiger Umkehrung der Alterspyramide weist, erscheinen zwölf Studien aus fünf Ländern als verhältnismäßig wenig. Allerdings ist dabei zu bedenken, dass die Recherchestrategie des vorliegenden Reviews sich nur auf englisch- und deutschsprachige Artikel fokussierte. So würde auch der vorliegende Bericht in keiner Recherche auftauchen, die die deutsche Sprache ausschließt, selbst wenn so genannte graue Literatur eingeschlossen wäre. Daher sind weitere relevante Untersuchungen aus europäischen Ländern ohne englischsprachige Veröffentlichung nicht auszuschließen. Für Deutschland bleibt jedoch festzuhalten, dass innerhalb der für die Recherche genutzten großen Datenbanken keine relevante Veröffentlichung im Zeitraum 2010 bis 2020 gefunden wurde.

Praxisrelevanz für Prävention und Versorgung gewinnt das Glücksspielverhalten von Seniorinnen und Senioren immer dann, wenn es sich um eine besonders vulnerable Gruppe handelt oder um eine Gruppe, bei der Interventionen nicht in gleicher Weise wirken wie in jüngeren Altersgruppen. Die inkludierten Studien definieren das Seniorenalter bzw. die älteren Teilstichproben mit unteren Altersgrenzen zwischen 50 und 65 Jahren. Dabei überwiegen die Studien, die ein Alter ab 55 bzw. 56 Jahren oder ab 60 bis 62 Jahren als Grenze wählen. Bei Interesse an Spezifika wie Altersgebrechen, Ruhestand und wachsenden Verlusten, die für eine erhöhte Vulnerabilität sprechen, ist inhaltlich eher eine höhere Altersgrenze begründbar. Stichproben ab 50 Jahren dürften dagegen im Schnitt deutlich weniger körperliche Einschränkungen und Verluste erleben als Stichproben ab 60 oder 65 Jahren. Auch der Anteil an freier Zeit dürfte sich deutlich unterscheiden. Die am häufigsten untersuchten Fragestellungen beziehen sich auf Glücksspielprobleme im Alter (Prävalenzen und Prädiktoren). Für die Frage, ob es sich bei Seniorinnen und Senioren um eine besonders vulnerable Risikogruppe handelt, erscheint ein Fokus auf diese Fragestellungen angemessen. Darüber hinaus könnte die Zielgruppe der Seniorinnen und Senioren jedoch unabhängig davon, ob sie in besonderem Ausmaß vulnerabel ist, spezifische Bedürfnisse bezüglich Prävention und Versorgung mit sich bringen. Mit insgesamt fünf Veröffentlichungen zu diesen Themen sind diese Fragestellungen dennoch kaum vertreten. Auch welche Schutzfaktoren von Bedeutung sind, wurde kaum ausdrücklich untersucht. Innerhalb der Prädiktoren lassen sich durchaus diesbezügliche Befunde erkennen, so zum Beispiel die intrinsische und öffentliche Religiosität bei Bormann et al. (2019) sowie die Merkmale des risikoärmeren Clusters bei Granero et al. (2020a) und die negativ assoziierten Faktoren (verheiratet, Umzug) bei Granero et al. (2020b). Ausdrücklich werden Schutzfaktoren bei Hilbrecht und Mock (2019) sowie Tse et al. (2012) berichtet.

Betrachtet man die kodierten Befunde, so fällt bezogen auf die Prävalenzen und Konsequenzen bzw. Schwere einer Glücksspielproblematik auf, dass Seniorinnen und Senioren weder häufiger noch stärker betroffen zu sein scheinen als andere Altersgruppen. Wie diese Befunde zu bewerten sind, war nicht Gegenstand des vorliegenden Reviews. Daher wird bei näherem Interesse ein genauer Blick in die jeweiligen methodischen Rahmenbedingungen empfohlen. Die genannten Prädiktoren sind zum Teil aus anderen Altersgruppen bzw. der Allgemeinbevölkerung bekannt, so zum Beispiel das männliche Geschlecht oder das gleichzeitige Vorliegen substanzbezogener Störungen (Hayer/Meyer/Girndt 2018/2019). Spezifische Risikofaktoren wie soziale Isolation teilen sich die Seniorinnen und Senioren dagegen mit anderen Populationen, die nicht strukturell im Alltag durch Erwerbstätigkeit, Ehrenamt und/oder aktives Familienleben in soziale Interaktionen eingebunden sind. Das lässt vermuten, dass nicht das hohe Lebensalter an sich, sondern die damit zum Teil verbundene Lebenssituation mit einem erhöhten Risiko einer Glücksspielproblematik verbunden ist. Es ist denkbar, dass Faktoren wie Verlust der Mobilität und Einsamkeit in dieser Entwicklungsphase so unterschiedlich vertreten sind, dass sie sich bei Betrachtung der gesamten Altersgruppe gegenüber anderen Altersgruppen nicht wie erwartet auswirken. Zielgruppe für spezifische Präventionsmaßnahmen wären dann nicht Seniorinnen und Senioren an sich, sondern ältere Personen in bestimmten Lebenssituationen, beispielsweise ohne nahen Kontakt zu Angehörigen. Bei allen Nachteilen bezüglich der Vergleichbarkeit der Veröffentlichungen sprechen diese Überlegungen durchaus für die Untersuchung spezifischer älterer Populationen bzw. für den zielgerichteten Vergleich heterogener älterer Teilstichproben innerhalb großer Bevölkerungsstichproben. Wenn es um Faktoren wie Einsamkeit, Verlusterleben oder Anteil an freier Zeit geht, so dürfte es in dieser Hinsicht Überschneidungen mit Erwerbslosen, mit chronisch Kranken, unter Umständen auch mit Eltern, deren erwachsene Kinder ausziehen, geben.

Der vorliegende Review ist nach unserem Wissen der erste Scoping Review zum Glücksspielverhalten und der Glücksspielproblematik im Seniorenalter. Methodisch wurde sehr systematisch entlang der PRISMA-ScR-Richtlinien (Tricco et al. 2018) vorgegangen, sodass eine hohe Transparenz und Replizierbarkeit gegeben sind. Dennoch sind einige Limitationen zu benennen. Recht strikt wurde das Einschlusskriterium umgesetzt, dass eine explizite seniorenbezogene Fragestellung vorliegen muss, die sich im Titel oder

Abstract ausdrückt. Erstens birgt dieses Kriterium Interpretationsspielraum und lässt zweitens von den Befunden her möglicherweise interessante Veröffentlichungen außen vor. In systematischen Reviews, die die Evidenz einer spezifischeren Fragestellung prüfen, wären solche Studien zu inkludieren, die erst im Volltext die relevante Fragestellung bzw. Befunde dazu erwähnen. Auch experimentelle Studien und andere, die das Ausschlusskriterium „kein echtes Glücksspiel" erfüllen, können wertvolle Beiträge zu Erklärungsansätzen liefern und wären in einem Gesamtmodell zu berücksichtigen. Beispielsweise könnten spezifische Entscheidungsprozesse Älterer in Risikosituationen ihr Glücksspielverhalten beeinflussen. Dennoch erscheint das Ausschlusskriterium vor dem Hintergrund gerechtfertigt, dass Erklärungsansätze erst relevant werden, wenn die Evidenz für ein Phänomen wie eine besondere Vulnerabilität vorliegt. Weiterhin kommen möglicherweise relevante Studien aus einem Veröffentlichungszeitraum vor 2010 nicht vor. Über die inkludierten Reviews ab 2010 sollten sie jedoch zumindest indirekt enthalten sein. Ebenso wurden durch die Beschränkung auf peer-reviewte Veröffentlichungen die Möglichkeiten eines Scoping Reviews bewusst nicht voll ausgeschöpft, da bei Einschluss grauer Literatur Systematik und Vollständigkeit nur mit einem forschungsökonomisch schwer vertretbaren Aufwand umzusetzen gewesen wären. Aus Sicht des Forschungsteams rechtfertigt die Menge der Veröffentlichungen diese Eingrenzung. Trotzdem bleibt ein Restrisiko, dass für die weitere Forschung relevante Fragestellungen bisher ausschließlich in Berichten oder Vortragsdokumenten vorkommen. Eine weitere forschungsökonomisch orientierte Entscheidung war, eine Erstkodierung und eine anschließende Prüfungskodierung durch eine zweite Person vorzunehmen statt zweier völlig unabhängiger Kodierungen, die im nächsten Schritt abgeglichen werden. Eine intensive Abstimmung des Kodierungsschemas sowie die Durchführung von Probekodierungen trugen zur Validität der Datenbasis bei. Es lässt sich jedoch nicht ausschließen, dass einzelne Kategorisierungen stärker durch die Einschätzung der Erstkodiererin geprägt sind.

2.5 Fazit

Trotz einer wachsenden Anzahl an Veröffentlichungen zu möglichen Zusammenhängen zwischen dem Seniorenalter und einer Glücksspielteilnahme bzw. glücksspielbezogenen Problemen, verdeutlicht der vorliegende Scoping Review die Komplexität des Themas und die Vielzahl der offenen Fragen. Europäische Länder und insbesondere Deutschland haben noch deutlichen Nachholbedarf hinsichtlich der Forschung zu Fragestellungen, die in Nordamerika und Australien bereits recht ausführlich untersucht sind. International wiederholt berichtete Befunde zu Prävalenzen und Prädiktoren einer Glücksspielproblematik im Seniorenalter lassen sich aufgreifen und an entsprechenden nationalen Stichproben überprüfen. Darüber hinaus bestehen international deutliche Forschungslücken bezüglich spezifischer Präventions- und Interventionsbedarfe im höheren Lebensalter. Hinzuweisen ist in diesem Zusammenhang auf die Veröffentlichung von Skinner et al. (2018) mit Best-Practice-Richtlinien, die aus dieser Untersuchung ausgeschlossen war. Von Interesse sind ergänzend weitere Veröffentlichungen zu möglichen Schutzfaktoren, die Hinweise für spezifische Präventionsmaßnahmen liefern können.

Die oben diskutierten Überlegungen zur Abhängigkeit von unterschiedlichen Lebenssituationen im Seniorenalter legen darüber hinaus interdisziplinäre Forschungskooperationen zwischen geriatrischer und Suchtforschung nahe. Wenn sich bestätigen sollte, dass Seniorinnen und Senioren nicht als Gesamtgruppe besonders vulnerabel hinsichtlich der Entwicklung glücksspielbezogener Probleme sind, kann auch in dieser Hinsicht eine erweiterte Perspektive praxisrelevant werden. Möglicherweise lassen sich Präventionsansätze für Menschen mit mehr freier/unstrukturierter Zeit bzw. körperlichen oder sonstigen Einschränkungen allgemein formulieren. So könnten Alltagsstrukturierung und ein vielfältiges Freizeitangebot eine grundsätzliche Empfehlung in bestimmten Lebenssituationen sein und müssten dann auf kommunaler Ebene altersgruppen-, kultur- bzw. bedarfsspezifisch oder möglichst inklusiv ausgestaltet werden.

2.6 Literatur

Das Symbol (*) kennzeichnet alle kodierten Studien, die im Ergebnisteil Berücksichtigung gefunden haben.

*Anderson, T. L., Rempusheski, V. F./Leedy, K. N. (2018). Casino gambling and the family: Exploring the connections and identifying consequences. Deviant Behavior, 39, 1109–1119.

*Ariyabuddhiphongs, V. (2012). Older adults and gambling: A review. International Journal of Mental Health and Addiction, 10, 297–308.

Arksey, H./O'Malley, L. (2005). Scoping studies: Towards a methodological framework. International Journal of Social Research Methodology, 8, 19–32.

*Assanangkornchai, S., McNeil, E. B., Tantirangsee, N., Kittirattanapaiboon, P./Thai National Mental Health Survey Team (2016). Gambling disorders, gambling type preferences, and psychiatric comorbidity among the Thai general population: Results of the 2013 national mental health survey. Journal of Behavioral Addictions, 5, 410–418.

*Barnes, G. M., Welte, J. W., Tidwell, M. O./Hoffman, J. H. (2011). Gambling on the lottery: Sociodemographic correlates across the lifespan. Journal of Gambling Studies, 27, 575–586.

Barnes, G. M., Welte, J. W., Tidwell, M. O.,/Hoffman, J. H. (2013). Effects of neighborhood disadvantage on problem gambling and alcohol abuse. Journal of Behavioral Addictions, 2, 82–89.

Bischof, A., Meyer, C., Bischof, G., Guertler, D., Kastirke, N., John, U./Rumpf, H.-J. (2014). Association of sociodemographic, psychopathological and gambling-related factors with treatment utilization for pathological gambling. European Addiction Research, 20, 167–173.

Bjelde, B., Chromy, B./Pankow, D. (2008). Casino gambling among older adults in North Dakota: A policy analysis. Journal of Gambling Studies, 24, 423–440.

*Black, D. W, Coryell, W., McCormick, B., Shaw, M./Allen, J. (2017). A prospective follow-up study of younger and older subjects with pathological gambling. Psychiatry Research, 256, 162–168.

*Bormann, N. L., Allen, J., Shaw, M./Black, D. W. (2019). Religiosity and chance beliefs in persons with DSM-IV pathological gambling enrolled in a longitudinal follow-up study. Journal of Gambling Studies, 35, 849–860.

Brokenleg, I., Barber, T. K., Bennett, N. L., Peart Boyce, S./Jernigan, V. (2014). Gambling with our health: Smoke-free policy would not reduce tribal casino patronage. American Journal of Preventive Medicine, 47, 290–299.

*Botterill, E., Gill, P. R., McLaren, S./Gomez, R. (2016). Marital status and problem gambling among Australian older adults: The mediating role of loneliness. Journal of Gambling Studies, 32, 1027–1038.

*Chen, R. J./Dong, X. Q. (2015). The prevalence and correlates of gambling participation among community-dwelling Chinese older adults in the U.S. Aims Medical Science, 2, 90–103.

*Chou, K.-L./Cheung, K. C.-K. (2013). Major depressive disorder in vulnerable groups of older adults, their course and treatment, and psychiatric comorbidity. Depression and Anxiety, 30, 528–537.

*Christensen, D. R., Dowling, N. A., Jackson, A. C./Thomas, S. A. (2015). Gambling participation and problem gambling severity in a stratified random survey: Findings from the second social and economic impact study of gambling in Tasmania. Journal of Gambling Studies, 31, 1317–1335.

*Cookman, M. L./Weatherly, J. N. (2016). Investigating possible effects of ethnicity and age on gambling as an escape. Journal of Gambling Studies, 32, 499–509.

Dixon, M. R., Nastally, B. L./Waterman, A. (2010). The effect of gambling activities on happiness levels of nursing home residents. Journal of Applied Behavior Analysis, 43, 531–535.

*Delfabbro, P./King, D. L. (2020). Demographic insights into the decline in electronic gaming machine participation in South Australia. International Journal of Mental Health and Addiction. DOI: 10.1007/s11469-020-00326-9.

*Dennis, C. B., Davis, T. D., Chang, J./McAllister, C. (2017). Psychological vulnerability and gambling in later life. Journal of Gerontological Social Work, 60, 471-486.

*Elton-Marshall, T., Wijesingha, R., Sendzik, T., Mock, S. E., van der Maas, M., McCready, J., Mann, R. E./Turner, N. E. (2018). Marital status and problem gambling among older adults: An examination of social context and social motivations. Canadian Journal on Aging, 37, 318-332.

Faregh, N./Leth-Steensen, C. (2011). The gambling profiles of Canadians young and old: Game preferences and play frequencies. International Gambling Studies, 11, 23–41.

*Fiedor, D., Král, O., Frajer, J., Šerý, M./Szczyrba, Z. (2019). What do residents consider to be gambling and what are their attitudes towards it? Evidence from the Czech Republic. Journal of Gambling Studies, 35, 1347-1360.

*Foottit, J./Anderson, D. (2012). Associations between perception of wellness and health-related quality of life, comorbidities, modifiable lifestyle factors and demographics in older Australians. Australasian Journal on Ageing, 31, 22–27.

*Gainsbury, S. M., Abarbanel, B. L. L., Philander, K. S./Butler, J. V. (2018). Strategies to customize responsible gambling messages: A review and focus group study. BMC Public Health, 18 (1). DOI: 10.1186/s12889-018-6281-0.

*Gavriel-Fried, B., Moretta, T./Potenza, M. N. (2020). Recovery capital and symptom improvement in gambling disorder: Correlations with spirituality and stressful life events in younger but not older adults. Journal of Gambling Studies, 36, 1379–1390.

Gavriel-Fried, B./Lev-el, N. (2018). Mapping and conceptualizing recovery capital of recovered gamblers. American Journal of Orthopsychiatry, 90, 22–36.

*Granero, R., Jiménez-Murcia, S., del Pino-Gutiérrez, A., Mena-Moreno, T., Mestre-Bach, G., Gómez-Peña, M., Moragas, L., Aymamí, N., Giroux, I., Grall-Bronnec, M., Sauvaget, A., Codina, E., Vintró-Alcaraz, C., Lozano-Madrid, M., Camozzi, M., Agüera, Z., Martín-Romera, V., Sánchez-González, J., Casalé, G., Sánchez, I., López-González, H., Munguía, L., Valenciano-Mendoza, E., Mora, B., Baenas-Soto, I., Menchón, J. M./Fernández-Aranda, F. (2020a). Gambling phenotypes in older adults. Journal of Gambling Studies, 36, 809–828.

*Granero, R., Jiménez-Murcia, S., Fernández-Aranda, F., Del Pino-Gutiérrez, A., Mena-Moreno, T., Mestre-Bach, G., Gómez-Penã, M., Moragas, L., Aymamí, N., Giroux, I., Grall-Bronnec, M., Sauvaget, A., Codina, E., Vintró-Alcaraz, C., Lozano-Madrid, M., Camozzi, M., Agüera, Z., Sánchez-González, J., Casalé-Salayet, G., Sánchez, I., López-González, H., Baenas, I./Menchón, J. M. (2020b). Contribution of stressful life events to gambling activity in older age. Ageing and Society. DOI: 10.1017/S0144686X20001592.

*Granero, R., Jiménez-Murcia, S., Fernández-Aranda, F., Del Pino-Gutiérrez, A., Mena-Moreno, T., Mestre-Bach, G., Gómez-Peña, M., Moragas, L., Aymamí, N., Giroux, I., Grall-Bronnec, M., Sauvaget, A., Codina, E., Vintró-Alcaraz, C., Lozano-Madrid, M., Camozzi, M., Agüera, Z., Sánchez-González, J., Casalé-Salayet, G., Sánchez, I., López-González, H., Valenciano-Mendoza, E., Mora, B., Baenas, I./Menchón, J. M. (2020c). Presence of problematic and disordered gambling in older age and validation of the South Oaks Gambling Scale. PLoS ONE, 15 (5). DOI: 10.1371/journal.pone.0233222.

Granero, R., Fernández-Aranda, F., Velero-Solís, S., del Pinogutiérrez, A., Mestre-Bach, G., Baenas, I., Contaldo, S. F., Gómez-Peña, M., Aymamí, N., Moragas, L., Vintró, C., Mena-Moreno, T., Valenciano-Mendoza, E., Mora-Maltas, B., Menchón, J. M./Jiménez-Murcia, S. (2020d). The influence of chronological age on cognitive biases and impulsivity levels in male patients with gambling disorder. Journal of Behavioral Addictions, 9, 383–400.

*Granero, R., Penelo, E., Stinchfield, R., Fernandez-Aranda, F., Savvidou, L. G., Fröberg, F., Aymamí, N., Gómez-Peña, M., Pérez-Serrano, M., del Pino-Gutiérrez, A., Menchón, J. M./Jiménez-Murcia, S. (2014). Is pathological gambling moderated by age? Journal of Gambling Studies, 30, 475–492.

*Guillou Landreat, M., Cholet, J., Grall Bronnec, M., Lalande, S./Le Reste, J. Y. (2019). Determinants of gambling disorders in elderly people. Frontiers in Psychiatry, 10:837.

Hayer, T., Girndt, L./Kalke, J. (2019). Das Gefährdungspotenzial von Online-Glücksspielen: Eine systematische Literaturanalyse. Bremen: Universität Bremen.

Hayer, T., Meyer, J./Girndt, L. (2018/2019). Glücksspiele und Glücksspielsucht: Ausgewählte Forschungsbefunde und Herausforderungen für das Suchthilfesystem. rausch: Wiener Zeitschrift für Suchttherapie, 7/8, 340–348.

*Hilbrecht, M./Mock, S. E. (2019). Low-risk, moderate-risk, and recreational gambling among older adults: Self-complexity as a buffer for quality of life. Applied Research in Quality of Life, 14, 1205–1227.

Kalke, J./Hayer, T. (2018). Expertise zur wissenschaftlichen Evidenz der Spieler- und Jugendschutzmaßnahmen im Glücksspieländerungsstaatsvertrag (2012): Ein systematischer Review. Hamburg: Behörde für Gesundheit und Verbraucherschutz.

*Keovisai, M./Kim, W. (2019). "It's not officially gambling": Gambling perceptions and behaviors among older Chinese immigrants. Journal of Gambling Studies, 35, 1317–1330.

*Kerber, C. H., Hickey, K. L., Astroth, K. M./Kim, M. (2012). Gambling behaviors and perceived health among incarcerated older adults. Journal of Psychosocial Nursing and Mental Health Services, 50, 32–39.

*Kerber, C., Adelman-Mullally, T., Kim, M. J./Astroth, K. S. (2015). Journal of Psychosocial Nursing and Mental Health Services, 53, 41–47.

*Kim, W. (2020). Healthy mahjong, little mahjong: Social gambling among older Chinese immigrants in the U.S. International Gambling Studies, 20, 97–113.

*Kim, W./Kim, S. (2020). "Gambling can't be positive, can it?": Gambling beliefs and behaviors among older Korean immigrants. Journal of Cross-Cultural Gerontology, 35, 291–310.

King, D. L., Russell, A. M. T., Delfabbro, P. H./Polisena, D. (2020). Fortnite microtransaction spending was associated with peers' purchasing behaviors but not gaming disorder symptoms. Addictive Behaviors, 104. DOI: 10.1016/j.addbeh.2020.106311.

Lee, A. T. C., Richards, M., Chan, W. C., Chiu, H. F. K., Li, R. S. Y./Lam, L. C. W. (2018). Association of daily intellectual activities with lower risk of incident dementia among older Chinese adults. JAMA Psychiatry, 75, 697–703.

Levac, D., Colquhoun, H./O'Brien, K. K. (2010). Scoping studies: Advancing the methodology. Implementation Science, 5 (69), 1–18.

Liberati, A., Altman, D. G., Tetzlaff, J., Mulrow, C., Gøtzsche, P. C., Ioannidis, J. P. A., Clarke, M., Devereaux, P. J., Kleijnen, J., Moher, D. (2009). The PRISMA statement for reporting systematic reviews and meta-analyses of studies that evaluate health care interventions: Explanation and elaboration. PLoS MEDICINE 6 (7): e1000100.

*Luo, H. (2020a). An exploratory study through a life course perspective: Gambling among older Chinese people in a Canadian context. Ageing International. DOI: 10.1007/s12126-020-09383-w.

*Luo, H. (2020b). Understanding gambling among older Filipino-Canadians: Recommendations for social work intervention for older gamblers with minority cultural backgrounds. Journal of Ethnic and Cultural Diversity in Social Work. DOI: 10.1080/15313204. 2020.1839615.

*Luo, H./Ferguson, M. (2017). Gambling among culturally diverse older adults: a systematic review of qualitative and quantitative data. International Gambling Studies, 17, 290–316.

*Martin, F., Lichtenberg, P. A./Templin, T. N. (2011). A longitudinal study: Casino gambling attitudes, motivations, and gambling patterns among urban elders. Journal of Gambling Studies, 27, 287–297.

McCarrey, A. C., Henry, J. D./Luszcz, M. (2010). Potential mechanisms contributing to decision-making difficulties in late adulthood. Gerontology, 56, 430–434.

McCarrey, A. C., Henry, J. D., von Hippel, W., Weidemann, P., Sachdev, P. S., Wohl, M. J. A./Williams, M. (2012). Age differences in neural activity during slot machine gambling: an fMRI study. PLoS ONE, 7 (11). DOI: 10.1371/journal.pone.0049787.

*McCarthy, S., Thomas, S. L., Randle, M., Bestman, A., Pitt, H., Cowlishaw, S./Daube, M. (2018). Women's gambling behaviour, product preferences, and perceptions of product harm: Differences by age and gambling risk status. Harm Reduction Journal, 15 (22). DOI: 10.1186/s12954-018-0227-9.

McNeilly, D. P./Burke, W. J. (2000). Late life gambling. The attitudes and behaviors of older adults. Journal of Gambling Studies, 16, 393–415.

*Medeiros, G. C., Leppink, E., Yaemi, A., Mariani, M., Tavares, H./Grant, J. (2015). Gambling disorder in older adults: A cross-cultural perspective. Comprehensive Psychiatry, 58, 116–121.

Moher, D., Liberati, A., Tetzlaff, J./Altman, D. G. (2011). Bevorzugte Report Items für systematische Übersichten und Meta-Analysen: Das PRISMA-Statement. Deutsche Medizinische Wochenzeitschrift 136 (8): e9-e15.

Munn, Z., Peters, M., Stern, C., Tufanaru, C., McArthur, A./Aromataris, E. (2018). Systematic review or scoping review? Guidance for authors when choosing between a systematic or scoping review approach. BMC, Medical Research Methodology, 18, 1–7.

*Ng, V. C. K. (2011). Gambling among older adults in Singapore - Some preliminary empirical findings. Asian Pacific Journal of Social Work, 21, 18–30.

*Ohtsuka, K./Chan, C. C. (2014). Senior gambling in Hong Kong: Through the lenses of Chinese senior gamblers - an exploratory study. Asian Journal of Gambling Issues and Public Health, 4 (4). DOI: 10.1186/s40405-014-0004-y.

*Parke, A., Griffiths, M., Pattinson, J./Keatley, D. (2018). Age-related physical and psychological vulnerability as pathways to problem gambling in older adults. Journal of Behavioral Addictions, 7, 137–145.

*Pattinson, J./Parke, A. (2016). Gambling behaviour and motivation in British older adult populations: A grounded theoretical framework. Journal of Gambling Issues, 34, 55–76.

*Pattinson, J./Parke, A. (2017). The experience of high-frequency gambling behavior of older adult females in the United Kingdom: An interpretative phenomenological analysis. Journal of Women and Aging, 29, 243–253.

Peters, M. D. J., Marnie, C., Tricco, A. C., Pollock, D., Munn, Z., Alexander, L., McInerney, P., Godfrey, C. M./Khalil, H. (2020). Updated methodological guidance for the conduct of scoping reviews. JBI Evidence Synthesis, 18, 2119–2126.

*Pilver, C. E., Libby, D. J., Hoff, R. A./Potenza, M. N. (2013). Problem gambling severity and the incidence of axis I psychopathology among older adults in the general population. Journal of Psychiatric Research, 47, 534–541.

*Pilver, C. E./Potenza, M. N. (2013). Increased incidence of cardiovascular conditions among older adults with pathological gambling features in a prospective study. Journal of Addiction Medicine, 7, 387–393.

Piscitelli, A., Harrison, J., Doherty, S./Carmichael, B. A. (2017). Older adults' casino gambling behavior and their attitudes toward new casino development. International Journal of Aging and Human Development, 84, 415–430.

*Sacco, P., Torres, L. R., Cunningham-Williams, R. M., Woods, C./Unick, G. J. (2011). Differential item functioning of pathological gambling criteria: An examination of gender, race/ethnicity, and age. Journal of Gambling Studies, 27, 317–330.

*Salonen, A. H., Alho, H./Castrén, S. (2015). Gambling frequency, gambling problems and concerned significant others of problem gamblers in Finland: Cross-sectional population studies in 2007 and 2011. Scandinavian Journal of Public Health, 43, 229–235.

*Salonen, A. H., Alho, H./Castrén, S. (2017). Attitudes towards gambling, gambling participation, and gambling-related harm: Cross-sectional Finnish population studies in 2011 and 2015. BMC Public Health, 17 (122). DOI: 10.1186/s12889-017-4056-7.

*Salonen, A. H., Castrén, S., Raisamo, S., Orford, J., Alho, H./Lahti, T. (2014). Attitudes towards gambling in Finland: A cross-sectional population study. BMC Public Health, 14 (982). DOI: 10.1186/1471-2458-14-982.

Seah, O. T. W., Kaufman, D., Sauvé, L./Zhang, F. (2018). Play, learn, connect: Older adults' experience with a multiplayer, educational, digital bingo game. Journal of Educational Computing Research, 5, 675–700.

*Sharman, S., Butler, K./Roberts, A. (2019). Psychosocial risk factors in disordered gambling: A descriptive systematic overview of vulnerable populations. Addictive Behaviors, 99 (106071). DOI: 10.1016/j.addbeh.2019.106071.

Skinner, W. J. W., Littman-Sharp, N., Leslie, J., Ferentzy, P., Zaheer, S., Quosai, T. S., Sztainert, T., Mann, R. E./McCready, J. (2018). Best practices for the treatment of older adult problem gamblers. Journal of Gambling Issues, 39, 166–203.

*Stansbury, K. L., Beecher, B., Schumacher, M., Martin, F./Clute, M. A. (2015). Social service providers' perspectives on casino gambling in older adult clients. Journal of Gambling Issues, 30, 57–72.

Statisches Bundesamt (2021a). Verfügbar unter: www.destatis.de/DE/Themen/Gesellschaft-Umwelt/Bevoelkerung/Bevoelkerungsstand/Tabellen/liste-altersgruppen.html (abgerufen am 24.06.2021).

Statisches Bundesamt (2021b). Verfügbar unter: www.destatis.de/DE/Themen/Gesellschaft-Umwelt/Bevoelkerung/Bevoelkerungsvorausberechnung/_inhalt.html;jsessionid=B7D039A310C272D43E-655B87856EA3D5.live712 (abgerufen am 24.06.2021).

*Subramaniam, M., Abdin, E., Shahwan, S., Vaingankar, J. A., Picco, L., Browning, C. J., Thomas, S. A./Chong, S. A. (2015a). Culture and age influences upon gambling and problem gambling. Addictive Behaviors Reports, 1, 57–63.

*Subramaniam, M., Chong, S. A., Browning, C./Thomas, S. (2017a). Cognitive distortions among older adult gamblers in an Asian context. PLoS ONE, 12 (5): e0178036.

*Subramaniam, M., Chong, S. A., Satghare, P., Browning, C./Thomas, S. (2017b). Gambling and family: A two-way relationship. Journal of Behavioral Addictions, 6, 689–698.

*Subramaniam, M., Satghare, P., Vaingankar, J. A., Picco, L., Browning, C. J., Chong, S. A./Thomas, S. A. (2017c). Responsible gambling among older adults: A qualitative exploration. BMC Psychiatry, 17 (1). DOI: 10.1186/s12888-017-1282-6.

*Subramaniam, M., Wang, P., Soh, P., Vaingankar, J. A., Chong, S. A., Browning, C. J./Thomas, S. A. (2015b). Prevalence and determinants of gambling disorder among older adults: A systematic review. Addictive Behaviors, 41, 199–209.

*Thériault, É R., Norris, J. E./Tindale, J. A. (2018). Responsible gambling strategies: Are they effective against problem gambling risk in older Ontarians? Journal of Gambling Issues, 39, 204–221.

*Thériault, É R., Norris, J. E./Tindale, J. A. (2020). Problem gambling risk among older francophones in Ontario Canada: Surprising results that contradict previous findings of gambling in minority groups. Journal of Gambling Studies, 36, 119–139.

*Tira, C./Jackson, A. C. (2015). Exploring the gray areas: Senior gamblers' perceptions of what is and what isn't gambling. Journal of Gambling Issues, 31, 24–44.

*Tira, C., Jackson, A. C./Tomnay, J. E. (2014). Pathways to late-life problematic gambling in seniors: A grounded theory approach. Gerontologist, 54, 1035–1048.

*Tirachaimongkol, L. C., Jackson, A. C./Tomnay, J. E. (2010). Pathways to problem gambling in seniors. Journal of Gerontological Social Work, 53, 531–546.

*Tomei, A., Bamert, A./Sani, A. M. (2017). Misbeliefs about gambling in a convenience sample from the general population. Journal of Gambling Studies, 33, 899–906.

Tondo, G., de Marchi, F., Terazzi, E., Sacchetti, M./Cantello, R. (2017). Frontotemporal dementia presenting as gambling disorder: When a psychiatric condition is the clue to a neurodegenerative disease. Cognitive and Behavioral Neurology, 30, 62–67.

Tricco, A. C., Lillie, E., Zarin, W., O'Brien, K. K., Colquhoun, H., Levac, D., Moher, D., Peters, M., Horsley, T., Weeks, L., Hempel, S., Akl, E., Chang, C., McGowan, J., Stewart, L., Hartling, L., Aldcroft, A., Wilson, M. G., Garritty, C., Lewin, S., Godfrey, C., MacDonald, M. T., Langlois, L. V., Soares-Weiser, K., Moriarty, J., Clifford, T., Tuncalp, T./Straus, S. E. (2018). PRISMA extension for scoping reviews (PRISMA-ScR): Checklist and explanation. Annals of Internal Medicine, 169, 467–473.

*Tse, S., Hong, S. I./Ng, K. L. (2013). Estimating the prevalence of problem gambling among older adults in Singapore. Psychiatry Research, 210, 607–611.

*Tse, S., Hong, S. I., Wang, C. W./Cunningham-Williams, R. M. (2012). Gambling behavior and problems among older adults: A systematic review of empirical studies. Journals of Gerontology - Series B: Psychological Sciences and Social Sciences, 67 B (5), 639–652.

*Turner, N. E., van der Maas, M., McCready, J., Hamilton, H. A., Schrans, T., Ialomiteanu, A., Ferentzy, P., Elton-Marshall, T., Zaheer, S./Mann, R. E. (2018). Gambling behaviours and problem gambling among older adults who patronize Ontario casinos or racinos. Journal of Gambling Issues, 39, 85–111.

*van der Maas, M., Hamilton, H. A., Matheson, F. I, Mann, R. E., Turner, N. E./McCready, J. (2019a). Fun, money, and feeling down: Examining the associations between motivations and problem gambling among men and women in a sample of older adults. International Journal of Mental Health and Addiction, 17, 1442–1455.

*van der Maas, M., Mann, R. E., Matheson, F. I., Turner, N. E., Hamilton, H. A./McCready, J. (2017a). A free ride? An analysis of the association of casino bus tours and problem gambling among older adults. Addiction, 112, 2217–2224.

*van der Maas, M., Mann, R. E., McCready, J., Matheson, F. I., Turner, N. E., Hamilton, H. A., Schrans, T./Ialomiteanu, A. (2017b). Problem gambling in a sample of older adult casino gamblers: Associations with gambling participation and motivations. Journal of Geriatric Psychiatry and Neurology, 30, 3–10.

*van der Maas, M., Mann, R. E., Turner, N. E., Matheson, F. I., Hamilton, H. A./McCready, J. (2018). The prevalence of problem gambling and gambling-related behaviours among older adults in Ontario. Journal of Gambling Issues, 39, 67–84.

*van der Maas, M., Matheson, F. I., Turner, N. E., Hamilton, H. A., Mann, R. E./McCready, J. (2019b). A generational comparison of problem gambling and gambling attitudes among older adult gambling venue patrons. International Gambling Studies, 19, 22–35.

*Wagner, J., Hamilton, D., Anderson, T. L./Rempusheski, V. F. (2017). Identity work, techniques of neutralization, and deviance: Exploring the relationship among older adult gamblers. Symbolic Interaction, 40, 352–377.

Wick, J. Y. (2012). High-stakes gambling: Seniors may be the losers. Consultant Pharmacist, 27, 544–551.

3 Forschungsmodul 2: Auswertung von Kerndaten der ambulanten Suchthilfe

Jens Kalke, Eike Neumann-Runde

3.1 Hintergrund und Zielsetzung

Seit den 1990er Jahren hat sich die EDV-gestützte Dokumentation in der ambulanten und stationären Suchthilfe stetig ausgebreitet (Kalke 2002). Heute gehört sie zum Alltag jeder Einrichtung. Mit der EDV-gestützten Dokumentation sind verschiedene Zielsetzungen verbunden, unter anderem werden damit empirische Daten für Transparenz, Controlling und Steuerung der Suchthilfe erhoben. Die Daten sind derart fortzuschreiben, dass ein systematisches Monitoring der Suchthilfe entstehen kann. Zu diesem Zwecke werden jährliche Suchthilfestatistiken erstellt und veröffentlicht.

Dabei ist mit dem Deutschen Kerndatensatz für die Suchtkrankenhilfe (KDS 3.0; Version gültig seit 2017) der Anspruch verbunden, die Grundlage für eine einheitliche Dokumentation in den ambulanten und stationären Einrichtungen zu schaffen (DHS 2021). Beteiligt sind Hilfeeinrichtungen, in denen Personen mit problematischem oder pathologischem Substanzkonsum sowie stoffungebundenen Suchtformen in Deutschland betreut werden. Mit dem KDS werden wesentliche Informationen über die Klientel der Suchthilfe und die von ihr in Anspruch genommenen Betreuungen erfasst. Damit ermöglicht es der KDS auch, statistische Analysen zu speziellen Gruppen von Klientinnen und Klienten durchzuführen, wie es in der vorliegenden Untersuchung der Fall ist.

Die Dokumentation der personen- und betreuungsbezogenen Informationen erfolgt prozessbegleitend durch die Betreuerinnen und Betreuer in den Einrichtungen. Diese soll möglichst schon mit dem ersten Kontakt beginnen; es sollen alle Daten erhoben werden, die aus fachlicher Sicht für eine adäquate Betreuung der einzelnen Personen relevant sind. Da die Hilfebedarfe und Betreuungen unterschiedlich lang sein können, differiert auch die Vollständigkeit der Daten. Diese Dokumentationslogik führt dazu, dass nicht für alle Items des KDS von jeder Klientin und jedem Klienten die entsprechenden Informationen vorliegen.

Die von den ambulanten und stationären Einrichtungen erhobenen Daten werden in der jährlich erscheinenden Deutschen Suchthilfestatistik zusammengeführt. Darüber hinaus bestehen in einigen Bundesländern Landessuchthilfestatistiken, in denen über den KDS 3.0 hinaus ergänzende Informationen erhoben und ausgewertet werden. Auf Bundesebene und in einigen Ländern sind so langjährig etablierte und bewährte Monitoringsysteme der öffentlich geförderten Suchthilfe entstanden, mit deren Hilfe verlässliche Aussagen über erreichte Gruppen von Klientinnen und Klienten und die von ihnen in Anspruch genommenen Hilfen getroffen werden können.

In dem vorliegenden Forschungsmodul wird eine quantitative Analyse über die ältere Glücksspiel-Klientel (60+ Jahre) in der ambulanten Suchthilfe durchgeführt. Die statistischen Analysen zielen darauf ab, mögliche spezifische Merkmale bei der soziodemografischen Situation, den Glücksspielarten, dem problematischen Substanzkonsum sowie der Betreuung von älteren Glücksspielenden zu ermitteln. Zudem sind geschlechterspezifische Unterschiede Gegenstand der Überprüfung. Aus den Befunden sollen empirische Hinweise für eine Optimierung altersgerechter Präventions- und Hilfeangebote gewonnen werden.

3.2 Methodik

Datensätze
Die Bundesländer Hamburg, Hessen, Nordrhein-Westfalen und Schleswig-Holstein unterhalten landesspezifische KDS-Datensammlungen, in denen auch rückwirkend für die Vorjahre die KDS-Rohdaten vorliegen. Für diese Studie wurde die Nutzung der Rohdaten über Kooperationsverträge bzw. Einverständniserklärungen von den jeweils zuständigen Gremien ermöglicht. Das Institut für interdisziplinäre Sucht- und Drogenforschung (ISD) verfügt über die entsprechenden Zugänge zu den ambulanten Suchthilfestatistiken

der vier einbezogenen Bundesländer. Die einzelnen Datensätze der Bundesländer wurden in einem Gesamtdatensatz integriert.

In allen vier Bundesländern gibt es spezielle Hilfeeinrichtungen für Personen mit Glücksspielproblemen. Die eingeschlossenen Bundesländer stellen ein gutes Drittel der bundesdeutschen Bevölkerung in Deutschland dar. Daher dürften die Auswertungen eine eingeschränkte Repräsentativität in Bezug auf den wegen Glücksspielproblemen hilfesuchenden Personenkreis für Deutschland aufweisen.

Definition Datensatz

Die Daten wurden auf der Grundlage der folgenden Definition exportiert, integriert und ausgewertet:

- Pro Einrichtung wurde die letzte begonnene Betreuung pro Klientin bzw. Klient und Jahr selektiert.
- Es erfolgte eine Auswahl aller Betreuungen, bei denen ein Glücksspielproblem oder eine Glücksspieldiagnose angegeben wurde.
- Es wurden aus allen Bundesländern die Betreuungen in die Analyse einbezogen, die 2019 beendet worden sind oder noch liefen. Darüber hinaus ließen sich, um die geplante Fallzahl von N = 600 zu erreichen, aus drei Bundesländern weitere beendete Betreuungen aus den Vorjahren heranziehen: Hessen (2015 bis 2018), Nordrhein-Westfalen (2018) und Schleswig-Holstein (2018).
- Die datenschutzrelevanten Regeln wurden jederzeit eingehalten.
- Der Datensatz basiert auf dem KDS, Version 3.0, mit landesspezifischen Ergänzungen. Datensätze der vorherigen Version wurden gemäß der Überleitungsvorschrift der Schnittstellenbeschreibung des KDS in die aktuelle Version überführt.

Datengrundlage

Die Grundlage der folgenden Auswertungen stellen insgesamt 13.958 Glücksspiel-Klientinnen und Klienten dar. Darunter befinden sich 597 ältere Glücksspielende (60+). Damit wird die geplante Fallzahl von N = 600 als erreicht angesehen. Auf die vier beteiligten Bundesländer verteilt sich die Glücksspiel-Klientel wie folgt:

- Hamburg: 1.277 (davon 60+: 48)
- Hessen: 5.257 (davon 60+: 260)
- Nordrhein-Westfalen: 6.306 (davon 60+: 239)
- Schleswig-Holstein: 1.118 (davon 60+: 50)

- Aufgrund der Dokumentationslogik des KDS – prozessbegleitend und relevanzorientiert (siehe oben) – kommt es zu einer unterschiedlichen Anzahl gültiger Antworten bei den Fragestellungen.

Quantitative Analysen

Bei den statistischen Analysen liegt der Fokus immer auf der Gruppe der 60+-Jährigen. Um Besonderheiten der älteren Glücksspiel-Klientel zu identifizieren, wird diese Gruppe mit drei anderen Altersgruppen verglichen. Darüber hinaus liegt der Schwerpunkt auf einer geschlechterspezifischen Analyse ausschließlich für die Gruppe der älteren Glücksspiel-Klientinnen und Klienten.

Es werden im Folgenden statistische Gruppenvergleiche durchgeführt, um Spezifika der hilfesuchenden älteren Glücksspielteilnehmenden näher erfassen zu können. Hierfür wurden vier Gruppen nach folgenden Altersklassen gebildet: 18–29 Jahre, 30–44 Jahre, 45–59 Jahre sowie 60 Jahre und älter. Eine solche Klassifikation ist auch bei anderen glücksspielbezogenen Studien vorzufinden (z. B. Richmond-Rakerd/Slutske/Piasecki 2013).

Die altersbezogenen Auswertungen werden nach soziodemografischen Merkmalen, der Hauptglücksspielform, problematischem Substanzkonsum und Betreuungsdaten vorgenommen. Bei der Soziodemografie kommen beispielsweise Gruppenvergleiche nach dem Geschlecht und Migrationshintergrund zum Tragen, beim Substanzkonsum nach Alkohol und Cannabis und im Bereich der Betreuung nach der Betreuungsform.

Statistische Testverfahren

Es werden Signifikanz-Tests nach Chi-Quadrat (Chi^2) durchgeführt und jeweils die Effektstärke mit Hilfe von Cramers V angegeben. Ferner sind Standardisierte Residuen (SR) in den einzelnen Zellen der Kreuztabellen ausgewiesen, um bei statistischen Signifikanzen weitere differenzierte Erkenntnisse zu erhalten. Residuen sind eine ergänzende Information zum Chi-Quadrat-Wert. Residuen mit einem Wert von 2 oder größer zeigen eine signifikante Abweichung der beobachteten von der erwarteten Häufigkeit an.[3] Die Auswertungen wurden mit dem Statistikprogramm SPSS (Version 15.0) vorgenommen.

---

3 Beim problematischen Substanzkonsum wurde die Teststatistik nicht durchgeführt, weil es hier beim KDS nur die Möglichkeit gibt, einen positiven Substanzkonsum zu dokumentieren und unklar ist, wie hoch der Anteil an fehlenden Werten („Missing Data") ausfällt. Es kann deshalb angenommen werden, dass in Wirklichkeit die Prävalenzen (etwas) höher liegen. Trotz dieser Verzerrung dürften die Relationen zwischen den Problemsubstanzen und Altersklassen als valide angesehen werden. Deshalb fiel die Entscheidung, die Analyse nach Problemsubstanzen mit in die Auswertung aufzunehmen (ohne Angabe der Teststatistik).

3.3 Auswertungen nach Altersklassen

Im Folgenden werden, immer ausgehend von der Gruppe der älteren Glücksspielenden, die wichtigsten Ergebnisse des Vergleiches nach Altersklassen präsentiert. Zum einen geschieht dies in deskriptiver Form. Zum anderen sind die statistischen Angaben zur Signifikanz nach Chi-Quadrat und den Standardisierten Residuen (SR) ausgewiesen.[4] Der Anteil der 60+-Jährigen beträgt insgesamt 4,3 % an der hier untersuchten Gesamtklientel. Hierbei ist zu beachten, dass Glücksspielprobleme in den älteren Gruppen in der Bevölkerung Deutschlands vergleichsweise selten vorkommen.[5]

Die erste Auswertung zeigt, dass bei den älteren Glücksspielteilnehmenden mit 27 % ein besonders hoher Anteil von Frauen vorhanden ist (s. Tab. 3.1). Mit ansteigendem Alter nimmt der Anteil von Klientinnen immer mehr zu. In allen Altersklassen dominieren die Männer. Bei den Älteren beträgt ihr Anteil entsprechend 73 %. Der Zusammenhang ist statistisch signifikant. Der SR-Wert in der Gruppe 60+ ist bei den Frauen auffällig hoch (11,8).

Beim Migrationshintergrund wird bei den älteren Klientinnen und Klienten ein vergleichsweise geringer Anteil von Migrantinnen und Migranten sichtbar (21 %). Es ist der mit Abstand geringste Prozentwert in allen vier Altersklassen. Auch hier ergibt sich eine signifikante Abweichung. Der SR-Wert beträgt in der Gruppe der älteren Migrantinnen und Migranten -6,8.

Bei Betrachtung der Lebenssituation ergibt sich, dass der Anteil der Alleinlebenden mit zunehmendem Alter signifikant steigt. Der prozentual höchste Wert mit 48 % findet sich in der Gruppe der 60+-Jährigen. Der entsprechende SR-Wert liegt bei 5,4.

Insgesamt 94 % der älteren Glücksspielenden leben selbstständig, jeweils 3 % in einer betreuten Einrichtung oder in einer prekären Wohnsituation. Auch bei der Wohnsituation zeigt sich eine statistische Signifikanz. Bei den 60+-Jährigen wird jedoch nur das Spezifikum sichtbar, dass der Anteil der prekär Wohnenden vergleichsweise gering ist (SR-Wert: -2,8).

---

4   Bei den Standardisierten Residuen bedeutet ein Plus (+) vor dem Wert einen erhöhten prozentualen Anteil gegenüber der erwarteten Häufigkeit, ein Minus (–) einen reduzierten Anteil. Wenn Chi-Quadrat signifikant wird und gleichzeitig SR-Werte von 2 oder höher in der Gruppe der 60+-Jährigen vorliegen, werden diese textlich erläutert.

5   So liegt im Glücksspielsurvey 2021 bei der Altersgruppe der 56- bis 70-Jährigen der Anteil von Personen mit einer Glücksspielstörung bei 0,9 %. Für die erwachsene Bevölkerung insgesamt beträgt dieser Wert 2,3 % (Buth/Meyer/Kalke 2022).

Bei allen vier Auswertungen nach soziodemografischen Merkmalen sind die Effektstärken (Cramers V) gering (s. Tab. 3.1).

Tabelle 3.1: Altersklassen nach Geschlecht, Migrationshintergrund, Lebens- und Wohnsituation

	Insges.	18–29 Jahre	30–44 Jahre	45–59 Jahre	60+ Jahre	Teststatistik/ Effektstärke
Geschlecht						Chi²: 368,1/*** Cramers V: 0,163
Frauen	10,9 %	6,4 % (-9,4)[1]	9,9 % (-2,2)	16,9 % (9,8)	26,8 % (11,8)	
Männer	89,1 %	93,6 % (3,3)	90,1 % (0,8)	83,1 % (-3,4)	73,2 % (-4,1)	
N	13.934	4.761	5.696	2.881	596	
Migrationshintergrund						Chi²: 247,6/*** Cramers V: 0,147
Ja	40,5 %	36,1 % (-4,3)[1]	48,3 % (8,4)	36,0 % (-3,5)	20,9 % (-6,8)	
Nein	59,5 %	63,9 % (3,5)	51,7 % (-7,0)	64,0 % (2,9)	79,1 % (5,6)	
N	11.502	3.879	4.797	2.347	479	
Alleinlebend						Chi²: 217,4/*** Cramers V: 0,133
Ja	34,5 %	27,5 % (-7,6)[1]	34,4 % (-0,2)	43,2 % (7,5)	48,2 % (5,4)	
Nein	65,5 %	72,5 % (5,5)	65,6 % (0,1)	56,8 % (-5,4)	51,8 % (-3,9)	
N	12.213	4.088	5.062	2.528	535	
Wohnsituation						Chi²: 25,3/** Cramers V: 0,030
Selbstständig	90,6 %	90,4 % (-0,1)[1]	89,8 % (-0,6)	92,0 % (0,7)	93,5 % (0,7)	
Betreute Einrichtung	3,3 %	3,1 % (-1,0)	3,6 % (0,9)	3,3 % (-0,1)	3,4 % (0,1)	
Prekär	6,0 %	6,6 % (1,3)	6,6 % (1,6)	4,7 % (-2,7)	3,1 % (-2,8)	
N	12.142	4.061	5.042	2.517	522	

Signifikanz (Chi²): *p ≤ 0,05; **p ≤ 0,01; ***p ≤ 0,001. [1]Standardisierte Residuen in den einzelnen Zellen der Kreuztabelle: Residuen sind eine ergänzende Information zum Chi²-Wert. Residuen mit einem Wert von 2 oder größer zeigen eine signifikante Abweichung der beobachteten von der erwarteten Häufigkeit an.

Hinsichtlich der Schulsituation fällt bei den älteren Glücksspielenden auf, dass unter ihnen der Anteil derjenigen, die über einen Hauptschulabschluss verfügen, mit 48 % höher ist als in allen Altersklassen (s. Tab. 3.2). Der SR-Wert liegt bei 3,5. Auch hier besteht ein signifikanter Zusammenhang: Mit zunehmendem Alter steigt der Anteil der Personen mit einem Hauptschulabschluss; dagegen fällt der Anteil von Personen mit (Fach-)Abitur kontinuierlich. Bei den 60+-Jährigen besitzen 16 % den letztgenannten Abschluss, 26 % die Mittlere Reife.

Insgesamt 59 % der älteren Glücksspiel-Klientinnen und -Klienten sind in Rente oder Pension. Gleichzeitig geht in dieser Altersgruppe noch ein knappes Viertel einer Erwerbstätigkeit nach (24 %), und 14 % erhalten eine staatliche Transferleistung (ALG I, ALG II, SGB 12). Insbesondere in der Kategorie „Rente oder Pension" ist der SR-Wert erwartungsgemäß sehr hoch (50,5). Insgesamt besteht ein signifikanter Zusammenhang zwischen dem Alter und der Erwerbssituation.

Wird abschließend im Bereich der soziodemografischen Merkmale die Schuldensituation analysiert, fällt auf, dass es einen vergleichsweise hohen Anteil schuldenfreier Klientinnen und Klienten in der Gruppe der 60+-Jährigen gibt. Der entsprechende Prozentwert liegt bei 41 %, der SR-Wert beträgt 6,0. Ein ähnlich hoher Anteil in dieser Personengruppe besitzt Schulden bis 25.000 € (40 %) – das ist von allen Altersklassen der geringste Prozentwert (SR-Wert: -0,4). Schulden von mehr als 25.000 € weisen knapp 20 % der älteren Glücksspielteilnehmenden auf. Auch bei der Schuldensituation ergeben sich signifikante Unterschiede zwischen den vier Altersgruppen, sind hier jedoch etwas schwächer.

Die Effektstärke liegt bei der Erwerbssituation im mittleren Bereich; bei den beiden anderen soziodemografischen Kriterien fällt sie sehr gering aus.

Tabelle 3.2: Altersklassen nach Schulabschluss, Erwerbssituation und Schulden

	Insges.	18–29 Jahre	30–44 Jahre	45–59 Jahre	60+ Jahre	Teststatistik/ Effektstärke
Schulabschluss						Chi2: 168,8/*** Cramers V: 0,071
(Fach)Abitur	20,3 %	23,5 % (4,4)[1]	19,5 % (-1,3)	17,5 % (-2,9)	15,8 % (-2,2)	
Realschule	30,0 %	33,3 % (3,7)	30,2 % (0,2)	24,9 % (-4,4)	26,0 % (-1,6)	
Hauptschule	37,8 %	31,0 % (-6,8)	38,4 % (0,7)	45,9 % (6,2)	47,8 % (3,5)	
Anderes, (noch) keinen	11,9 %	12,1 % (0,5)	11,9 % (0,1)	11,7 % (-0,3)	10,4 % (-0,9)	
N	11.147	3.794	4.637	2.247	469	
Erwerbssituation						Chi2: 3162,1/*** Cramers V: 0,304
Arbeits-/Ausbildungsplatz	59,2 %	68,5 % (7,5)[1]	58,5 % (-0,6)	52,8 % (-4,0)	23,7 % (-10,3)	
Transferleistung	28,9 %	25,2 % (-4,2)	32,1 % (4,2)	31,5 % (2,3)	13,5 % (-6,4)	
Rente/Pension	5,5 %	0,3 % (-13,7)	2,3 % (-9,6)	9,3 % (7,8)	58,6 % (50,5)	
Anderes	6,4 %	5,9 % (-1,2)	7,1 % (1,8)	6,4 % (-0,1)	4,2 % (-2,0)	
N	11.412	3.836	4.760	2.314	502	

	Insges.	18–29 Jahre	30–44 Jahre	45–59 Jahre	60+ Jahre	Teststatistik/ Effektstärke
Schulden						Chi^2: 403,0/**
Keine	26,6 %	30,6 % (4,6)[1]	21,5 % (-6,4)	27,1 % (0,4)	41,2 % (6,0)	Cramers V: 0,114
Bis 25.000 €	53,7 %	58,7 % (4,1)	54,7 % (0,9)	46,4 % (-4,6)	39,9 % (-4,0)	
Bis 50.000 €	11,5 %	7,1 % (-7,6)	14,1 % (5,0)	13,7 % (3,0)	10,2 % (-0,8)	
> 50.000 €	8,3 %	3,6 % (-9,6)	9,8 % (3,4)	12,8 % (7,3)	8,6 % (0,3)	
N	10.284	3.493	4.216	2.124	451	

Signifikanz (Chi²): *p ≤ 0,05; **p ≤ 0,01; ***p ≤ 0,001. 1Standardisierte Residuen in den einzelnen Zellen der Kreuztabelle: Residuen sind eine ergänzende Information zum Chi^2-Wert. Residuen mit einem Wert von 2 oder größer zeigen eine signifikante Abweichung der beobachteten von der erwarteten Häufigkeit an.

Es zeigen sich, wenn nach der Haupt-Glücksspielform der Klientinnen und Klienten gefragt wird, einige signifikante Besonderheiten bei der Gruppe der 60+-Jährigen. Diese betreffen Glücksspielformen mit geringen Prävalenzwerten. Bei der Glücksspielform „Geldspielautomaten in Spielhallen" gibt es keine bemerkenswerte Abweichung gegenüber den anderen drei Altersgruppen (71 %). Dagegen weisen die älteren Glücksspielenden bei den Geldspielautomaten im gastronomischen Bereich (6 %), bei den Lotterien (6 %) sowie beim so genannten Kleinen und Großen Spiel in der Spielbank (2 % bzw. 4 %) von allen vier Altersklassen die höchsten Prozentwerte auf (s. Tab. 3.3). Die SR-Werte liegen hier zwischen 2,6 und 4,1. Stattdessen kommen Sportwetten (3 %, SR: -3,1) und Online-Glücksspiele (9 %, SR: -2,4) auf vergleichsweise geringe Prozentanteile bei der älteren Klientel.

Die Effektstärke fällt sehr gering aus.

Tabelle 3.3: Altersklassen nach Haupt-Glücksspielform

	Insges.	18–29 Jahre	30–44 Jahre	45–59 Jahre	60+ Jahre	Teststatistik/ Effektstärke
Geldspielautomaten (Spielhalle)	74,3 %	73,6 % (-0,5)[1]	74,0 % (-0,2)	76,7 % (1,4)	71,2 % (-0,8)	Chi²: 308,5/*** Cramers V: 0,093
Geldspielautomaten (Gastro)	3,4 %	2,5 % (-3,2)	3,0 % (-1,5)	5,1 % (4,7)	6,2 % (3,6)	
Kleines Spiel (Spielbank)	0,7 %	0,7 % (-0,6)	0,6 % (-1,2)	1,0 % (1,3)	1,7 % (2,6)	
Großes Spiel (Spielbank)	1,4 %	0,9 % (-2,9)	1,2 % (-1,3)	2,3 % (3,7)	3,6 % (4,1)	
Sportwetten	5,9 %	7,0 % (3,0)	6,5 % (2,0)	3,4 % (-5,1)	2,6 % (-3,1)	
Lotterien, anderes	1,7 %	0,8 % (-4,1)	1,2 % (-2,4)	3,0 % (5,2)	5,8 % (7,4)	
Online-Glücksspiel	12,6 %	14,6 % (3,6)	13,4 % (1,6)	8,5 % (-5,8)	8,9 % (-2,4)	
N	11.953	4.146	4.784	2.492	531	

Signifikanz (Chi²): *p ≤ 0,05; **p ≤ 0,01; ***p ≤ 0,001. [1]Standardisierte Residuen in den einzelnen Zellen der Kreuztabelle: Residuen sind eine ergänzende Information zum Chi²-Wert. Residuen mit einem Wert von 2 oder größer zeigen eine signifikante Abweichung der beobachteten von der erwarteten Häufigkeit an.

Etwa jede oder jeder fünfte ältere Glücksspiel-Klientin bzw. -Klient hat auch ein Alkoholproblem (19 %) (s. Tab. 3.4). Gegenüber zwei Altersklassen bestehen hier keine größeren Unterschiede; bei der jüngsten Gruppe (18–29 Jahre) beträgt die Prävalenz 14 %. Dagegen zeigen sich bei den illegalen Drogen – Cannabis, Kokain und Amphetamine – sehr deutliche Unterschiede. Problematischen Cannabis- oder Kokainkonsum weisen jeweils nur 1 % der 60+Jährigen auf. Bei keiner einzigen älteren Person wurden Amphetamine als Problemsubstanz dokumentiert. Bei den drei anderen Altersgruppen sind die Prozentanteile bei diesen drei Substanzen wesentlich höher: bei Cannabis findet sich der höchste Wert (17 %) in der jüngsten Altersklasse, bei Kokain mit 11 % in der Gruppe der 30- bis 44-Jährigen.

Tabelle 3.4: Altersklassen nach Problemsubstanz[1]

	Insges.	18–29 Jahre	30–44 Jahre	45–59 Jahre	60+Jahre
Alkohol	17,7 %	13,8 %	19,1 %	21,2 %	18,9 %
Cannabis	12,7 %	16,6 %	14,4 %	5,4 %	1,3 %
Kokain	8,1 %	7,3 %	11,1 %	5,1 %	1,0 %
Amphetamine	5,4 %	6,4 %	6,8 %	2,0 %	0,0 %
N	13.958	4.771	5.705	2.885	597

Beim problematischen Substanzkonsum wurde die Teststatistik nicht durchgeführt, weil es hier beim KDS nur die Möglichkeit gibt, einen positiven Substanzkonsum zu dokumentieren und unklar ist, wie hoch der Anteil an fehlenden Werten („Missing Data") ist. Siehe hierzu ausführlich die Fußnote 3.

Die folgenden Auswertungen von Betreuungsdaten führen zwar alle zu statistisch signifikanten Ergebnissen, zeigen aber im Gegensatz zu der soziodemografischen Analyse nur wenige Besonderheiten bei der älteren Glücksspielklientel auf.

Insgesamt 57 % der 60+-Jährigen haben ohne Vermittlung, also aus eigener Motivation, eine ambulante Suchthilfeeinrichtung aufgesucht (s. Tab. 3.5). Jede vierte Person in dieser Altersgruppe ist von einer anderen professionellen Hilfeeinrichtung weitervermittelt worden (25 %), und bei 12 % war die soziale Umgebung (z. B. Familie) der Auslöser. Eine abweichende Vermittlungsstruktur zu den anderen drei Altersklassen zeigt sich damit insgesamt nicht; nur bei der Kategorie „professionelle Hilfe" ist der SR-Wert etwas höher als 2.

Die meisten älteren Glücksspielteilnehmenden nehmen eine Suchtberatung in Anspruch (83 %); jede zehnte Person durchläuft eine Ambulante Rehabilitation (10 %), und nur ganz wenige Personen zählen zum Bereich des Betreuten Wohnens (1 %). Auch wenn sich insgesamt eine statistische Signifikanz ergibt, bleiben die SR-Werte unter der Schwelle von 2. Die Stärke des Effekts der statistischen Auffälligkeit ist also nur sehr klein, wie auch die geringen Cramers V-Werte zeigen.

Die größte altersspezifische Abweichung von allen ausgewerteten Betreuungsdaten zeigt sich – aus der Perspektive der älteren Glücksspielklientel – beim Beendigungsgrund. Über die Hälfte aller Betreuungen werden in dieser Gruppe regulär beendet (54 %). Das ist der höchste Anteil von allen Altersklassen; der SR-Wert beträgt 4,7. Die Quote regulär beendeter Betreuungen steigt mit zunehmendem Alter signifikant an. Dagegen fällt die Quote der durch die Klientinnen und Klienten selbst abgebrochenen Betreuungen. Dies ist in der Gruppe der 60+-Jährigen bei etwa jeder vierten Person der Fall (26 %, SR: -4,9) – das ist der niedrigste Wert aller Altersklassen. Die Effektstärken (Cramers V) lassen sich ausnahmslos als sehr gering einstufen.

Tabelle 3.5: Altersklassen nach vermittelnder Instanz, Betreuungsform und Beendigungsgrund

	Insges.	18–29 Jahre	30–44 Jahre	45–59 Jahre	60+ Jahre	Teststatistik/ Effektstärke
Vermittelnde Instanz						Chi^2: 194,7/***
Ohne Vermittlung	56,1 %	54,6 % (-1,3)[1]	57,0 % (0,9)	56,4 % (0,2)	57,1 % (0,3)	Cramers V: 0,074
Soziale Umgebung	14,4 %	18,6 % (6,9)	13,1 % (-2,4)	10,8 % (-4,8)	11,6 % (-1,7)	
Professionelle Hilfe	20,5 %	16,4 % (-5,9)	20,6 % (0,1)	26,4 % (6,3)	25,3 % (2,4)	
Anderes	8,9 %	10,5 % (3,2)	9,2 % (0,6)	6,4 % (-4,1)	6,1 % (-2,2)	
N	11.916	4.076	4.923	2.407	510	
Betreuungsform						Chi^2: 55,8/***
Suchtberatung	83,3 %	86,4 % (2,1)[1]	81,8 % (-1,1)	81,0 % (-1,2)	83,3 % (0,0)	Cramers V: 0,041
Ambulante Rehabilitation	9,4 %	7,4 % (-4,1)	9,9 % (1,2)	11,4 % (3,2)	10,4 % (0,8)	
Betreutes Wohnen	1,3 %	0,7 % (-3,0)	1,6 % (2,3)	1,4 % (0,7)	1,3 % (0,0)	
Anderes	6,1 %	5,5 % (-1,4)	6,6 % (1,5)	6,1 % (0,1)	5,0 % (-0,9)	
N	11.128	3.812	4.574	2.263	479	
Beendigungsgrund						Chi^2: 187,3/***
Regulär	40,2 %	37,2 % (-2,9)[1]	38,5 % (-1,8)	46,0 % (4,1)	54,2 % (4,7)	Cramers V: 0,077
Planmäßiger Wechsel	11,9 %	10,5 % (-2,5)	12,7 % (1,4)	12,8 % (1,1)	12,1 % (0,1)	
Abbruch durch Klientin/Klienten	41,0 %	46,3 % (5,0)	41,8 % (0,8)	33,4 % (-5,4)	26,2 % (-4,9)	
Abbruch durch Einrichtung	4,9 %	4,4 % (-1,5)	4,8 % (-0,4)	6,1 % (2,3)	5,4 % (0,5)	
Außerplanmäßiger Wechsel	1,7 %	1,6 % (-0,6)	2,1 % (1,9)	1,4 % (-1,1)	0,7 % (-1,7)	
Verstorben	0,2 %	0,1 % (-2,1)	0,2 % (-0,8)	0,4 % (1,6)	1,3 % (4,9)	
N	10.437	3.627	4.267	2.082	461	

Signifikanz (Chi^2): *p ≤ 0,05; **p ≤ 0,01; ***p ≤ 0,001. [1]Standardisierte Residuen in den einzelnen Zellen der Kreuztabelle: Residuen sind eine ergänzende Information zum Chi^2-Wert. Residuen mit einem Wert von 2 oder größer zeigen eine signifikante Abweichung der beobachteten von der erwarteten Häufigkeit an.

Bei einem guten Drittel (34 %) der älteren Glücksspielenden umfasst die Betreuung in einer ambulanten Suchthilfeeinrichtung 2 bis 5 Kontakte (s. Tab. 3.6). Bei 14 % handelt es sich sogar nur um Einmalkontakte. Insgesamt 19 % kommen auf eine Kontaktanzahl zwischen 6 und 10; ein Viertel (25 %) der 60+-Jährigen hat 11 bis 50 Kontakte, und bei 7 % der älteren

Glücksspielklientel liegen mehr als 50 Kontakte vor. Es lassen sich in dieser Gruppe insgesamt keine Auffälligkeiten beobachten, auch wenn sich über alle vier Altersklassen hinweg statistisch signifikante Ergebnisse ergeben.

Ähnliche Befunde zeigen sich auch für die Dauer der Betreuung: Passend zur Anzahl der Einmalkontakte sind 15 % der 60+-Jährigen „bis zu einer Woche" in der Betreuung. Bei 9 % ist dies „bis zu einem Monat" der Fall (SR: -2,3) und bei 22 % „bis zu einem Vierteljahr". Zudem sind 40 % – das ist hier die größte Gruppe – „bis zu einem Jahr" in der Betreuung. Bei 14 % liegen Betreuungsphasen vor, die „mehr als ein Jahr" andauern.

Auch hier erweisen sich die Effektstärken als sehr gering.

Tabelle 3.6: Altersklassen nach Anzahl der Kontakte und Dauer der Betreuung

	Insges.	18–29 Jahre	30–44 Jahre	45–59 Jahre	60+ Jahre	Teststatistik/ Effektstärke
Anzahl der Kontakte						Chi²: 115,3/***
1	**16,4 %**	**17,9 %** (2,4)[1]	**15,9 %** (-0,9)	**15,4 %** (-1,3)	**14,2 %** (-1,3)	Cramers V: 0,054
2–5	**37,6 %**	**41,3 %** (4,0)	**36,7 %** (-1,1)	**33,9 %** (-3,1)	34,4 % (-1,2)	
6–10	**16,8 %**	**16,5 %** (-0,5)	**16,8 %** (0,0)	**16,8 %** (0,1)	**18,7 %** (1,1)	
11–50	**22,4 %**	**19,4 %** (-4,2)	**23,4 %** (1,5)	24,7 % (2,6)	**25,4 %** (1,5)	
> 50	**6,8 %**	**4,9 %** (-4,9)	**7,2 %** (1,2)	**9,1 %** (4,5)	**7,2 %** (0,4)	
N	12.975	4.468	5.256	2.696	555	
Dauer der Betreuung						Chi²: 55,6/***
Bis zu einer Woche	**15,6 %**	**17,1 %** (2,5)[1]	**14,7 %** (-1,5)	**14,8 %** (-0,9)	**14,6 %** (-0,5)	Cramers V: 0,040
Bis zu einem Monat	**12,7 %**	**14,0 %** (2,3)	**12,4 %** (-0,6)	**11,9 %** (-1,1)	**8,9 %** (-2,3)	
Bis zu einem Vierteljahr	**23,7 %**	**24,3 %** (0,7)	**24,0 %** (0,3)	**22,7 %** (-1,0)	**22,1 %** (-0,7)	
Bis zu einem Jahr	**35,8 %**	**34,2 %** (-1,6)	**36,7 %** (1,0)	**35,7 %** (-0,1)	**40,0 %** (1,6)	
Mehr als ein Jahr	**12,3 %**	**10,5 %** (-3,3)	**12,3 %** (0,0)	**14,9 %** (3,6)	**14,4 %** (1,3)	
N	11.427	3.971	4.641	2.322	493	

Signifikanz (Chi²): *p ≤ 0,05; **p ≤ 0,01; ***p ≤ 0,001. [1]Standardisierte Residuen in den einzelnen Zellen der Kreuztabelle: Residuen sind eine ergänzende Information zum Chi²-Wert. Residuen mit einem Wert von 2 oder größer zeigen eine signifikante Abweichung der beobachteten von der erwarteten Häufigkeit an.

3.4 Geschlechterspezifische Unterschiede bei der älteren Glücksspiel-Klientel

Im vorangegangenen Abschnitt wurden verschiedene Auswertungen nach Altersklassen durchgeführt. Alle vorgenommenen Analysen zeigen statistische Signifikanzen, wobei sich durch die differenzierte Betrachtung mithilfe der Standardisierten Residuen erkennen lässt, dass diese Befunde nur teilweise auf Besonderheiten bei älteren Glücksspielteilnehmenden zurückführen sind.

Im Folgenden wird der Frage nachgegangen, inwiefern innerhalb der älteren Glücksspiel-Klientel geschlechterspezifische Unterschiede bestehen. Dabei werden nur Auswertungsbereiche präsentiert, bei denen dies der Fall ist. Dies betrifft ausschließlich die soziodemografischen Merkmale. Bei allen anderen Auswertungen (nach der Haupt-Glücksspielform, den Problemsubstanzen und der Betreuung) ergeben sich zwischen den älteren Frauen und Männern keine statistisch signifikanten Abweichungen. Insgesamt werden drei der sechs ausgewerteten soziodemografischen Merkmale signifikant (nur für diese werden folglich die SR-Werte angegeben).

Der erste statistisch bedeutsame Unterschied zeigt sich beim Migrationshintergrund: Während bei den älteren Männern 24 % über einen Migrationshintergrund verfügen, ist der entsprechende Anteil mit 12 % (SR: -2,2) bei den Frauen nur halb so hoch (s. Tab. 3.7). Ferner fällt unter den weiblichen Glücksspielteilnehmenden der Anteil Alleinlebender gegenüber den männlichen Klienten signifikant höher aus (62 % zu 43 %, SR: 2,4). Schließlich besteht noch eine geringfügige Abweichung bei der Schuldensituation: Bei den Frauen sind zwar prozentual weniger gänzlich schuldenfrei als bei den Männern (34 % zu 44 %), gleichzeitig ist aber auch die Gruppe derjenigen mit hohen Schulden (> 50.000 €) kleiner (4 % zu 10 %). Der SR-Wert bleibt mit -1,6 jedoch unter der auffälligen Schwelle von 2.

Tabelle 3.7: Ältere Glücksspielende (60+) nach Geschlecht und soziodemografischen Merkmalen

	Frauen	Männer	Teststatistik/Effektstärke
Migrationshintergrund			Chi^2: 8,1/**
Ja	**12,0 %** (-2,2)	**24,0 %** (1,3)[1]	Cramers V: 0,130
Nein	**88,0 %** (1,1)	**76,0 %** (-0,7)	
N	125	354	
Alleinlebend			Chi^2: 15,4/***
Ja	**62,4 %** (2,4)	**43,1 %** (-1,5)[1]	Cramers V: 0,170
Nein	**37,6 %** (-2,3)	**56,9 %** (1,4)	
N	141	394	
Wohnsituation			Chi^2: 1,5/n. s.
Selbstständig	**92,0 %**	**94,0 %**	Cramers V: 0,054
Betreute Einrichtung	**5,1 %**	**2,9 %**	
Prekär	**2,9 %**	**3,1 %**	
N	137	385	
Schulabschluss			Chi^2: 2,2/n. s.
(Fach-)Abitur	**12,5 %**	**17,0 %**	Cramers V: 0,068
Realschule	**29,7 %**	**24,6 %**	
Hauptschule	**46,9 %**	**48,1 %**	
Anderes, (noch) keinen	**10,9 %**	**10,3 %**	
N	128	341	
Erwerbssituation			Chi^2: 5,8/n. s.
Arbeits-/Ausbildungsplatz	**16,8 %**	**26,1 %**	Cramers V: 0,107
Transferleistung	**14,5 %**	**13,2 %**	
Rente/Pension	**65,6 %**	**56,1 %**	
Anderes	**3,1 %**	**4,6 %**	
N	131	371	
Schulden			Chi^2: 10,8/*
Keine	**33,6 %** (-1,3)	**44,0 %** (0,8)	Cramers V: 0,155
Bis 25.000 €	**50,4 %** (1,8)	**36,1 %** (-1,1)	
Bis 50.000 €	**11,8 %** (0,5)	**9,6 %** (-0,3)	
> 50.000 €	**4,2 %** (-1,6)	**10,2 %** (1,0)	
N	119	332	

Signifikanz (Chi^2): *p ≤ 0,05; **p ≤ 0,01; ***p ≤ 0,001. [1]Standardisierte Residuen in den einzelnen Zellen der Kreuztabelle: Residuen sind eine ergänzende Information zum Chi^2-Wert. Residuen mit einem Wert von 2 oder größer zeigen eine signifikante Abweichung der beobachteten von der erwarteten Häufigkeit an.

3.5 Fazit und Diskussion

Es gibt weltweit nur sehr wenige Studien zu älteren Glücksspielenden aus klinischen Samples (für die jeweiligen Quellen siehe den Scoping Review in Kapitel 2). Deshalb kann eine Einordnung der vorgelegten Befunde nur punktuell und zurückhaltend vorgenommen werden.

Die hier erfolgte statistische Analyse von Klientel-Daten aus der ambulanten Suchthilfe zeigt, dass es unter den älteren Glücksspielenden (60+) einen statistisch signifikant erhöhten Anteil von Frauen und Alleinlebenden gegenüber den anderen drei Altersgruppen gibt. Zwei internationale Studien mit älteren Glücksspiel-Klientinnen und -Klienten weisen ebenfalls hohe Anteile von weiblichen und alleinstehenden Personen aus (Black et al. 2017; Medeiros et al. 2015). Dieser Sachverhalt deutet darauf hin, dass die Suche nach sozialen Kontakten und Freizeitgestaltung eine Rolle für die Glücksspielteilnahme von alleinlebenden älteren Frauen spielen dürfte. Entsprechende Befunde liegen aus Untersuchungen vor, bei denen ältere Glücksspielende in Gelegenheitssamples befragt worden sind (Elton-Marshall et al. 2018; Pattinson/ Parke 2017).

Dagegen sind unter den älteren Glücksspiel-Klientinnen und -Klienten vergleichsweise wenige Personen mit einem Migrationshintergrund vertreten. Zudem fällt der Anteil von Personen mit Schulden unter den Älteren vergleichsweise gering aus, was mit ihrer insgesamt stabileren Finanzsituation zusammenhängen könnte. Darüber hinaus ist möglicherweise das Glücksspielverhalten von Älteren weniger riskant. Das offenbart auch eine Studie mit behandlungssuchenden Spielenden aus Spanien, bei denen die ältere Klientel weniger Geld bei Glücksspielen eingesetzt hat als die jüngeren Vergleichskohorten (Granero et al. 2014).

Ferner fällt auf, dass bei den 60+-Jährigen – im Vergleich zu den anderen Altersgruppen – überdurchschnittlich häufig Geldspielautomaten im gastronomischen Bereich, Lotterien sowie das Kleine und Große Spiel in der Spielbank als Hauptglücksspielform benannt werden. Hierbei ist zu beachten, dass die prozentualen Anteile für diese Glücksspiele in dieser Altersgruppe nur zwischen 2 % und 6 % liegen. An erster Stelle stehen aber auch in dieser Altersgruppe die Geldspielautomaten in Spielstätten (71 %). Auch dies stimmt mit den Befunden einer anderen Studie überein, in der bei über 70 % der Klientinnen und Klienten vom Automatenspiel als Hauptspielform berichtet wird (Medeiros et al. 2015).

Bei der Auswertung verschiedener Betreuungskategorien ergibt sich ein signifikant höherer Anteil an regulären Beendigungen unter den 60+-Jährigen gegenüber anderen Altersgruppen. Andere Unterschiede zeigen sich jedoch nicht. Die Befunde zur Betreuung lassen sich nur schwer einordnen, da nationale Vergleichsdaten nicht vorliegen. Offensichtlich ist es aber so, dass ältere Glücksspielende von dem bestehenden Hilfeangebot altersangemessen betreut werden – darauf deutet zumindest der Vergleich mit den anderen Altersgruppen hin. Inwiefern aber ältere Problemspielende bedarfsgerecht erreicht werden, lässt sich hieraus nicht schlussfolgern.

Insgesamt lässt sich somit festhalten, dass bei den älteren Glücksspiel-Klientinnen und -Klienten einige Besonderheiten bei den soziodemografischen Merkmalen existieren, wohingegen sich für diese Altersgruppe nur eine einzige Auffälligkeit bei den Betreuungsdaten ergibt.

Darüber hinaus existieren nur wenige geschlechterspezifische Unterschiede innerhalb der Gruppe der älteren Glücksspiel-Klientel: Bei den Männern sind prozentual deutlich mehr Migrantinnen und Migranten vorhanden als bei den Frauen. Ferner ist unter den weiblichen Glücksspielteilnehmenden der Anteil Alleinlebender gegenüber den männlichen Klienten signifikant höher.

Zu den Limitationen der vorliegenden Auswertung zählt einerseits, dass die hier ausgewerteten Klienten-Daten von Betreuerinnen bzw. Betreuern erfasst worden sind und dabei zwar professionelle, aber dennoch subjektive Einschätzungen abgegeben werden. Zum anderen kann die Analyse grundsätzlich nur auf einer begrenzten Anzahl von erfassten Merkmalen und Kategorien beruhen, weil es sich um eine Dokumentation von Kerndaten handelt. Ferner besitzen die Ergebnisse nur eine eingeschränkte Repräsentativität in Bezug auf die hilfesuchende Klientel, weil die Daten aus vier Bundesländern und nicht der gesamten Bundesrepublik stammen. Abschließend sei als Limitation genannt, dass die ermittelten Effektstärken in der Regel (sehr) gering sind.

Als Stärke der vorgenommenen Auswertung ist anzuführen, dass erstmals für Deutschland eine solche Spezialanalyse von Personen- und Betreuungsdaten über die ältere Glücksspiel-Klientel in der ambulanten Suchthilfe durchgeführt worden ist und hieraus einige wichtige und neue empirische Erkenntnisse gewonnen werden konnten.

Was bedeuten diese Befunde nun für die Ausgestaltung von Hilfeangeboten für die älteren Glücksspielteilnehmenden? Zunächst einmal geben die ausgewerteten Betreuungsdaten keinen Hinweis darauf, dass die angebotenen Hilfen für die älteren Glücksspiel-Klientinnen und -Klienten nicht altersadäquat sind. Diesbezügliche Handlungsbedarfe lassen sich auf der Basis der ausgewerteten Daten nicht erkennen. Die Analyse zeigt aber, dass die Gruppe der älteren Glücksspiel-Klientinnen und -Klienten ein spezifisches soziodemografisches Profil und Glücksspielverhalten aufweist. Daher sollte geprüft werden, ob die Entwicklung von zielgruppenspezifischen Ansprachen für diese Altersgruppe sinnvoll ist, beispielsweise für problematisch spielende Frauen in bestimmten Spielumgebungen (z. B. Spielbanken). Entsprechende Aspekte wären dann auch in den Personalschulungen zur Früherkennung von Problemspielenden zu berücksichtigen. Insgesamt könnte so unter Umständen die Erreichbarkeit von älteren Glücksspielenden für niedrig- und höherschwellige Hilfen optimiert werden. Darüber hinaus ließen sich altersspezifische Materialien universeller Prävention über Verbände und Organisationen verteilen, die sich gezielt an ältere Menschen richten (z. B. Seniorenclubs, Altenverbände).

3.6 Literatur

Black, D. W., Coryell, W., McCormick, B., Shaw, M./Allen, J. (2017). A prospective follow-up study of younger and older subjects with pathological gambling. Psychiatry Research, 256, 162–168.

Buth, S., Meyer, G./Kalke, J. (2022). Glücksspielteilnahme und glücksspielbezogene Probleme in der Bevölkerung – Ergebnisse des Glücksspiel-Survey 2021. Hamburg: Institut für interdisziplinäre Sucht- und Drogenforschung (ISD).

Deutsche Hauptstelle für Suchtfragen (DHS) (Hrsg.) (2021). Deutscher Kerndatensatz zur Dokumentation im Bereich der Suchthilfe (Version 3.0), Hamm.

Elton-Marshall, T., Wijesingha, R., Sendzik, T., Mock, S. E., van der Maas, M., McCready, J., Mann, R. E./Turner, N. E. (2018). Marital status and problem gambling among older adults: An examination of social context and social motivations. Canadian Journal on Aging, 37, 318–332.

Granero, R., Penelo, E., Stinchfield, R., Fernandez-Aranda, F., Savvidou, L. G., Fröberg, F., Aymamí, N., Gómez-Peña, M., Pérez-Serrano, M., del Pino-Gutiérrez, A., Menchón, J. M./Jiménez-Murcia, S. (2014). Is pathological gambling moderated by age? Journal of Gambling Studies, 30, 475-492.

Kalke, J. (2002). Elektronische Dokumentationssysteme für die Sucht- und Drogenhilfe. In: Böllinger, L./Stöver, H. (Hrsg.) (2002). Drogenpraxis, Drogenrecht, Drogenpolitik (S. 328-336). Fachhochschulverlag: Frankfurt/M.

Medeiros, G. C., Leppink, E., Yaemi, A., Mariani, M., Tavares, H./Grant, J. (2015). Gambling disorder in older adults: A cross-cultural perspective. Comprehensive Psychiatry, 58, 116-121.

Pattinson, J./Parke, A. (2017). The experience of high-frequency gambling behavior of older adult females in the United Kingdom: An interpretative phenomenological analysis. Journal of Women and Aging, 29, 243-253.

Richmond-Rakerd, L. S., Slutske, W. S./Piasecki, T. H. (2013). Birth cohort and sex differences in the age of gambling initiation in the United States: Evidence from the National Comorbidity Survey Replication. International Gambling Studies, 13, 417-429.

4 Forschungsmodul 3: Qualitative Interviewstudie

Michael Klein

4.1 Ausgangslage

In Deutschland beträgt der Anteil von Menschen im Alter von über 60 Jahren inzwischen 29 % (Statistisches Bundesamt 2021). Damit befinden sich fast 25 Millionen Menschen im Rentenalter oder im Übergang dazu. Eine wesentliche Herausforderung dieser Menschen ist die (Neu-) Gestaltung ihrer Freizeit. Zugleich nehmen soziale Probleme wie Verarmung und Einsamkeit im Alter tendenziell zu (vgl. Klein 2022). Dies schafft eine breitere Ausgangsbasis für problematische Freizeitverhaltensweisen und ein Nachlassen selbstbestimmter, aktiver Verhaltensweisen. Gesellschaftliche Trends, die durch Corona-Pandemie und Inflation noch verschärft wurden, begünstigen die Entstehung passiver, antriebsreduzierter Lebensstile im Alter. Bei älteren Menschen nach der Berentung könnte es sich also um eine besonders vulnerable Gruppe für Glücksspielprobleme handeln. Insgesamt liegen zu Glücksspielsuchtproblemen im Alter in Bezug auf die Prävalenz bei älteren Menschen heterogene Ergebnisse vor (s. Kap. 2). Ungeachtet dessen lassen sich vulnerable Subgruppen zur Entwicklung entsprechender Probleme auch im Alter ausmachen.

4.2 Risikofaktoren für Glücksspielsuchtprobleme im Alter – Stand der Forschung

Zu den soziodemografischen Prädiktoren zählt das männliche Geschlecht (Chen/Don 2015; Granero et al. 2020a; Subramaniam et al. 2015b), wobei laut Black et al. (2017) das weibliche Geschlecht im Alter häufiger vertreten ist als bei jüngeren Betroffenen. Innerhalb der Gruppe der Älteren ergibt sich überwiegend das jüngere Seniorenalter (65–80 Jahre) als Prädiktor (Chen/ Dong 2015; Subramaniam et al. 2015), in einem Fall dagegen das höhere Seniorenalter (Granero et al. 2020b). Guillou et al. (2019) konstatieren den sozialen, finanziellen und bildungsbezogenen Status als soziodemografischen Einflussfaktor. Niedrigere Sozialschicht, geringere finanzielle Ressourcen sowie schlechtere Bildung erhöhen dabei das glücksspielbezogene Risiko. Als weitere soziodemografische Prädiktoren werden mehr Personen im Haushalt (Chen/Dong 2015) sowie Single-Status oder das Leben nach Scheidung (Elton-Marshall et al. 2018; Subramaniam et al. 2015) erwähnt. Im Vergleich mit jüngeren Betroffenen weisen die Älteren in den USA laut Black et al. (2017) häufiger eine kaukasische Ethnizität auf und haben im Schnitt ein geringeres Bildungsniveau. Dass Ältere mit glücksspielbezogenen Problemen nicht in einer Partnerschaft leben, trifft laut Medeiros et al. (2015) eher auf Betroffene in den USA als in Brasilien zu. Dies könnte ein Hinweis auf soziale Risikofaktoren für Glücksspielsucht darstellen, die aufgrund verschiedenartiger gesellschaftlicher Entwicklungen in einzelnen Kulturen unterschiedlich ausgeprägt sein könnten.

Aus dem Bereich des Glücksspielverhaltens wird oft eine Assoziation zwischen einem frühen Start der Glücksspielteilnahme (early-onset) und einer langen Glücksspielerkarriere mit einer Glücksspielproblematik im Alter festgestellt (Granero et al. 2020b; Tse et al. 2012). Insofern kann der biografische frühe Start, kombiniert mit einer über Jahrzehnte anhaltenden Suchtproblematik, als ein relevanter Risikofaktor für lebensgeschichtlich späte Glücksspielsuchtprobleme gelten. Allerdings finden Granero et al. (2014) bei älteren Glücksspielsüchtigen bezogen auf den Beginn der Glücksspielstörung ein höheres Durchschnittsalter als bei jüngeren Betroffenen.

Guillou Landreat et al. (2019) identifizieren die Wahl bestimmter Glücksspielformen als einen Faktor, der mit glücksspielbezogenen Problemen im Alter zusammenhängt. Laut Black et al. (2017) bevorzugen ältere Betroffene stärker das Automatenspiel als jüngere. Tse et al. (2013) identifizieren in einem Vergleich verschiedener Glücksspielformen solche mit kontinuierlicher Spielabfolge ohne festgesetzte Limits als Risikofaktoren im Alter, während Granero et al. (2020a) wiederum konkret die Teilnahme am Automatenspiel als Prädiktor benennen. Während für Ältere grundsätzlich die Kriterien des Screening-Instruments South Oaks Gambling Screen (SOGS) für glücksspielbezogene Probleme zutreffen, zeigen sie laut Parke et al. (2018) seltener ein Chasing-Verhalten („den Verlusten hinterherlaufen") als jüngere Betroffene.

Bormann et al. (2019) berichten von geringerer religiöser Orientierung sowie stärkerem Aberglauben, irrationalem Denken und Kontrollillusionen bei Älteren mit glücksspielbezogenen Problemen gegenüber Älteren ohne glücksspielbezogene Probleme. Diese Risikofaktoren herrschen oft auch bei jüngeren Glücksspielenden vor, sodass sie eher für die Persistenz des Glücksspielverhaltens verantwortlich sein könnten als für die Entstehung im Alter. Durch Vergleiche innerhalb der Gruppe der Älteren lassen sich intrinsische und öffentliche Religiosität demnach als Schutzfaktoren interpretieren. Als ungünstige Motivation älterer Glücksspielteilnehmenden benennen Subraminiam et al. (2015) die Teilnahme am Glücksspiel zur Bewältigung negativer Emotionen. Motive wie Einsamkeit, Langeweile, Gelderwerb und Schuldenregulation fallen dabei besonders ins Gewicht (Sharman et al. 2019; van der Maas et al. 2017). Für viele Glücksspielende kommen das Vergessen von Sorgen und die kostenlose Verpflegung (van der Maas et al. 2017) in den Glücksspielstätten hinzu.

Individuelle Vulnerabilität der Probandinnen und Probanden in Abhängigkeit von Persönlichkeitsmerkmalen (Tirachaimongkol/Jackson/Tomnay 2010), die Erfahrung, frühere Aktivitäten nicht mehr ausführen zu können (Subramaniam et al. 2015) und psychische sowie physische Gesundheitsprobleme (Guillou Landreat et al. 2019; Granero et al. 2020a; Sharman et al. 2019) werden als weitere Risikofaktoren der untersuchten Altersgruppe benannt. Konkret zählen dazu substanzbezogene Probleme im Umgang mit Alkohol, Nikotin und Drogen (Granero et al. 2020b) – die jedoch laut Black et al. (2017) ebenso wie Zwangsstörungen bei den älteren Betroffenen eine geringere Rolle spielen als bei den Jüngeren – klinische Depressionen (Chou/Cheung 2013) bzw. geriatrische Depression und Angst (Parke et al. 2018), sexuelle Probleme (Granero et al. 2020b), geringe Befriedigung psychischer Grundbedürfnisse (Dennis et al. 2017) sowie eine eingeschränkte Verhaltensregulation (Tirachaimongkol et al. 2010).

Laut Tira et al. (2014) sind darüber hinaus unverarbeitete Verluste, dysfunktionale Gewohnheiten sowie exzessive Verhaltensweisen mit glücksspielbezogenen Problemen assoziiert. Hinzu kommen wahrgenommene oder implizite Einschränkungen in der sozialen Funktionsfähigkeit. Tirachaimongkol et al. (2010) schreiben allgemein von sozialen und Umgebungsfaktoren. Eine Glücksspielteilnahme der Eltern, limitiertes und festes Einkommen sowie ein kleineres soziales Netzwerk benennen Sharman et al. (2019) als weitere individuelle Prädiktoren. Botterill et al. (2016) ergänzen speziell bei älteren Männern die wahrgenommene Einsamkeit als Risikofaktor. Zusammenhänge mit glücksspielbezogener Problematik im Alter zeigen sich darüber hinaus laut Granero et al. (2020b) für das Erleben häuslicher Gewalt, schwerwiegende finanzielle Probleme sowie außerehelichen Geschlechtsverkehr. Eine erhöhte Rollenkomplexität sowie diversere Freizeitgestaltung, verbunden mit sozialer Unterstützung und geringerem Stresslevel, gelten dagegen als Schutzfaktoren. Als risikoerhöhende Umgebungsfaktoren werden eine hohe Verfügbarkeit (Sharman et al. 2019), spezifische Werbekampagnen (Guillou Landreat et al. 2019) und Incentives wie von Kasinobetreibern angebotene Bustouren (van der Maas et al. 2017a) sowie weniger Zugang zu anderen aufregenden Aktivitäten (Subramianiam et al. 2015b) genannt.

In Deutschland ist die Problematik des Glücksspielens im Alter sowohl in der Forschung als auch in der Praxis bislang kaum bearbeitet worden. Mit dem vorliegenden Forschungsmodul soll zur Behebung dieses Wissensdefizits ein relevanter Beitrag geleistet werden. Da viele der Zusammenhänge auf differenzierter Ebene noch nicht ausreichend beleuchtet wurden, erfolgt die Forschung an dieser Stelle anhand einer hypothesengenerierenden qualitativen Methodik. Mit dieser sind im Wesentlichen subjektive Erfahrungen, Verhaltensentwicklungen, biografische Muster und Veränderungsmotivationen zu erfassen.

4.3 Methodik

Zur Erhebung der vorgesehenen 12 problemzentrierten Interviews mit älteren Glücksspielerinnen und Glücksspielern wurde nach den im Forschungsantrag skizzierten Fragestellungen ein Interviewleitfaden entwickelt. Dieser diente als Grundstruktur für die durchgeführten Interviews. Es handelte sich um halbstrukturierte Befragungen, bei denen die Gesprächspartnerinnen und Gesprächspartner zu allen Punkten befragt wurden, jedoch zusätzliche weitergehende Inhalte und Erinnerungen berichten konnten.

Für die problemzentrierten Interviews wurden Personen gesucht, die über eine relevante Glücksspielproblematik berichten. Dies wurde mit dem „Index problematischen Spielverhaltens" (IPS) der AG-Spielsucht der Klinik für Psychiatrie und Psychotherapie (Charité – Universitätsmedizin Berlin, o. D.) gescreent und im Interview kreuzvalidiert. Alle Personen wiesen einen Wert von 8 oder höher auf (= pathologisches Spielverhalten mit gravierenden spielbezogenen Problemen). Die Glücksspielproblematik musste in der Vergangenheit bestanden haben oder aktuell bestehen. Über soziale Netzwerke, Selbsthilfegruppen und Entwöhnungseinrichtungen wurden Personen gesucht, die zum Interview bereit waren.

Die halbstandardisierten Interviews bestanden aus 17 Inhaltsbereichen, die mit einer Kernfrage eröffnet wurden. In dem folgenden Kasten 4.1 sind die Kernfragen wiedergegeben. Diese beziehen sich auf die Initialphase des Glücksspiels (Fragen 1, 2), Funktionalität (Frage 3), Biografie und Lebensalter (Fragen 4, 5, 14), Abstinenzphasen (Fragen 6, 7), negative Konsequenzen (Frage 8), akute Veränderungswünsche (Frage 9), Erfahrungen mit Beratungs- und Hilfeangeboten (Fragen 10, 11), Rückfallerfahrungen (Frage 12), Online-Glücksspielen (Frage 13), Lebenssinnfragen und Zukunftsplanung (Fragen 15, 17) sowie Familie und Kinder (Frage 16).

Kasten 4.1: Inhaltsbereiche des Interviewleitfadens (Kernfragen)

(1) Wie sind Sie zum Glücksspiel gekommen?
(2) Was waren Ihre ersten Glücksspielerfahrungen?
(3) Was waren für Sie die positiven und negativen Folgen des Glücksspiels? Welche Formen des Glücksspiels haben Sie betrieben?
(4) Wie verlief Ihre Karriere als Glücksspielerin/Glücksspieler über die Lebensspanne? Gab es Unterbrechungen?
(5) Sehen Sie einen Zusammenhang zwischen Ihrem Lebensalter und Ihrem Glücksspielverhalten? Einstieg, Ausstieg, Unterbrechungen?
(6) Hatten Sie Phasen der Abstinenz und warum? Wie haben Sie jeweils Abstinenz erreicht? Wie kam es zu Rückfällen?
(7) Hatten Sie längere glücksspielfreie Phasen in Ihrem Leben? Worauf führen Sie diese zurück?
(8) Welche negativen Konsequenzen des Glücksspiels für sich sehen Sie?
(9) Würden Sie Ihr Glücksspiel akut gerne reduzieren oder beenden? Haben Sie es schon einmal versucht?
(10) Haben Sie eine Beratung oder Therapie wegen des Glücksspielens gemacht? Wie ist Ihre Bilanz dazu?
(11) Wenn Sie Beratung oder Therapie hatten bzw. suchen, welche speziellen Inhalte sollte es für ältere Glücksspielende geben?
(12) Wenn Sie Phasen des Glücksspiels und Phasen der Abstinenz erleben, was bringt Sie jeweils wieder zum Glücksspielen?
(13) Haben Sie Erfahrung mit Online-Glücksspiel? Wenn ja, seit wann und welche?
(14) Gab oder gibt es Problemlagen in Ihrem Leben, die Sie in Zusammenhang mit Ihrem Glücksspielen bringen? Merkmale der Herkunftsfamilie und der eigenen Biografie?
(15) Welchen Sinn sehen bzw. suchen Sie ganz persönlich in Ihrem Leben?
(16) Wenn Sie Kinder haben: Sehen Sie bei diesen Tendenzen zu problematischem Glücksspielverhalten?
(17) Welche Lebensinhalte sind für Sie derzeit und für die kommenden Jahre besonders wichtig?

4.4 Durchführung der Interviews

Im Zeitraum zwischen November 2021 und September 2022 wurden die zwölf vorgesehenen Interviews durchgeführt. Die Akquise der Personen fand auf verschiedenen Wegen statt. Durch die im Durchführungszeitraum noch vorherrschende Corona-Pandemie war eine Rekrutierung über Beratungsstellen erschwert, weil dort weniger Klientinnen und Klienten in Präsenzform betreut wurden. Von den zwölf Gesprächspartnerinnen und Gesprächspartnern wurden vier durch ehemalige Beraterinnen und Berater beziehungsweise Therapeutinnen und Therapeuten akquiriert, und vier waren Teilnehmende früherer Forschungsstudien zur Glücksspielsucht, die zu einer erneuten Befragung bereit waren. Die restlichen vier wurden durch Online-Information und durch Informationen in Selbsthilfegruppen gewonnen.

Die Gesprächspartnerinnen und Gesprächspartner erhielten im Vorfeld eine ausführliche schriftliche Information zur Forschungsstudie und den geplanten Interviews nebst einer Datenschutz- und Rechtebelehrung. Zum Einverständnis wurde diese in allen Fällen unterschrieben zurückgeschickt. Daraufhin erfolgte eine Terminvereinbarung für das jeweils durchzuführende telefonische Interview. Dieses sollte zu einem passenden Zeitpunkt stattfinden, wenn die Probanden zu Hause waren und ausreichend Ruhe und Zeit hatten. Alle vereinbarten Interviews konnten zum vorgesehenen Zeitpunkt stattfinden. Die Interviews wurden nach Vorabinformation der Gesprächspartnerinnen und Gesprächspartner als leitfadengestützte, problemzentrierte Interviews telefonisch durchgeführt (CATI-Methode). Insgesamt 5 der 12 Interviews konnten mit Einverständnis der Gesprächspartnerinnen und Gesprächspartner tonaufgezeichnet werden. In den anderen Fällen lehnten die Gesprächspartnerinnen und Gesprächspartner dies ab. Bei allen Interviews wurden während der Durchführung komprimierte Mitschriften erstellt. Die weitere Auswertung der Interviews erfolgte inhaltsanalytisch auf der Basis der Kategorien des Interviewleitfadens. Die gemachten Angaben wurden komprimiert, auf Plausibilität im Kontext des Gesamtinterviews geprüft und für jede einzelne interviewte Person und im Vergleich aller Interviewten dargestellt.

4.5 Ergebnisse – Synoptische Darstellung

Die Dauer der Interviews lag zwischen 37 und 59 Minuten. Die durchschnittliche Dauer betrug 49,1 Minuten, die Standardabweichung 7,6 Minuten. Das Alter der interviewten Personen lag zwischen 60 und 82 Jahren.

Das Durchschnittsalter der 12 Gesprächspartnerinnen und Gesprächspartner betrug 67,5 Jahre bei einer Standardabweichung von 6,7 Jahren. Die Personen waren alle auskunftsbereit und nahmen aktiv an den Interviews teil.

Im Folgenden werden zunächst die Ergebnisse der Interviews in komprimierter Form dargestellt. Anschließend folgt eine inhaltliche Wiedergabe der Aussagen aus den 12 einzelnen Interviews. Damit können individuell-biografische Verläufe und Lebensereignisse erkannt werden.

Beginn und Verlauf der Glücksspielproblematik

Neun der 12 Gesprächspartnerinnen und Gesprächspartner berichten, dass ihre Glücksspielsucht bereits früh in ihrer Biografie (vor ihrem 25. Lebensjahr) begonnen habe. Sieben Gesprächspartnerinnen und Gesprächspartner machten schon vor dem 21. Lebensjahr erste eigene Glücksspielerfahrungen. Zunächst seien diese Glücksspielepisoden unproblematisch gewesen, oft wird jedoch über einen größeren Gewinn in der Frühphase des Glücksspielens berichtet. Über die Biografie hinweg sind der Verlauf und die Intensität der Problematik sehr heterogen, oft sind intensive Glücksspielphasen und Abstinenz oder reduzierte Glücksspielphasen feststellbar. Auffällig ist jedoch der hohe Anteil des early-onset-Glücksspielens bei 9 der 12 Interviewten. Der Verlauf der Glücksspielproblematik sei oft von Lebensereignissen in den Bereichen Partnerschaft, Familie und Beruf beeinflusst worden. Negative Lebensereignisse (vor allem Trennung und Arbeitsstress) wurden nicht intrinsisch, sondern mit Steigerung des Glücksspielverhaltens beantwortet, was nicht zu einer gelingenden Bewältigung der Probleme, sondern langfristig zu einer Problemakkumulation führte. Es ist folglich von einer hohen volatilen Zyklik der Glücksspielprobleme über die Lebensspanne auszugehen. Nur eine Person berichtet, erst nach der Berentung glücksspielsüchtig geworden zu sein und führt dies auf Gefühle von Leere und Sinnlosigkeit zurück. Bei zwei Personen ergab sich eine Steigerung der schon vorhandenen Glücksspielproblematik im höheren Alter im Zeitraum um die anstehende oder vollzogene Berentung.

Alle Gesprächspartnerinnen und Gesprächspartner berichten von anfänglichen positiven Erlebnissen beim Glücksspielen (u. a. von einem größeren Gewinn am Geldspielautomaten, beim Poker, Roulette oder beim Lottospielen, euphorischen Gefühlen oder vom Vergessen des Alltags). Alle Gesprächspartnerinnen und Gesprächspartner sagen außerdem, dass sie eine Glücksspielsucht zunächst nicht hätten wahrhaben wollen bzw. abgewehrt hätten. Diese Abwehr wird mit Schamgefühlen begründet. Erst durch einschneidende Lebensereignisse, meist in Zusammenhang mit übermäßiger Verschuldung und sozialen Problemen aufgrund chronischen Lügens, sei es zur Behandlungsmotivation gekommen. Fast alle Interviewten (11 von 12) haben Erfahrungen mit Beratungsangeboten und Therapien. Insbesondere die stationären Therapien, von denen oft mehr als eine absolviert wurde, werden als einschneidend und hilfreich erlebt. Viele Gesprächspartnerinnen und Gesprächspartner (7 von 12) betonen die für sie wichtigen, motivierenden und stabilisierenden Erfahrungen mit Selbsthilfegruppen für Glücksspielende. Die meisten erlebten nach Therapien noch Rückfälle. Im Verlauf kam es jedoch in zwei Drittel der Fälle zu dauerhafter Abstinenz und sozialer Stabilisierung.

Mehrere der heute abstinent lebenden Personen berichten von einem kognitiv-emotionalen „Aha-Erlebnis", das sie zur persönlichen Umkehr führte. Dieses sei mit Lebensbeichten gegenüber Partnerinnen und Partnern bzw. Beraterinnen und Beratern verbunden gewesen. In den Therapien wurden das vertiefte Verständnis für die subjektive Funktionalität des Glücksspielens und die Psychoedukation zur Glücksspielsucht als besonders hilfreich erlebt. Bei den meisten Interviewten sei die Unterbrechung des Problemverhaltens mit dem Erleben eines persönlichen Tiefpunktes verbunden gewesen, bisweilen auch mit Sinnlosigkeitsgefühlen und parasuizidalen Gedanken. Diese Kombination aus äußerem Druck (Schulden, Partnerschaft) und starken inneren Konflikten wird in der Mehrzahl der Fälle als das umrissen, was eine tiefere Einsicht und die Fähigkeit zur Umkehr gebracht habe. Bisweilen wird dies als existentieller – teilweise spirituell relevanter – Moment im Lebenslauf angesehen.

Alter

Die klare Mehrzahl der Interviewten (9 von 12) entwickelte nicht erst mit dem Eintritt in die Berentung eine ausgeprägte Glücksspielproblematik. Für die meisten habe über viele Jahre bereits eine relevante Problematik mit Glücksspiel bestanden, die im Rentenalter bei knapp der Hälfte (5 von 12) persistiert habe, bei den anderen durch Nachlassen beruflichen Stresses und therapeutische Behandlungen beendet oder reduziert werden konnte. Diese Fälle mit early-onset-Verhalten profitierten vom Eintritt in die Rente insofern, dass sie ihr Glücksspielverhalten teilweise reduzieren oder aufgeben konnten. Bei einer substantiellen Zahl der Glücksspielenden hält die Problematik jedoch an, was häufig mit psychischen Begleitproblemen (Depressivität, Einsamkeit) begründet wurde.

Glücksspielformen

Die Interviewten decken einen großen Bereich unterschiedlicher Glücksspielformen ab: Automatenspiel, Börsenwetten, Kryptowährungen, Sportwetten, Online-Poker, Lotto, Roulette, Rubbellose. Die Hälfte der Interviewten

(6 von 12) gab Kombinationen aus verschiedenen Glücksspielformen an, zum Beispiel Automatenspiel und Sportwetten, die anderen betonten, dass sie auf eine („ihre") Glücksspielform fixiert seien und diese auch nicht wechseln würden. Drei Personen berichteten, dass sie auf Online-Glücksspiel umgestiegen seien oder dieses zusätzlich betrieben. Zwei Drittel der Interviewten hätten überhaupt keine Erfahrungen mit Online-Glücksspiel. Fast die Hälfte (5 von 12) der Gesprächspartnerinnen und Gesprächspartner berichtet, dass sie in der Spielhalle oder im Kasino eine Art soziale „Heimat" mit Bezügen zu anderen Glücksspielenden gefunden hätte. Dies habe bei Einsamkeit und Depression geholfen und gelte für Glücksspiel in allen Lebensphasen, so auch im Alter.

Motive

Insgesamt acht Interviewte berichteten, dass sie unmerklich in die Glücksspielsucht gerutscht seien. Sie hätten anfangs Spaß erlebt, sich nicht viel dabei gedacht und sich über einzelne Gewinne gefreut. Die anderen gaben an, dass sie schon von Anfang an mit dem Glücksspielen gezielt Problemen entflohen seien, diese nicht wahrhaben wollten und das Glücksspiel als Auszeit von ihren Problemen genossen hätten. Besonders nach Scheidung oder Stress bei der Arbeitsstelle habe ein verstärktes Glücksspielverhalten eingesetzt. Oft hätten aber auch Gefühle von Depression und Sinnlosigkeit dahintergestanden, die als solche nicht erkannt oder abgewehrt worden seien. Diese psychischen Problemzustände seien zugedeckt, jedoch niemals gelöst worden und am Ende umso stärker zurückgekommen. Immerhin 5 der 12 Personen – nach Trennung, Arbeitsplatzverlust, Berentung – gaben an, dass sie mit dem Mehr an zur Verfügung stehender Freizeit nichts Anderes anzufangen wussten. Als Methode zum Abschalten bei Stress oder depressiven Gedanken wurde das Glücksspiel bei einem Drittel (4 von 12) der Gesprächspartnerinnen und Gesprächspartner bewusst gewählt. Eine männliche Person gab den Beginn einer schweren Erkrankung als Motiv für ihr Glücksspiel an. Dies habe Ablenkung und innere Ruhe gebracht. Er führe seinen Einstieg in das Glücksspiel auf die Nebenwirkung seiner Medikation zurück, die ihn im Wesen verändert und risikofreudiger gemacht habe. In mehr als der Hälfte der Fälle (8 von 12) hätten sich im Verlauf der Glücksspielsucht Krankheiten (vor allem Depressionen) entwickelt.

Selbstkontrollversuche

Alle Gesprächspartnerinnen und Gesprächspartner berichten von Selbstkontrollversuchen, um ihr Glücksspiel einzudämmen, insbesondere nach negativen Ereignissen, größeren Schuldenproblemen oder massiven Problemen in der Partnerschaft. Mehrere Personen berichten, dass sie sich in der Spielhalle oder online hätten sperren lassen, sodass sie keinen Zugang mehr bekommen konnten. Ebenso sei die EC-Karte abgegeben oder der Partnerin übergeben worden. Zwei Personen hätten teilweise Erfolge in der Selbstkontrolle erzielt, indem sie sich für andere Online-Spiele begeisterten (Nicht-Glücksspiel), wie zum Beispiel Scrabble oder Sudoku. Dies kann als eine glücksspielfreie Substitution mit wettbewerbs- oder konzentrationsorientierten Spielen bewertet werden.

Eine Gesprächspartnerin habe nach ihrem Bekenntnis gegenüber ihrer Partnerin mit dieser ein System zur Selbstkontrolle etabliert, nur noch in einer anderen Stadt und nur an 2 bis 3 Tagen im Monat zu spielen. Sie erlebe das Glücksspiel jetzt als ein Highlight in ihrem Leben. Ein Glücksspielender berichtete, dass er den Dispo-Kredit seines Kontos habe sperren lassen und daraus die Einstellung entwickelt habe, nie Schulden zu machen. Er habe so eine Null-Linie, eine Art Brandmauer, etabliert, die er nicht mehr überschritten habe. Etwa ein Viertel der Interviewten hätte ihr Glücksspiel abrupt beendet, oft im Rahmen einer stationären Therapie, und danach keine oder nur noch sehr seltene, kleinere Rückfälle gehabt. Bei allen Gesprächspartnerinnen und Gesprächspartnern ist der wiederholte Versuch einer Grenzziehung im Alltagsverhalten feststellbar. Diese Versuche bestanden in der Festlegung bestimmter Zeiten oder Tage für das Glücksspielen (z. B. täglich nur zwei Stunden Glücksspiel betreiben) oder nicht vor einer bestimmten Tageszeit mit dem Glücksspiel zu beginnen. Diese Versuche seien meistens wiederholt gescheitert. Erfolgreich seien eher sehr rigide Grenzen gewesen („keine Schulden mehr machen", „nur noch einmal in der Woche spielen gehen"). Diese böten eher die Chance, dass sie leicht eingehalten werden könnten.

Kindheit und Biografie
Drei Glücksspielende berichteten von relevanten schwerwiegenden Problemen in der frühen Kindheit, die von Vernachlässigung bis Misshandlung reichten. Diese bestanden aus dem Leben in einer sektenähnlichen Gemeinschaft oder den psychischen Problemen der Eltern, einschließlich Suchtproblemen. Die anderen Interviewten hätten ihre Kindheit als unauffällig erlebt.

Hilfen und Selbsthilfe
Neun der 12 interviewten Personen haben Erfahrungen mit professionellen Hilfen gemacht. Dazu zählten vor allem Beratungsstellen für Glücksspielsucht (> 50 %), ambulante Psychotherapie (25 %) und stationäre glücksspielsuchtspezifische Therapien (> 50 %). Der Weg zum suchtspezifischen Hilfesystem erfolgte im Regelfall über direkten Zugang zu einer Beratungsstelle, vereinzelt über Hausärzte. In nur wenigen Fällen seien Partnerinnen einbezogen worden, nur eine Person berichtete, dass auch die erwachsenen

Kinder einbezogen worden seien. Außerdem haben zwei Drittel (8 von 12) der Gesprächspartnerinnen und Gesprächspartner schon einmal Kontakt mit Selbsthilfegruppen für Glücksspielende aufgenommen. Knapp die Hälfte (5 von 12) gab einen regelmäßigen Besuch einer Selbsthilfegruppe an, zum Teil über mehr als fünf Jahre. Die drei Personen, die bislang keine oder nur minimale Kontakte zum Hilfesystem hatten, schilderten, dass sie negative Erwartungen an das hätten, was dort passieren könnte, oder dass sie es alleine schaffen wollten oder zu müssen glaubten.

Psychische Komorbidität

Fast alle Personen (11 von 12) berichten von psychischen Problemen infolge der Glücksspielsucht. Diese hätten bei einem Drittel (4 von 12) schon vor der Glücksspielsucht bestanden, insbesondere depressive Phasen, Einsamkeit, Essprobleme und Alkoholsucht. Bei mehr als der Hälfte (8 von 12) seien während und infolge der Glücksspielsucht psychische Probleme entstanden, hier vor allem unipolare depressive Episoden und parasuizidale Krisen. Im Zusammenhang mit der Glücksspielsucht und den depressiven Episoden berichten drei Personen von wiederkehrenden suizidalen Phasen. In zwei Fällen stelle die Glücksspielsucht eine Suchtverlagerung aus einer anderen Suchterkrankung dar.

Selbstreflexion und Abwehr

Die interviewten Personen unterscheiden sich erheblich in Bezug auf Selbstreflexion und Abwehr. Während für einzelne das Glücksspiel einen Lebenstiefpunkt darstellt, den sie intensiv und mit verändertem Selbstbild aufgearbeitet haben, befinden sich andere in einer abwehrenden inneren Haltung gegenüber tieferer Selbsterkenntnis. Letztere berichten, dass ihnen die innere Distanz zum Glücksspiel nach wie vor fehle. Auch würden sie es einfach nicht missen wollen und hätten ein zufriedenstellendes Kontrollsystem gegenüber den Suchtgefahren errichtet. Ein Glücksspieler erwähnt, dass er durch innere und äußere Reize schnell rückfällig werde, und er sich diesen gegenüber ungeschützt fühle. Eine Glücksspielerin schildert, dass ihr der Anreiz zum völligen Aufhören fehle. Sie habe keine so gravierenden Nachteile durch ihr Glücksspielen erlebt, dass sie aufhören wolle.

Partnerschaft

Von den interviewten Personen leben neun aktuell in einer Partnerbeziehung. Alle hätten während ihrer Glücksspielsucht Beziehungsprobleme erlebt. In zwei Fällen seien infolge der Problematik Trennungen erfolgt. Die meisten Partnerschaften blieben über die Glücksspielsucht hinweg bestehen. In fünf Fällen bezeichnen die Interviewten die Entwicklung der Beziehung danach als positiv. Einerseits belaste die Glücksspielsucht die Partnerschaften schwer, andererseits werden die Partnerbeziehungen als wichtiger Motivationsfaktor zur Abstinenz oder Reduktion des Problemverhaltens benannt. Über das Leiden der Angehörigen und deren Stressverarbeitung wissen die interviewten Glücksspielsüchtigen wenig zu berichten.

Geschlechterspezifische Erkenntnisse
Vier der Interviewpartner waren Frauen. Bei zweien wurden depressive Befindlichkeiten als Ausgangsmotiv zum Glücksspiel berichtet. Das Glücksspiel habe kurzfristig gewirkt und sie mental in eine andere Welt katapultiert. Zwei leben in einer homosexuellen Partnerschaft. Die riskanteren Glücksspielmuster zeigten einige der Männer in der Untersuchungsgruppe. Diese bestanden in höheren Einsätzen, riskanterem Verhaltensstil und mehr selbstzerstörerischem Verhalten in Bezug auf Partnerschaft und Berufstätigkeit. Auch konnte bei den interviewten Männern mehr Selbstvernachlässigung erhoben werden.

4.6 Ergebnisse – Einzeldarstellung

Tabelle 4.1 gibt einen Überblick über die Hauptmerkmale aller interviewter Personen. Nachfolgend werden alle zwölf Interviews in Form von komprimierten „Case Studies" vorgestellt.

Tabelle 4.1: Hauptmerkmale der 12 interviewten Fälle

Code	Geschl.	Alter (J.)	Dauer (Min.)	Lebensform	Glücksspielform	Behandlung	Vorerkrankungen	Begleiterkrankungen
1: HC	w	64	45	Partnerschaft	Automaten Lotterie	ambulant stationär	keine	Depression
2: RH	m	65	38	Partnerschaft	Aktien Börsenwetten Kryptowährungen	ambulant	Parkinson	Depression Suizidalität
3: UT	w	77	50	Partnerschaft	Kasino	keine	keine	keine
4: SJ	m	82	58	alleine	Sportwetten	ambulant stationär	keine	Depression Suizidalität
5: HE	m	72	43	Partnerschaft	Börsenwetten Trading	stationär (somatische Indikation)	Depressive Persönlichkeit	Depression Suizidalität
6: BJ	m	70	50	alleine	Automatenspiel	stationär	Depression Alkoholabhängigkeit	Depression
7: BU	w	60	45	Partnerschaft	Automatenspiel	keine	keine	Depression
8: AM	m	66	59	alleine	Automatenspiel Roulette	ambulant stationär	keine	Depression
9: ET	m	67	51	Partnerschaft	Automatenspiel	ambulant stationär	Alkoholabhängigkeit	Depression
10: JT	m	60	55	Partnerschaft	Online-Poker	stationär	Alkoholabhängigkeit	Depression Suizidalität
11: UT	w	62	58	Partnerschaft	Roulette Rubbellose	ambulant stationär	Depression	Depression Suizidalität
12: HD	m	65	37	alleine	Sportwetten Lotto	keine	keine	keine

Fall 1: Frau H. C. (64)

Ihre Mutter habe ihr Schulden hinterlassen, die sie als junge Erwachsene durch Glücksspiel schnell habe beseitigen wollen. Ihr Partner habe, bevor er sie kennenlernte, einmal einen sehr großen Gewinn bei Lotto erzielt. Das habe sie wiederum stimuliert, es selbst zu versuchen. Sie habe an verschiedenen Glücksspielen teilgenommen, vor allem Automatenspiel, aber auch Klassenlotterie (Lose). Am Ende hätte sie 20.000 € Schulden, vor allem im Familien- und Freundeskreis, angehäuft. Sie habe auch eine Privatinsolvenz (wg. Bankschulden) anmelden müssen. Diese laufe noch bis 2025. Ein Teil ihres Gehalts werde deshalb monatlich abgezogen.

Sie sei zum Zeitpunkt des Interviews seit vier Jahren spielfrei, nachdem sie insgesamt acht Jahre exzessiv gespielt hatte. Sie habe mit dem Glücksspiel aufgrund des Drucks der Familie und ihrer engsten Freundinnen aufgehört. Sonst – meint sie – wäre ihr dies nicht gelungen. Besonders ihre erwachsene Tochter habe starken Druck auf sie ausgeübt. Diese habe damit gedroht, jeglichen Kontakt zur Mutter abzubrechen. In der Endzeit des exzessiven Glücksspielens habe sie starke depressive Probleme und auch Suizidgedanken erlebt.

Beruflich stehe sie kurz vor der Berentung. Sie habe nach einer Reha-Behandlung vor zwei Jahren wieder mit der Arbeit begonnen. Dies habe ihr gutgetan. Sie gehe auf der Arbeitsstelle offen mit ihrem Glücksspielproblem um. Das würde positiv aufgenommen. Frau H.C. wolle sich später ehrenamtlich mit Kindern engagieren. Sie habe keine Angst vor der Zeit nach der Berentung.

Sie habe zunächst auf Druck der Familie und Freundinnen Beratungsgespräche wahrgenommen. Die hätten sie aber nicht zur Abstinenz gebracht. Entscheidend sei dann eine stationäre Behandlung in einer psychosomatischen Klinik gewesen. Die intensiven und gründlichen Gespräche dort seien für sie ausschlaggebend für die Abstinenzentscheidung gewesen. Für sie sei es entlastend gewesen, sich zu öffnen und nicht mehr lügen zu müssen.

Sie berichtet, dass sie nach Beendigung des Glücksspielens geizig geworden sei. Sie gebe lieber der Enkelin etwas von ihrem wenigen Geld, als es weiter in die Spielhalle zu tragen. Die Befragte sei durch den Druck von Familie und Umfeld in Behandlung gekommen, von der sie viel profitiert habe.

Fall 2: Herr R. H. (65)

Der Gesprächspartner berichtet, dass er im Nachgang zu seiner medikamentösen Behandlung wegen einer Parkinson-Erkrankung zum Glücksspiel gekommen sei. Er habe aus früheren Jahren keine Vorerfahrungen damit gehabt. Er sei mit einem Dopaminagonisten (Pramipexol) behandelt worden.

Er habe zunächst wenig, dann immer häufiger und intensiver zunächst mit Aktien, dann mit Hebelzertifikaten und zuletzt mit Kryptowährungen spekuliert. Er habe durchaus dabei größere Gewinne, aber auch ebensolche Verluste gemacht. Verluste von 500 € täglich seien bisweilen vorgekommen.

Wegen seiner Erkrankung sei er seit fünf Jahren pensioniert. Die viele freie Zeit habe er nicht sinnvoll gestalten können. Die Pensionierung sei sehr abrupt gekommen. Er sitze fast jeden Tag drei bis vier Stunden vor dem Computer und betreibe die verschiedenen Glücksspiele.

Er spiele derzeit auch immer noch. Herr R.H. habe noch keine Abstinenz erreichen können, lediglich Reduktionen im Glücksspielverhalten. Seine Motivation zur Abstinenz betrage derzeit 50 von 100. Er wolle irgendwann einmal in stationäre Behandlung, aber er könne sich noch nicht entschließen. Seine Frau setze ihn unter Druck und kontrolliere ihn auch. Aber das würde ihm nicht helfen aufzuhören. Ihretwegen sei er auch seit neun Monaten in ambulanter Beratung. Er habe zwei Söhne und vier Enkel. Die wolle er nicht verlieren. Deshalb habe er sich vor allem dem Druck seiner Frau gefügt.

Er kenne auch depressive Phasen nach verlustreichem Glücksspiel und Streitereien mit der Frau. Er verspüre oft Suchtdruck, dem er sich nicht oder nur ganz selten entziehen könne. Er habe sich schon Ersatzbeschäftigungen zum Online-Glücksspiel gesucht. Diese (z. B. Lego, Online-Sudoku) würden ihm manchmal helfen, Zeit ohne Glücksspiel zu überbrücken.

Fall 3: Frau U. T. (77)
Die Gesprächspartnerin berichtet, dass sie schon als Kind – bei Kneipenbesuchen mit ihrem Vater – von Geldspielautomaten fasziniert gewesen sei. Mit 20 Jahren habe sie das erste Mal in einer Spielbank Roulette gespielt. Sie habe auch am ersten Abend einiges an Geld gewonnen. Dies habe sie nachhaltig gefesselt. Zunächst sei sie dann wöchentlich ins Kasino gefahren und habe stets mit der gleichen Geldsumme gespielt. Sie habe ein festes Finanzierungssystem für ihr Glücksspiel, würde ihre Rente dafür nicht antasten und das Glücksspiel stets von ihren Ersparnissen finanzieren. Sie deponiere ihre Gewinne in einer Spardose und fahre auch heute noch wöchentlich mit einer festen Summe in eine andere Stadt ins Kasino zum Glücksspiel.

Sie sei jetzt seit sieben Jahren berentet. Zeitweilig habe sie beim Glücksspiel aber doch Kontrollverlust erlebt, was sie sehr betroffen gemacht habe. Das Glücksspiel fasziniere sie nach wie vor. Sie liebe das Gefühl, das dabei im Kopf entsteht. Es gehe ihr schon lange nicht mehr um die gelegentlichen Gewinne. Sie wolle die Kasinoatmosphäre aufsaugen. Sie spiele auch online.

Dort aber nie mit Geld. Sie sehe selbst keinen Zusammenhang zwischen Glücksspiel und Alter. Der viermalige Kasinobesuch im Monat, den sie inzwischen betreibe, sei für sie ein Stück Lebensqualität. Sie habe auch noch nie Schulden gemacht. Ihr strenges, limitiertes Spielsystem schütze davor. Sie lebe in einer Partnerbeziehung mit einer Frau. Diese habe jahrelang mitgespielt. Inzwischen habe diese das Glücksspiel aufgegeben und wolle auch sie lieber zu anderen Freizeitaktivitäten veranlassen. Sie hätten zusammen auch einen Hund, was ihr viel Freude bereite. Sie habe noch keine Behandlung gemacht und sehe hierfür momentan auch keine Notwendigkeit. Ihre Selbstkontrollsysteme würden sie vor einer Verschlimmerung ihres Glücksspielverhaltens schützen.

Fall 4: Herr S.J. (82)
Der Interviewte beschreibt, dass er im Umfeld seiner Berentung, auf die er nicht adäquat vorbereitet war, zum Glücksspiel (Sportwetten) gekommen sei. Der Zugang zum Wetten sei für ihn zufällig gekommen. Die Stimmung in einem Wettbüro habe ihn angelockt, er hatte ungeplante Zeit und habe Neugierde verspürt. Er habe sich in Sportangelegenheiten kompetent gefühlt und sein „Glück" probieren wollen. Schnelle Anfangsgewinne hätten ihn hungrig auf mehr gemacht. Am Anfang habe das Wetten nur sporadisch stattgefunden, aber die Frequenz habe sich unmerklich immer mehr erhöht, ebenso die Einsätze. Immer wieder, so beschreibt er, habe es Gewinne gegeben, während Verluste Anlass für weitere und höhere Wetteinsätze gewesen seien.

Im Rückblick beschreibt Herr S.J., dass er immer gieriger nach dem Glücksspiel geworden und seine Verhaltenskontrolle verloren gegangen sei. Nachdem seine finanziellen Reserven durch die eingetretenen Verluste aufgezehrt gewesen seien, habe er angefangen, sich in seinem Bekannten- und Freundeskreis unter Vorspiegelung falscher Notlagen Geld zu leihen. Die Entwicklung in die Sucht beschreibt er als schiefe Ebene nach unten, wobei gleichzeitig eine starke innere Abwehr gegen die Wahrnehmung des Abstiegs vorhanden gewesen sei. Am Ende war die Erregung beim Glücksspiel so groß, dass er innerlich und auch real gezittert habe. Ebenso war die Enttäuschung nach Verlusten so stark, dass depressive Befindlichkeit und am Ende auch suizidale Gedanken aufgekommen seien. Was ihn an das Glücksspiel gebunden habe, sei das dann auftretende berauschende Gefühl, das alles andere vergessen lasse.

Herr S.J. sei durch seine hohe Verschuldung bei diversen Freunden in immer mehr Probleme geraten. Seine Partnerin, die unter den vielen Lügen gelitten habe, habe sich schließlich von ihm getrennt. Das habe ihn innerlich nicht mehr berührt, da er schon zu sehr vom Glücksspiel besetzt gewesen sei. Am

Ende sei er von einem Gläubiger so unter Druck gesetzt worden, dass er seine wahre Lage offenbaren und in Therapie gehen musste. Er reflektiert, dass er den massiven äußeren Druck gebraucht habe, um zu einer Aufgabe des süchtigen Glücksspielens zu gelangen. Während seiner Berufskarriere habe er für seine Arbeitsleistung viel Bewunderung und Zuwendung erhalten, die mit der Berentung abrupt wegfielen. Darin sieht der Interviewte einen hintergründigen Nährboden für seine Empfänglichkeit (Vulnerabilität) für das Glücksspiel. Er habe in den Sportwetten ein Ventil für seine innere Leere und die Gefühle von Wertlosigkeit nach der Berentung gefunden. Während der Entwicklung der Glücksspielsucht habe er alle Warnzeichen eines bevorstehenden Absturzes unterdrückt. Er habe dies nicht wahrhaben wollen vor dem Hintergrund seiner übermäßig ichbezogenen Persönlichkeitsstruktur. Erst nach seinem Absturz mit Bloßstellung im Bekanntenkreis und Druck zur Schuldenbegleichung habe er beginnen können, sich kritisch mit seinem Verhalten zu beschäftigen und Schritte in Richtung Veränderung einzuleiten.

Fall 5: Herr H. E. (72)

Herr H. E. habe eine lange Erfahrung mit Aktienkäufen, Investment- und Immobilienfonds, so berichtet er. Nach seiner frühzeitigen Berentung vor zehn Jahren wegen einer chronischen Hauterkrankung habe sich seine Tendenz, Geld in Aktien und Fonds anzulegen, verstärkt. Verantwortlich dafür seien frustrierende Situationen im beruflichen und privaten Bereich gewesen. Er habe immer stärker eine Gier auf Erfolg beim Trading (Aktien, Zertifikate) gespürt. Seine „heiße Phase" beim Traden habe 18 Monate gedauert. Dann seien die Verluste unerträglich hoch gewesen, und er habe sein Verhalten nicht mehr verbergen können. Er erkenne in seinem Verhalten ein narzisstisches Motiv nach Anerkennung und Erfolg. Die Überwindung von Gefühlen der inneren Leere und Einsamkeit sei ebenfalls ein starker Antrieb gewesen, sagt er in der Rückschau. Während des Tradens sei stets eine Gier auf mehr entstanden. Er habe sich während des Tradens enorm gehetzt und getrieben gefühlt. Dies sei ein ambivalentes Gefühl gewesen, das auch rauschartige Effekte gehabt habe. Zunächst habe er die Börsenspekulationen gar nicht als Glücksspiel gesehen, sondern als sozial anerkanntes Verhalten. Er habe sich in diesen Phasen eher wie ein Börsenmakler gefühlt, ein für ihn selbstwertsteigerndes Gefühl. Erst nach und nach sei ihm der exzessive und süchtige Charakter seines Verhaltens klargeworden. Er habe aber Impulse zum Aufhören immer wieder mit Hoffnung auf Gewinne und Gier beiseitegeschoben.

Nach einer mehr als 20-jährigen erfolgreichen Karriere im Pressebereich habe er sich nach der Berentung nicht mehr gebraucht gefühlt. Ein Gefühl der inneren Leere habe sich breitgemacht. Die Welt des Börsenwettens habe einen

Glamour für ihn signalisiert. Am Anfang habe er immer wieder Gewinne erzielt, er sei aber mit der Zeit unvorsichtiger und risikobereiter geworden. Dann habe er erlittene Verluste wieder reinholen wollen. Dadurch seien die Verluste insgesamt immer größer geworden. Er sei dann durch Verschuldung und Geldmangel in der Familie „aufgeflogen". Er habe ihr „geschworen", mit dem Glücksspiel aufzuhören. Allerdings sei er heimlich immer wieder rückfällig geworden. Es sei dann schließlich zur Trennung gekommen.

Durch die hartnäckige Hilfe und Unterstützung eines Freundes sei er in Therapie gekommen. Diese habe ihm die Augen geöffnet. Er habe jetzt im Nachhinein vieles erkannt, endlich tiefer verstanden und könne seine Fehlentwicklung in die Sucht nachvollziehen. Das habe ihm sehr geholfen.

Insgesamt fällt bei Herrn H. E. auf, dass er schon früh eine Fixierung auf Geldverdienen und -gewinnen hatte, übermäßig viel und sehr intensiv gearbeitet hat und dabei gleichzeitig gegen die Wahrnehmung von Leere und Sinnlosigkeit ankämpfte. Diese hyperaktive und zugleich depressive Grundstruktur des Probanden ist spätestens mit der Berentung außer Kontrolle geraten.

Fall 6: Herr B. J. (70)
Der Gesprächspartner berichtet, dass er als Kind von der Mutter abgelehnt worden sei und sie von ihm nichts habe wissen wollen. Er stamme aus einer ersten Beziehung, die Mutter habe später geheiratet, und aus dieser Ehe der Mutter habe er zwei Halbbrüder, denen die Mutter innig zugewandt gewesen sei. Er sei viel in der Verwandtschaft „rumgeschoben" worden und habe nirgendwo Nähe und Wärme erfahren. Er sei auch schon früh viel in Gasthäusern gewesen und habe dort mit Groschen das Automatenspiel kennengelernt. Auch in Bahnhofsgaststätten habe er früh gespielt, wenn er unterwegs auf dem Weg zur Berufsschule oder später zu seiner Lehrstelle als Steinmetz gewesen sei. Er habe sicher schon mit 14 Jahren mit dem Automatenspiel begonnen. Mit 23 Jahren habe er geheiratet. Aus der Ehe stammen drei Kinder. Vor 12 Jahren sei diese Ehe geschieden worden. Seine Ex-Frau und sein Sohn hätten ihn betrügerisch um das Haus gebracht, das er sich verdient und erbaut gehabt habe. In seiner Familie sei er seitdem stark isoliert und habe nur noch zu einem Verwandten losen Kontakt.

Er habe über Jahrzehnte sehr viele Überstunden geleistet. Damit habe er einerseits sein Glücksspiel, andererseits aber auch die Familie und das Haus finanziert. Er sei zuletzt, obwohl er bis heute aufgrund einer Lese-Rechtschreibschwäche nicht richtig schreiben und lesen könne, Schichtführer in einer Produktionsfirma gewesen.

Vor vier Jahren sei er berentet worden. Er habe auch nach seiner Berentung exzessiv gespielt. In den letzten Jahren habe er zwischen 200 € und 400 € am Tag verspielt. Neben seinem Glücksspielproblem bestehe seit vielen Jahren auch ein Alkoholproblem. Unter Alkoholeinfluss werde er schnell jähzornig und impulsiv. Beim Glücksspiel könne er gedanklich und emotional abschalten, fühle sich wie in einer anderen Welt. Er sei dann wie unter Hypnose. Er sei derzeit abstinent, gehe aber in die Spielhalle wegen der sozialen Kontakte. Dort fühle er sich nicht einsam.

Seit vier Jahren bestehe eine gesetzliche Betreuung. Er habe jahrelang an ihn gerichtete Post nicht mehr geöffnet. Dadurch seien enorm viele Schulden zu den Glücksspielschulden hinzugekommen. In den Zeiten der extremen Geldverluste und nach dem erlebten Betrug durch seine Ex-Frau und seinen Sohn habe er drei Suizidversuche begangen. Sein bester Freund habe ihn damals gerettet. Er sei bislang zweimal in stationärer Therapie wegen seines Glücksspielproblems gewesen. Herr B.J. lebe jetzt in einer kleinen Mietwohnung und sei seit der letzten Therapie vor einem Jahr abstinent vom Glücksspiel. Er mache jetzt viel Sport, das halte ihn fit und einigermaßen optimistisch.

Die Angaben des Gesprächspartners sind zwar schlüssig und authentisch, er scheint jedoch unter Gedächtnis- und Rekonstruktionsproblemen zu leiden. Daher könnten Details seiner Angaben deutlich verzerrt oder konstruiert sein. Nach einem vielfach tragischen Leben scheint der Interviewte sich nach seinen Therapien stabilisiert zu haben.

Fall 7: Frau B.U. (60)

Die Gesprächspartnerin berichtet, dass sie vor ihrem 20. Geburtstag schon zum Glücksspiel gekommen sei. Sie habe sich mit Gewerkschaftskollegen in einer Spielhalle getroffen. Sie habe nur aus Neugierde etwas gespielt und direkt am ersten Abend einen hohen Gewinn erzielt. Das habe sie wohl nachhaltig geprägt. Sie habe dann viele Jahre sporadisch, aber doch kontinuierlich gespielt. Die typische Atmosphäre in den Spielhallen habe ihr sehr gefallen. Dort herrsche eine spezielle Gemeinschaft, die ihr zur Heimat geworden sei. Sie habe ihr Glücksspiel zwar immer wieder einmal reduziert, aber sei nie länger als insgesamt vier Jahre abstinent gewesen. Sie sei auch öfter mit Arbeitskollegen zum Glücksspiel gegangen. Dass sie bis zu acht Stunden dort verbracht habe, sei nichts Ungewöhnliches gewesen. Sie habe immer Automatenspiel betrieben. Aktuell habe sie auch mit Tipico-Wetten begonnen. Dies aber im geringen Umfang. Sie sei schon seit 20 Jahren aufgrund einer chronischen Depression berentet. Zuvor habe sie auch psychosomatische Therapien absolviert.

Sie spiele seit 18 Jahren – nach einem persönlichen Coming-Out in Bezug auf ihr Glücksspielproblem – überwiegend zusammen mit ihrer Frau. Das sei eine gute Kontrolle für sie. Sie täten dies auch bewusst in Spielhallen in anderen Stadtteilen, damit der Aufwand höher sei. Derzeit würden sie alle zwei Wochen einmal in eine Spielhalle fahren, früher sei dies häufiger gewesen. Aber sie zögen sich auch gegenseitig bisweilen hinein. Meistens gelinge ihr aber ein „gemäßigtes Glücksspielen". Das Soziale in den Spielhallen sei ihr wichtiger als zu gewinnen. Die Vorteile des Glücksspielens sieht sie im Abschalten-Können. Man müsse nicht mehr nachdenken oder gar grübeln und könne sich wunderbar ablenken. Das Ganze sei wie eine Therapie. Diese wirke aber nur so lange, wie sie vor Ort sei. Seit zwei Jahren spiele sie auch online. Ihre Frau wisse davon, da sie ein gemeinsames Konto hätten. Sie verspiele dort etwa 200 € im Monat. Aber sie bevorzuge nach wie vor ganz klar das Glücksspiel in der Spielhalle.

Sie habe mehrere Behandlungen wegen ihrer Depression und Glücksspielsucht absolviert. Sie erkenne auch klar den Zusammenhang zwischen ihrer Depression und dem Glücksspiel. Sie fühle sich frei und unbeschwert, wenn sie spiele. Diesen Zustand könne sie nicht auf eine andere Weise herstellen. Das Glücksspiel sei für sie der beste Weg zur Depressions- und Stressreduktion. Sie habe noch nichts Besseres kennengelernt. Sie wolle jetzt so „gemäßigt" weiterspielen. Das Glücksspiel sei die beste, aber auch teuerste Depressionstherapie, die sie je gehabt habe.

Fall 8: Herr A. M. (66)
Der Gesprächspartner berichtet, dass er in das Glücksspiel geraten sei, weil seine ältere Schwester in einer Spielhalle gearbeitet habe. Dort habe er – neben dem Billardspielen – sehr früh ein hohes Gewinnerlebnis an einem Spielautomaten erlebt. Er sei damals 19 Jahre alt gewesen und habe mit dem Einsatz von 1 DM direkt 60 DM gewonnen. Dies habe ihn sehr geprägt. Er habe erst nur sporadisch gespielt, später auch ohne die Anwesenheit seiner Schwester. Nach einem Wohnortwechsel habe er am neuen Standort wieder mit dem Glücksspiel begonnen. Er habe dann mit 31 Jahren an einem „Rouletteautomaten" 10.000 DM gewonnen. Dies sei für ihn ein absolutes Schlüsselerlebnis gewesen, das ihn nicht mehr losgelassen habe. Von diesem Großgewinn habe er seiner Partnerin berichtet, die er am neuen Wohnort kennengelernt habe. Ansonsten habe er heimlich gespielt, insbesondere was die Verluste anging. Dadurch, dass er und seine Frau durch Schichtarbeit unterschiedliche Arbeitszeiten gehabt hätten, sei ihm viel Freizeit geblieben, die er sehr oft und später regelmäßig zum Glücksspiel genutzt habe. Er habe auch keine Kinder bekommen, weil das Leben, das er führte, viel zu unstet gewesen sei.

Im Laufe seines Lebens habe sich das Glücksspielverhalten langsam, aber kontinuierlich, gesteigert. Er berichtet, dass er phasenweise eine gute Kontrolle gehabt habe, in anderen Phasen aber ganz und gar nicht. Am Ende habe er täglich bis zu sechs Stunden gespielt. Die Trennung von seiner Frau sei vor 30 Jahren erfolgt. Nach einigen Jahren habe er eine neue Partnerin kennengelernt und sei in eine andere Stadt gezogen. Er habe sich dort aber nicht wohl gefühlt. Auch die neue Partnerschaft habe sich zusehends verschlechtert. Er sei dann auch immer häufig in die Spielhalle statt zu Kunden gegangen. In dieser Zeit habe er manchmal den ganzen Tag in der Spielhalle verbracht. Irgendwann seien seine Machenschaften in Beruf und Beziehung aber aufgeflogen. Die Partnerin habe ihn dann zur Beratungsstelle „geschleppt". Dann sei eine stationäre Therapie erfolgt. Er habe zwischenzeitlich auch eine Depression entwickelt, die dort mitbehandelt worden sei.

Wenige Monate nach der Therapie sei er rückfällig geworden. Er sei dabei auf Roulettespiel im Spielkasino umgestiegen. Als dies herauskam, habe sich seine Partnerin von ihm getrennt. Er sei dann mit ca. 15.000 € Schulden bis in die Sozialhilfe abgestürzt. Es habe eine völlige Verlagerung vom Automatenspiel zum Roulette gegeben, was zu noch höheren Verlusten geführt habe. Dabei habe er ein stärkeres Kontrollgefühl in Bezug auf das Spielergebnis gehabt. Gleichzeitig sei der „Kick" beim Roulette stärker gewesen, es habe ihn immer wieder sehr erregt. Er habe sich immer mehr nach unten gespielt, auch wieder Depressionen entwickelt. Schließlich habe er sich zu einer neuerlichen Therapie entschlossen. Die berufliche Laufbahn im Vertrieb über Jahrzehnte hätte seine Glücksspielsucht durch die vielen Reisetätigkeiten und Abwesenheitszeiten von zu Hause begünstigt. Er habe in der zweiten Therapie eine berufliche Umschulungsmaßnahme beantragt, die inzwischen umgesetzt sei. Er habe noch eine dritte (ambulante) Therapie gemacht, die ihm sehr viel gebracht habe. Er könne keine totale Abstinenz erreichen, betreibe aber viel risikoreduzierende Suchtverlagerung. So spiele er viel Online-Scrabble, ohne Geldeinsatz, aber in Meisterschaften. Dies fülle ihn sehr gut aus. Er bekomme dadurch viele soziale Kontakte, es mache Spaß und gebe ihm Sinn. Vom Kasinospiel sei er jetzt schon drei Jahre weg. Seit sieben Jahren sei er inzwischen in Rente und habe noch einen kleinen Nebenjob. Sein Leben als Rentner erlebe er positiv.

Er glaubt, dass in seiner Persönlichkeit eine Suchtstruktur angelegt sei. Diese bestehe im Drang nach Exzessen und Rauscherlebnissen. Herr A.M. habe eine insgesamt 40-jährige Karriere als Glücksspieler hinter sich. Inzwischen sei der Abstand zu diesem Leben gewachsen. Durch die Therapien und eigenes Interesse wisse er viel über die neurobiologischen Folgen der Glücksspielsucht und verstehe, dass man seine Verhaltensautonomie verliere. Er habe überwiegend problematische Beziehungen zu Frauen geführt. Dies hänge sehr mit seiner Glücksspielsucht zusammen. Er strebe jetzt – vier Jahre nach der letzten kurzen Beziehung – wieder eine neue Beziehung an.

Fall 9: Herr E.T. (67)
Herr E.T. spiele seit dem frühen Erwachsenenalter an Automaten. Außerdem habe er über Jahrzehnte Alkoholprobleme gehabt. Vor allem nach der Trennung von der ersten Partnerin (2002) habe sein Alkoholmissbrauch stark zugenommen. Er habe lange Zeit parallel Alkoholmissbrauch und problematisches Glücksspiel betrieben. Herr E.T. habe immer wieder Abstinenzphasen in Bezug auf Alkohol oder Glücksspiel gehabt, aber nicht mit beidem zugleich. Nach einer stationären Therapie sei er seit 2003 alkoholabstinent. In dieser Zeit sei er einerseits in der Alkoholsuchtselbsthilfe tätig gewesen, andererseits habe sein Glücksspiel mehr und mehr zugenommen. Nach einer zweiten stationären Therapie im Jahr 2018 sei er auch glücksspielabstinent. Zwischenzeitlich sei er in verschiedenen Suchtselbsthilfeorganisationen tätig gewesen. Das habe ihm viel gegeben.

Die ersten Kontakte zum Automatenspiel seien schon in der Kindheit entstanden. Sein Großvater habe ihn mit in Gaststätten genommen und dort gespielt. Er habe dort auch selbst immer wieder ein wenig spielen dürfen. In der Gymnasialzeit habe er auch sporadisch selbst in Gaststätten gespielt. Er habe lange Zeit kontrolliert gespielt. Ein vollkommener Kontrollverlust beim Glücksspiel sei erst 2014 eingetreten. Dann habe er in einzelnen Nächten bis zu 600 € an Automaten verloren. Er sei ein reiner Automatenspieler gewesen, habe keine Erfahrungen mit Online-Glücksspielen. In seiner extremen Spielzeit habe er sich völlig von Anderen, auch den Familienmitgliedern, zurückgezogen und das Interesse an Menschen verloren.

In seiner Familie sei der Großvater ein schwerer Alkoholiker gewesen, sonst seien keine Suchtkranken bekannt. Der Vater sei im Gegenteil sehr kontrolliert und korrekt gewesen, der Gegenpol zum Großvater. Herr E.T. lebe in einer Partnerschaft, die seit der Beendigung seiner Alkohol- und Glücksspielsucht besser geworden sei. Zuvor hätten sich die beiden auch einmal für zwei Jahre getrennt. Sie hätten auch insgesamt zehn Jahre eine Wochenendehe geführt. In dieser Zeit habe er viel Gelegenheit zum Trinken und für Glücksspiel gehabt. Seine Frau habe erst 2016 von seiner Glücksspielsucht erfahren. Auf dem Konto sei immer wieder zu wenig Geld gewesen. Er habe zwar gut verdient, aber die Verluste durch das Glücksspiel seien einfach zu hoch gewesen. Sie hätten auch nach seiner zweiten stationären Therapie eine Paartherapie absolviert. Es gebe zwei erwachsene Töchter, die über die Alkoholsucht, aber nicht über die Glücksspielsucht Bescheid gewusst hätten. Er habe ihnen erst nach seiner Therapie davon erzählt. Er sei seit fünf Jahren berentet wegen einer Schwerbehinderung. Er habe zuvor 30 Jahre als Ingenieur gearbeitet. Die erste Zeit nach der Berentung sei für Herrn E.T. schwierig gewesen, er habe innere Leere empfunden, weil er zuvor sehr viel gearbeitet habe. Er habe sein Leben als Rentner erst strukturieren und füllen müssen. Dies sei ihm inzwischen gelungen. Er habe eine größere Angst vor einem Glücksspiel- als vor einem Alkoholrückfall.

Jahrelange Besuche von Suchtselbsthilfegruppen und ein starkes Engagement im Ehrenamt hätten ihm bei der Überwindung der Sucht und der Festigung der Abstinenz sehr geholfen. Dies alles hat sein Leben entscheidend zum Positiven hin verändert.

Fall 10: Herr J. T. (60)

Herr J.T. berichtet, dass er seit 12 Jahren glücksspielfrei sei und seit 28 Jahren alkoholabstinent lebe. Er habe in der Vergangenheit sowohl eine Alkohol- als auch eine Glücksspielsucht entwickelt. Bei ihm habe sich die Glücksspielsucht (Online-Poker) als Suchtverlagerung von der früheren Alkoholsucht entwickelt. Er habe dabei direkt hohe Gewinne erzielt, was für ihn einen unwiderstehlichen Anreiz zum Weitermachen darstelle. Am Ende habe er drei Jahre lang fast während des ganzen Tages online gepokert. Die Funktion des Glücksspiels sei für ihn ganz klar die Flucht aus dem grauen Alltag (Eskapismus). Besonders vor unangenehmen Gefühlen habe ihn das Glücksspiel abgeschirmt. Er habe sich mit dem Glücksspiel „dicht" gemacht.

Er sei als Kind in einer sektenähnlichen Gemeinschaft mit seinen Eltern groß geworden. Viele Dinge, die zur normalen Lebensbewältigung gehören, habe er dort nicht gelernt. Er sei sehr abhängig von anderen gewesen, die ihm gesagt hätten, was er tun solle und was er nicht tun dürfe. Er habe sich wegen vieler Dinge geschämt, sei konfliktunfähig, voller Schuldgefühle und unselbstständig gewesen. Vor 35 Jahren sei er aus der Sekte ausgestiegen. Dann habe er aber nicht selbstständig leben können und im Alkohol eine Alltagsstütze gefunden. Im Jahr 2011 habe er eine stationäre Therapie gemacht. Diese habe ihm sehr geholfen. Zuvor sei er schon zu einer Selbsthilfegruppe gegangen. Nach der Therapie habe er mehr als zehn Jahre lang eine Suchtselbsthilfegruppe geleitet. Da habe er gemerkt, dass andere Personen ihm helfen können und er anderen Personen helfen könne. Dies sei eine besonders wichtige Erfahrung gewesen.

Beruflich arbeite er seit seinem Ausstieg aus der Glücksspielsucht selbstständig im Home-Office im Presse- und Medienbereich. Er betreue dort psychologische Themen. Dies habe ihm im Umgang mit Emotionen sehr geholfen. Er sei seit 25 Jahren verheiratet. Aus der Ehe gebe es keine Kinder. Er habe sich nach seinen negativen Erfahrungen mit der Sekte in seiner Kindheit keine Kinder gewünscht. Er habe seine Frau kurz nach dem Eintritt seiner Alkoholabstinenz kennengelernt. Er habe mit seiner Frau alle Höhen und Tiefen erlebt. Am Ende habe er ihre alle Geheimnisse und Lügen gestanden. Sie habe zunächst gefragt, was sie falsch gemacht habe. Sie hätte bis dahin nichts gemerkt gehabt. Er habe ihr dann erläutert, dass es sein Problem sei, in das er sich selbst hineinmanövriert habe. Er habe seinen persönlichen Tiefpunkt erlebt, als er nicht mehr weitergewusst, kein Geld mehr gehabt habe, völlig in sich gekehrt gewesen sei und nur noch „schwarze Gedanken" gehabt habe. Nach seiner dreijährigen exzessiven Glücksspielphase sei er ein seelisches Wrack gewesen. Er habe Depressionen und Suizidgedanken gehabt. Es habe sich angefühlt, als ob er in einem tiefen schwarzen Loch gefangen sei. Er habe aus Angst vor der Hölle keinen Suizid begangen. Ihm sei dann klargeworden, dass er umkehren und sein Leben auf den Kopf stellen müsse. Seine heutige Abstinenz sehe er als Gnade und Geschenk einer höheren Macht an.

In dieser Phase habe auch sein Arbeitskollege in der Selbstständigkeit von seinem exzessiven Glücksspielverhalten mitbekommen. Dieser habe daraufhin die gemeinsame Firma aufgelöst. Heute arbeite er im Angestelltenverhältnis. Er wolle noch vier bis fünf Jahre arbeiten. Er habe noch große Pläne für das gemeinsame Leben mit seiner Frau. Er fühle sich in seiner Abstinenz inzwischen ausreichend gefestigt. Deshalb besuche er seit Kurzem auch keine Selbsthilfegruppe mehr. Er wolle sich jetzt mit individuellen Maßnahmen weiterentwickeln, bewusst und achtsam leben. Er habe inzwischen so viel über sich erfahren und reflektiert, dass er für die Zukunft hoffnungsvoll sei.

Fall 11: Frau U. T. (62)
Die Glücksspielproblematik bei Frau U. T. habe vor acht Jahren begonnen. Sie habe mit Freunden eine Spielbank besucht. Dies habe sie fasziniert und nicht mehr losgelassen. Sie habe aber davor (seit 2002) schon sporadisch gespielt. Sie sei nach dem Spielbankbesuch mit den Freunden immer häufiger alleine zum Glücksspiel gegangen. Sie habe in ihrer Kindheit viel Armut erlebt, und Geld habe eine magische Bedeutung für sie. Sie sei das elfte von elf Kindern ihrer Mutter. In ihrer Kindheit und Jugend habe sie – auch wegen der desolaten Familiensituation – keine Freundinnen und Freunde gehabt und viel Zurückweisung erlebt. Darunter habe ihr Selbstwertgefühl sehr gelitten. Sie habe auch immer wieder Essprobleme und starkes Übergewicht gehabt. Im Spielkasino habe sie eine Art Heimat, eine soziale Gemeinschaft, gefunden. Neben dem Roulettespielen im Kasino habe sie auch immer kleine Glücksspiele (u. a. Rubbellose) betrieben.

Sie habe inzwischen mehrere ambulante und stationäre Therapien gemacht und besuche auch Suchtselbsthilfegruppen. Sie sei jedoch nicht restlos aufrichtig dort. Das belaste sie, aber sie könne nicht anders. Sie fürchte, dass sie so den Durchbruch gegenüber dem Glücksspiel nicht schaffe. Die erste stationäre Therapie sei vor sechs Jahren gewesen, eine zweite vor zwei Jahren. Rückfälle seien jeweils schleichend gekommen, zunächst mit sporadischem Glücksspielen, dann häufiger und exzessiver. Sie sei durch ihren Mann finanziell kontrolliert worden (gemeinsames Konto). Dies habe zu vielen Konflikten geführt. Sie habe derzeit noch 60.000 € Schulden. Monatlich zahle sie 1.000 € davon ab. Sie spiele immer noch heimlich am Smartphone mit kleineren Beträgen.

Sie sieht die Ursachen ihres Glücksspielens – neben dem sozialen Anreiz dazuzugehören – im Reiz des Glücksspiels selbst und ihrer Gier nach Geld. Sie habe auch anfangs einmal 9.000 € an einem Abend gewonnen. Durch das Glücksspiel habe sie sich langfristig verändert. Sie sei gereizter, unehrlicher geworden und habe wegen der langen Nächte im Kasino unter ständiger Müdigkeit gelitten. Sie sei aber auch jetzt noch oft müde und erschöpft.

Die bald anstehende Berentung sei ein kritisches Thema für sie. Sie fürchte sich vor der vielen Freizeit und würde gerne länger arbeiten. Sie habe aber manche Hobbys, die sie ausbauen könne. Sie habe im Jahr 2020 eine Krebserkrankung erlitten, die sie aber jetzt überstanden habe. Das habe sie zusätzlich stark belastet.

In der Familie gebe es viele Personen mit Depressionen und suizidalen Tendenzen, aber keine Suchtkranken. Auch sie habe diese Tendenzen. Ihr Glücksspielverhalten habe ihr emotionalen Aufschwung und Berauschung verschafft, jedenfalls am Anfang. Sie habe aber auch die depressiven Phasen nach Verlusten gefürchtet.

Fall 12: Herr H. D. (65)

Herr H. D. habe nach seiner Scheidung mit stärkerem Glücksspiel begonnen. Er habe zwar vorher schon sporadisch gespielt, jedoch kein Problem damit erlebt. Früher habe er nur Lotto gespielt, nach seiner Scheidung habe er mit Sportwetten begonnen. Beim Lotto habe er mit 21 Jahren einmal einen großen Gewinn (5 Richtige) gemacht. Dies habe ihn dann in der Folge ans Lottospielen gebunden. Durch die viele Freizeit und innere Leere nach der Scheidung habe er sich belastet gefühlt. In dieser Zeit habe er dann Sportwetten für sich entdeckt. Die Sportwetten, die er dann exzessiv betrieben habe, hätten ihn abgelenkt und ihm auch einen „inneren Kick", eine Erregung, gebracht. Diese Erregung sei stärker und schneller als beim Lotto, und er habe sie immer wieder gesucht. Er habe nur Sportwetten betrieben, diese aber immer mehr ausgeweitet, auf verschiedenste Sportarten und zu immer mehr Zeiten. Seinen Beruf in einem Kaufhaus habe er mehr und mehr vernachlässigt. Er sei innerlich völlig mit den Gedanken ans Glücksspiel besetzt gewesen. In einem Monat habe er von seinem – nach der Scheidung – knappen Geld bis zu 400 € im Monat „verzockt". In der schlimmsten Phase seines Glücksspielens habe er bis zu 500 € in der Woche „verzockt".

Er habe sich als Kontrollmaßnahme immer wieder für die Sportwetten sperren lassen. Dies habe sein exzessives Glücksspielverhalten dann für eine gewisse Zeit gedämpft. Er habe sich in anderen Phasen auch auf risikoärmere Wetten konzentriert, um die Verluste zu begrenzen.

Er lebe derzeit alleine. Nach seiner Scheidung habe er hin und wieder kurze Beziehungen gehabt. Zuletzt eine Frau, mit der er zusammen war, versucht, ihn zu einer engeren Beziehung zu bewegen, da sie schwanger geworden sei. Er habe jedoch herausgefunden, dass dieses Kind nicht von ihm gewesen sei und daraufhin enttäuscht die Beziehung beendet. Nach dieser Erfahrung wolle er derzeit keine neue Beziehung, sei aber für die spätere Zukunft dafür offen.

Herr H. D. habe noch keine Therapie gemacht. Er sehe darin keinen Sinn, solange er nicht völlig mit dem Glücksspiel aufhören wolle. Er wolle sein Glücksspiel in Zukunft auf 100 € im Monat begrenzen. Er habe in der Vergangenheit stets alles mit sich alleine ausgemacht, könne sich schlecht öffnen. Die Sperren seien für ihn ein passendes Mittel, sein Glücksspielverhalten zu begrenzen. Er habe lediglich mit seinem Bruder darüber gesprochen. Der habe auch Verständnis für ihn gezeigt. Er habe seinem Bruder inzwischen alle Schulden, die er bei ihm wegen seines Glücksspiels gemacht hatte, zurückzahlen können. Das habe der Beziehung geholfen. Derzeit sei er in einer schuldenfreien Situation. Das mache ihn froh. Er wolle sein Glücksspielverhalten auch in Zukunft so weit kontrollieren, dass er keine neuen Schulden mache. Er habe Furcht vor der im Herbst des nächsten Jahres anstehenden Berentung. Dann stehe ihm deutlich weniger Geld zur Verfügung, und er müsse dann auch sein Glücksspielverhalten weiter begrenzen.

4.7 Fazit

Die interviewten Personen weisen sehr unterschiedliche Lebensläufe hinsichtlich Lebensereignissen und biografischer Entwicklung auf. Die erhobenen Daten sind nicht repräsentativ für ältere Glücksspielerinnen und Glücksspieler, da hierfür eine wesentlich breitere Datenbasis erforderlich gewesen wäre. Die zwölf ausgewählten Gesprächspartnerinnen und Gesprächspartner decken jedoch vielfältige Symptomlagen, Lebensläufe und soziale Milieus ab. Insofern ist davon auszugehen, dass die Befragung trotz der grundsätzlich nicht gegebenen Repräsentativität eine große Breite der möglichen und vorhandenen Erfahrungen und Verläufen abdeckt. Die angewandte Forschungsstrategie problemzentrierter Interviews ist hypothesengenerierender Natur. Sie erlaubt nicht, vorformulierte Hypothesen kausalanalytisch zu testen. Die Limitation der qualitativen Befragungsstudie liegt in der Begrenztheit der Auswahl und der Unmöglichkeit der Generalisierung der Ergebnisse. Diese können nur vorläufige weiterführende Hypothesen anregen, die dann zu überprüfen sind.

Insgesamt überwiegen heterogene Verhaltensmuster, was im Wesentlichen der breiten Selektion an Gesprächspartnerinnen und Gesprächspartnern geschuldet sein dürfte. Bei einer Person (Fall 2) ist von einem medikamenteninduzierten Beginn der Glücksspielproblematik (erhöhte Risikobereitschaft, veränderte Reizverarbeitung) im Rahmen einer Morbus Parkinson-Medikation auszugehen (Wolfschlag/Håkansson 2023). Dies sollte auch Thema glücksspielsuchtbezogener Prävention bei neurologischen Fachdiensten werden.

Gemein ist zwei Dritteln ein lebensgeschichtlich früher Beginn mit dem Glücksspiel, das sie dann trotz Unterbrechungen im Wesentlichen nicht mehr losgelassen hat (early-onset-Pfad). Dieser Befund deckt sich mit der internationalen Forschung, nach der eine enge Assoziation zwischen einem frühen Start der Glücksspielteilnahme (early-onset) und einer langen Glücksspielerkarriere bis hin zum höheren Erwachsenenalter festgestellt wurde (Granero et al. 2020b; Tse et al. 2012). Die Glücksspielproblematik verläuft bei den allermeisten Interviewten mit einer starken persistierenden Zyklik über Jahrzehnte. Erst durch mehrere Therapien ist es den meisten Betroffenen gelungen, eine dauerhafte Abkehr oder wenigstens Reduktion vom Glücksspiel zu schaffen. Auf dem Weg dorthin haben fast alle Phasen der Rückfälligkeit erlebt. Alle haben eine intensive Phase der Fremdmotivierung durch Partner, Freunde oder Vorgesetzte durchlebt, bis sie Veränderungsschritte unternommen haben. Andernfalls wären sie nicht oder noch nicht in ihren Veränderungsprozess eingestiegen. Auch wenn das Glücksspielen bei den meisten über Jahrzehnte in volatiler Form angehalten hat, hat die Mehrzahl von ihnen einen Ausstieg (Abstinenz) oder eine deutliche Reduktion des Problemverhaltens beschrieben. Durch die während der Glücksspielsucht sich verstärkenden Primärsymptomatiken (Depression, Einsamkeit, Hyperstress) und die eingetretenen negativen Folgen (Depression, Suizidalität, Trennungen) wird deutlich, wie hoch der psychologische Preis des exzessiven Glücksspiels für die Betroffenen und Angehörigen über Jahrzehnte ist.

Das Alter der Betroffenen steht jedoch überwiegend nicht in Zusammenhang mit dem Beginn einer Glücksspielproblematik. Die allermeisten zeigen eine early-onset-Biografie in Bezug auf das Glücksspiel mit jahrzehntelangem, teils schwerwiegendem Verlauf. Dieses Forschungsergebnis unterstreicht, wie wichtig eine Verstärkung der Präventions- und Interventionsanstrengungen in Bezug auf Glücksspielsucht ist. Dies sollte sich auch auf das Lebensereignis „Berentung" beziehen, weil dort einerseits ein günstiger Ausstiegspunkt aus der Glücksspielproblematik liegt, andererseits aber auch ungünstigen Entwicklungen vorgebeugt werden sollte. Die meisten Interviewten berichten, dass sie sich beim Ausstieg aus der Glücksspielsucht vor einem Übermaß innerer Leere und Einsamkeitsgefühlen fürchteten. In der Prävention und Behandlung sollte daher, gerade bei älteren Glücksspielenden, ein besonderer Wert auf Sinnstiftung und Werteorientierung gelegt werden.

Wie in der internationalen Forschung festgestellt wurde (vgl. Black et al. 2017), bevorzugen viele der Interviewten (noch) das klassische Automatenspiel in einer Spielhalle. Hinzu kommt eine erhöhte Zahl von Personen mit Sport- und Börsenwetten. Nur wenige zeigten einen Umstieg von einer Glücksspielform auf eine andere Glücksspielform. Was die künftige Entwicklung des Glücksspielens im Alter angeht, ist von einer stärker digital geprägten Problematik auszugehen. Bedingt durch die Ausbreitung von Online-Glücksspielangeboten dürfte mit hoher Wahrscheinlichkeit mit einer zunehmenden digitalen Teilnahmeprävalenz in der Bevölkerung zu rechnen sein (vgl. Hayer/Kalke 2022). Dieser Umstand könnte auf lange Sicht altersübergreifend in einer erhöhten Problemprävalenz münden.

Um die psychosozial hochproblematischen Langzeitverläufe, wie sie sich in den meisten Interviews widerspiegeln, zu vermeiden, bedarf es verstärkter Bemühungen im Bereich der Primärprävention (Vermeidung des Einstiegs) und der indizierten Prävention (Verhaltensveränderung bei Erstauffälligkeiten). Bemerkenswert ist, dass sich bei den meisten Interviewten eine psychische Problematik vor dem Einstieg in das Glücksspiel gezeigt hat. Diese muss nicht unbedingt in einer bereits vollumfänglich krankheitswertigen Diagnose (vor allem Depression oder Persönlichkeitsstörung) bestehen, sondern kann sich auch auf eine beginnende Problematik in diesen Bereichen beziehen.

Neben umfassender und entwicklungsbegleitender Prävention der Glücksspielsucht ist der Ausbau niedrigschwelliger Beratungs- und Therapieangebote zu empfehlen, um den häufig jahrzehntelangen problematischen Verlauf der Glücksspielstörungen erfolgreich zu behandeln. Dabei ist nach den Berichten von etwa der Hälfte der Interviewten die Selbsthilfe für Glücksspielende ein wichtiges Begleitelement, auf das immer hingewiesen werden sollte (vgl. Hayer/Girndt/Brosowski 2020). Bei allen professionellen Angeboten (Beratung, ambulante und stationäre Therapie) und den Selbsthilfen ist die stärkere Nutzung von Online-Ressourcen zu empfehlen. Dies gilt auch in zunehmendem Maße für ältere betroffene Menschen. Gerade weil sie oft nicht mehr mobil sind oder wenn sie weitab von größeren Städten wohnen, bieten onlinegestützte Selbsthilfeangebote gute Möglichkeiten der Teilhabe.

Wegen der hohen Komorbidität der Glücksspielsucht mit Substanzsüchten und anderen psychischen Störungen (vor allem aus dem Bereich der affektiven Störungen, schwerpunktmäßig unipolare Depression) sind auch psychiatrische und psychotherapeutische Leistungserbringer stärker zu sensibilisieren. Dies sollte sich auf den Bereich der gesamten Lebensspanne, also auch für das höhere Erwachsenenalter und das Rentenalter beziehen. Schließlich ist wegen der häufig intermittierend auftretenden Suizidalität auch eine enge und stärkere Kooperation mit Diensten in diesem Bereich (Krisenintervention, Notruf, psychiatrische Akutstationen) anzuraten.

Da bei der Hälfte der Interviewten – teilweise trotz professioneller Behandlungsangebote – nach der Berentung kein Ausstieg aus der Glücksspielproblematik gelungen ist, sollte auch eine engere Kooperation zwischen den glücksspielbezogenen Suchthilfen und den Beratungsdiensten für Seniorinnen und Senioren etabliert werden. Mehrere der Befragten berichteten über ein Defizit an sinnvollen Tätigkeiten im Alter, verbunden mit der Angst, kein sinnerfülltes Leben führen zu können. Anderen gelang es, befriedigende und ausfüllende Tagesroutinen zu gestalten. Gerade nach der Berentung stellt sich für Menschen die Frage nach sinnvollen und befriedigenden Lebensinhalten. Sie merken zwar immer stärker, dass dies nicht durch das Glücksspiel erfüllt werden kann, aber finden nicht in jedem Fall befriedigende Alternativen. Hierfür sollten spezifische Angebote für glücksspielsüchtige Menschen im Alter durch fachgerechte Kooperationen zwischen Suchthilfe und altersspezifischen Hilfen entwickelt werden.

4.8 Literatur

Black, D. W., Coryell, W., McCormick, B., Shaw, M./Allen, J. (2017). A prospective follow-up study of younger and older subjects with pathological gambling. Psychiatry Research, 256, 162–168.

Bormann, N. L., Allen, J., Shaw, M./Black, D. W. (2019). Religiosity and chance beliefs in persons with DSM-IV pathological gambling enrolled in a longitudinal follow-up study. Journal of Gambling Studies, 35, 849-860.

Botterill, E., Gill, P. R., McLaren, S./Gomez, R. (2016). Marital status and problem gambling among Australian older adults: The mediating role of loneliness Journal of Gambling Studies, 32, 1027–1038.

Charité – Universitätsmedizin Berlin (o. D.). Glücksspiele und Spielprobleme – Selbsthilfemanual. Habe ich ein Problem mit dem Glücksspielen? Und wenn ja – Wie kann ich damit umgehen? Berlin: AG-Spielsucht – Klinik für Psychiatrie und Psychotherapie. Verfügbar unter: https://ag-spielsucht.charite.de/fileadmin/user_upload/microsites/ohne_AZ/m_cc15/ag-spielsucht/SelbsthilfemanualGS.pdf (abgerufen am 19.10.2021).

Chen, R. J./Dong, X. Q. (2015). The prevalence and correlates of gambling participation among community-dwelling Chinese older adults in the U.S. Aims Medical Science, 2, 90-103.

Chou, K.-L./Cheung, K. C.-K. (2013). Major depressive disorder in vulnerable groups of older adults, their course and treatment, and psychiatric comorbidity. Depression and Anxiety, 30, 528–537.

Dennis, C. B., Davis, T. D., Chang, J./McAllister, C. (2017). Psychological vulnerability and gambling in later life. Journal of Gerontological Social Work, 60, 471–486.

Elton-Marshall, T., Wijesingha, R., Sendzik, T., Mock, S. E., van der Maas, M., McCready, J., Mann, R. E./Turner, N. E. (2018). Marital status and problem gambling among older adults: An examination of social context and social motivations. Canadian Journal on Aging, 37, 318–332.

Granero, R., Jiménez-Murcia, S., del Pino-Gutiérrez, A., Mena-Moreno, T., Mestre-Bach, G., Gómez-Peña, M., Moragas, L., Aymamí, N., Giroux, I., Grall-Bronnec, M., Sauvaget, A., Codina, E., Vintró-Alcaraz, C., Lozano-Madrid, M., Camozzi, M., Agüera, Z., Martín-Romera, V., Sánchez-González, J., Casalé, G., Sánchez, I., López-González, H., Munguía, L., Valenciano-Mendoza, E., Mora, B., Baenas-Soto, I., Menchón, J. M./Fernández-Aranda, F. (2020a). Gambling phenotypes in older adults. Journal of Gambling Studies, 36, 809–828.

Granero, R., Jiménez-Murcia, S., Fernández-Aranda, F., Del Pino-Gutiérrez, A., Mena-Moreno, T., Mestre-Bach, G., Gómez-Penã, M., Moragas, L., Aymamí, N., Giroux, I., Grall-Bronnec, M., Sauvaget, A., Codina, E., Vintró-Alcaraz, C., Lozano-Madrid, M., Camozzi, M., Aguëra, Z., Sánchez-González, J., Casalé-Salayet, G., Sánchez, I., López-González, H., Baenas, I./Menchón, J. M. (2020b). Contribution of stressful life events to gambling activity in older age. Ageing and Society. DOI: 10.1017/S0144686X20001592.

Granero, R., Penelo, E., Stinchfield, R., Fernandez-Aranda, F., Savvidou, L. G., Fröberg, F., Aymamí, N., Gómez-Peña, M., Pérez-Serrano, M., del Pino-Gutiérrez, A., Menchón, J. M./Jiménez-Murcia, S. (2014). Is pathological gambling moderated by age? Journal of Gambling Studies, 30, 475–492.

Guillou Landreat, M., Cholet, J., Grall Bronnec, M., Lalande, S./Le Reste, J. Y. (2019). Determinants of gambling disorders in elderly people. Frontiers in Psychiatry, 10:837.

Hayer, T., Girndt, L./Brosowski, T. (2020). Die Bedeutung der Selbsthilfe in der Versorgung pathologischer Glücksspieler*innen: Nutzen, Grenzen und Optimierungspotenziale. Bremen: Universität Bremen.

Hayer, T./Kalke, J. (2022). Effekte von Maßnahmen des Spielerschutzes beim Online-Glücksspiel: Ein systematischer Review. Sucht, 68, 169–188.

Klein, M. (2022). Einsame Menschen in der Psychotherapie – Ursachen, Zusammenhänge und Hilfen bei chronischer Einsamkeit. Psychotherapie im Dialog, 23, 37–41.

Medeiros, G. C., Leppink, E., Yaemi, A., Mariani, M., Tavares, H./Grant, J. (2015). Gambling disorder in older adults: A cross-cultural perspective. Comprehensive Psychiatry, 58, 116–121.

Parke, A., Griffiths, M., Pattinson, J./Keatley, D. (2018). Age-related physical and psychological vulnerability as pathways to problem gambling in older adults. Journal of Behavioral Addictions, 7, 137–145.

Sharman, S., Butler, K./Roberts, A. (2019). Psychosocial risk factors in disordered gambling: A descriptive systematic overview of vulnerable populations. Addictive Behaviors, 99 (106071). DOI: 10.1016/j.addbeh.2019.106071.

Statistisches Bundesamt (2021). Verfügbar unter www.destatis.de/DE/Themen/Gesellschaft-Umwelt/Bevoelkerung/Bevoelkerungsstand/Tabellen/liste-altersgruppen.html (abgerufen am 09.12.2022).

Subramaniam, M., Wang, P., Soh, P., Vaingankar, J. A., Chong, S. A., Browning, C. J./Thomas, S. A. (2015). Prevalence and determinants of gambling disorder among older adults: A systematic review. Addictive Behaviors, 41, 199–209.

Tira, C., Jackson, A. C./Tomnay, J. E. (2014). Pathways to late-life problematic gambling in seniors: A grounded theory approach. Gerontologist, 54, 1035–1048.

Tirachaimongkol, L. C., Jackson, A. C./Tomnay, J. E. (2010). Pathways to problem gambling in seniors. Journal of Gerontological Social Work, 53, 531–546.

Tse, S., Hong, S. I., Wang, C. W./Cunningham-Williams, R. M. (2012). Gambling behavior and problems among older adults: A systematic review of empirical studies. Journals of Gerontology - Series B: Psychological Sciences and Social Sciences, 67 B, 639–652.

Wolfschlag, M./Håkansson, A. (2023). Drug-induced gambling disorder: Epidemiology, neurobiology, and management. Pharmaceutical Medicine. DOI: 10.1007/s40290-022-00453-9.

van der Maas, M., Mann, R. E., McCready, J., Matheson, F. I., Turner, N. E., Hamilton, H. A., Schrans, T./Ialomiteanu, A. (2017). Problem gambling in a sample of older adult casino gamblers: Associations with gambling participation and motivations. Journal of Geriatric Psychiatry and Neurology, 30, 3–10.

5 Forschungsmodul 4: Quantitative Befragung von älteren Glücksspielenden – Ausgewählte Analysen nach soziodemografischen und glücksspielbezogenen Merkmalen

Veronika Möller, Jens Kalke

5.1 Hintergrund und Zielsetzung

Das höhere Lebensalter (60+ Jahre) bringt oftmals einen größeren Anteil an freier Zeit mit sich, aber zugleich auch neue Herausforderungen, wie zunehmende körperliche Einschränkungen oder den Verlust nahestehender Personen. Im Zuge des demografischen Wandels und einer stetig steigenden Lebenserwartung werden suchtbezogene Störungen im fortgeschrittenen Alter zunehmend diskutiert. International gibt es eine wachsende Zahl an Untersuchungen, wie und mit welchen Konsequenzen diese Altersgruppe das Glücksspiel als Freizeitbeschäftigung nutzt. In Deutschland fehlen solche spezifischen Untersuchungen dieser Altersgruppe trotz der alternden Gesellschaft bisher.

Eine Glücksspielteilnahme im fortgeschrittenen Alter verkörpert keineswegs eine Seltenheit; die Angaben für die 12-Monatsprävalenz schwanken je nach Land und Studie zwischen 27 % und 86 % (Tse et al. 2012). Befunde des aktuellen Glücksspiel-Surveys 2021 zeigen für Deutschland, dass die 12-Monatsprävalenz einer Glücksspielteilnahme bei den 56- bis 70-Jährigen annähernd so hoch ausfällt wie bei den Altersgruppen zwischen 26 und 55 Jahren: 29,8 % im Vergleich zu 31,2 % bis 33,8 % (Buth/Meyer/Kalke 2022). Diese Aussage besitzt für beide Geschlechter Gültigkeit (ältere

Männer: 35,0 %; ältere Frauen: 24,8 %). Eine mindestens wöchentliche Teilnahme an Glücksspielen in den letzten 12 Monaten geben 14,6 % der 56- bis 70-Jährigen an – dies ist der zweithöchste Wert nach den 36- bis 45-Jährigen.

Im internationalen Kontext stellt sich der Anteil problematisch oder pathologisch Glücksspielender im fortgeschrittenen Alter in einer extremen Bandbreite dar: So reichen die Werte für die Lebenszeitprävalenz von 0,01 % (65–74 Jahre, Dänemark) bis 10,6 % (65+ Jahre, Connecticut/USA) und die Werte für die aktuell problematisch oder pathologisch Glücksspielenden von 0 % (61+ Jahre, USA) bis 1,2 % (60+ Jahre, Manitoba/Kanada) (Subramaniam et al. 2015). Buth et al. (2022) konnten im Rahmen ihrer Bevölkerungsumfrage hierzulande bei 0,9 % der 56- bis 70-Jährigen glücksspielbezogene Störungen aufzeigen: bei 0,4 % eine leichte Glücksspielstörung; bei 0,4 % eine mittelschwere Glücksspielstörung; bei 0,1 % eine schwere Glücksspielstörung. Diese Werte liegen somit unterhalb der Größenordnung für die gesamte Stichprobe der 18- bis 70-Jährigen (2,3 % mit einer Glücksspielstörung).

Übergeordnetes Ziel der vorliegenden quantitativen Auswertung einer nicht-repräsentativen Gelegenheitsstichprobe ist es, mögliche Besonderheiten in der Gruppe der älteren Glücksspielenden herauszuarbeiten. Das können sowohl soziodemografische als auch glücksspielbezogene Merkmale sein. Zu diesem Zweck wurde entschieden, insgesamt vier Gruppenvergleiche innerhalb der älteren Glücksspielenden durchzuführen: a.) nach dem Geschlecht (Frauen vs. Männer), b.) nach der Lebenssituation (alleinlebend vs. nicht-alleinlebend), c.) nach dem Zeitpunkt des Beginns des regelmäßigen Glücksspielens um Geld (vor vs. nach dem 60. Lebensjahr bzw. early-starter vs. late-starter) und d.) nach dem Problemspielverhalten (belastet vs. nicht-belastet). Bei diesen vier Gruppenvergleichen wurden jeweils einheitlich die folgenden Kriterien ausgewertet: Spieleinsätze, Teilnahmemotive, psychische Gesundheit, negative Folgen des Glücksspielens, Lebensqualität sowie Betroffenheit von Familienmitgliedern durch die Glücksspielprobleme. Ferner gibt es eine abschließende Auswertung, die die Akzeptanz von verschiedenen Maßnahmen des Spieler- und Jugendschutzes bei den älteren Glücksspielenden umfasst.

Mit einer derart angelegten Konzeption von Gruppenvergleichen ist das explorative Ziel verbunden, mögliche Besonderheiten in der Gruppe der älteren Glücksspielenden kenntlich zu machen, um eine empirische Grundlage für präventive Ansätze in der entsprechenden Zielgruppe zu erhalten. Denn es besteht ein großes Erkenntnisdefizit bezogen auf wirksame Präventionsansätze bei älteren Glücksspielenden (Matheson et al. 2018). Aus diesem Grund bedarf es auf Basis empirischer Daten der Ableitung von Ansatzpunkten für Präventions- und Hilfemaßnahmen, die passgenau an den Bedürfnissen dieser Altersgruppe ausgerichtet sind.

5.2 Methodik

Zielgruppe

Die Zielsetzung der Identifikation von Besonderheiten in der Gruppe der älteren Glücksspielenden bedingte eine spezifische Zielgruppe für die durchgeführte Befragung. Jene Eingrenzung gestaltete sich aufgrund fehlender allgemeinverbindlicher rechtlicher Definitionen der Begriffe „ältere Menschen" oder „Senioren" bzw. „Seniorinnen" als schwierig. Ebenfalls mangelt es im politischen oder fachöffentlichen Sprachgebrauch an festen Altersgrenzen für „ältere Personen". Auch der Blick in den internationalen Raum zeigt eine weit gefächerte Altersspanne von 50+ bis 65+ Jahren. Für dieses Projekt wurde entschieden, Personen ab 60 Jahren einzubeziehen. Dieser Wert liegt zum einen etwa in der Mitte der in der internationalen Literatur gewählten Altersgrenzen und verspricht zum anderen die Erreichung einer aussagekräftigen Fallzahl.

Konkret eingeschlossen wurden daher Personen, die mindestens 60 Jahre alt waren und, sofern sie persönlich vor Ort befragt worden sind, am Befragungstag ein Glücksspiel gespielt haben. Dabei sollte insgesamt ein Personenkreis erreicht werden, der über Erfahrungen mit unterschiedlichen Glücksspielarten und -settings verfügt. Entsprechend wurde dann auch die Stichprobenziehung gestaltet.

Datenakquise

Terrestrische Befragung

Die Rekrutierung einer vorab als hinreichend groß bestimmten Stichprobe von mindestens N = 400 erfolgte sowohl im terrestrischen Bereich (also direkt in bzw. im Umfeld von Spielstätten) als auch online. Für die terrestrische Stichprobe wurden in den fünf Spielsegmenten Lottoannahmestellen, Spielbanken (Glücksspielautomaten), Spielbanken (Tischspiel), Wettbüros und Spielhallen – vor oder in der Spielstätte – Personen angesprochen (aktuell gespielt und mindestens 60 Jahre alt) und gebeten einen 7-seitigen Fragebogen auszufüllen. Bei Bedarf erfolgte eine Hilfestellung (Beantwortung von Verständnisfragen, Vorlesen der Fragen etc.) beim Ausfüllen der Fragebögen durch geschulte studentische Hilfskräfte. Die Fragebögen wurden dann in eine geschlossene Box gesteckt. Das gesamte Befragungsprocedere erfolgte anonymisiert und unter Einhaltung von Corona-Schutzmaßnahmen. Die Glücksspielenden erhielten für die Teilnahme einen Sachwertgutschein im Wert von 10 € (Rewe etc.).

Die Befragungen fanden zwischen September 2021 und April 2022 in den Lottoannahmestellen im Einkaufszentrum Hamburger Meile, im ECE Billstedt, in Hamburg-Langenhorn, zwischen Oktober 2021 und April 2022 in der Spielbank Berlin, der Spielbank Bremen und der Spielbank Bad Zwischenahn, im November 2021 bei Tipico in Hamburg und im Juli und August 2022 in einer Spielhalle in Delmenhorst statt. Angestrebt war eine ungefähre Gleichverteilung der Fallzahlen (n = 80) in den jeweiligen Glücksspielsegmenten.

Der Umsetzung der terrestrischen Befragung standen teilweise große Hürden im Weg. Zum einen führte die Covid-19-Pandemie zeitweise zu Schließungen einzelner Spielstätten sowie zu einem Rückgang vor Ort spielender Personen aus diversen möglichen Gründen, wie etwa Unsicherheiten bezüglich des gesundheitlichen Risikos oder Zutrittsbeschränkungen unterschiedlicher Art (2G-, 3G-Regelungen). Zum anderen bestanden teilweise erhebliche Zugangsprobleme zu den Spielsegmenten Spielhallen und Sportwetten. Diese reichten so weit, dass unter anderem bereits eingeholte Unterstützungszusagen hinsichtlich der Möglichkeit der Befragungsdurchführung in einzelnen Spielhallen kurzfristig wieder zurückgenommen wurden und eine Befragung vor Ort folglich nicht mehr umsetzbar war.

Online-Befragung
Aufgrund der beschriebenen Herausforderungen der Befragungsdurchführung im terrestrischen Bereich wurden ergänzend vier verschiedene Online-Zugangswege genutzt, um die avisierte Stichprobenzahl zu erreichen. Erstens wurde „Unsere Kurve" als Interessengemeinschaft organisierter Fußballfans kontaktiert und um Verteilung des Links bzw. QR-Codes zur Online-Umfrage in den jeweiligen Netzwerken zwecks Rekrutierung von Sportwettenden gebeten. Dieser Link bzw. QR-Code führte zu einem mit Hilfe des Online-Tools SoSci Survey nach deutschen Datenschutzstandards programmierten Fragebogen, der mit der vor Ort verwendeten Papierversion identisch war. Dieser Online-Fragebogen war von Dezember 2021 bis Ende Juli 2022 zur Teilnahme freigeschaltet. Zweitens wurde im Februar 2022 eine Stichprobe von deutschen Filial-Kundinnen und -Kunden im Alter von 60 Jahren und älter von Tipico angeschrieben und ebenfalls um Teilnahme an der Online-Befragung gebeten. Auch diesen Personen wurde der Link bzw. QR-Code zu dem mit SoSci Survey programmierten Fragebogen zugesandt. Drittens erfolgte eine Bekanntmachung der Online-Befragung

in diversen Foren für Seniorinnen und Senioren (www.forum-fuer-senioren.de; www.forum60plus.com; www.seniorenportal.de/community). Der vierte Online-Zugangsweg wurde schließlich über eine Umfrage (Payback-Panel) aktiver Glücksspieler und Glücksspielerinnen[6] realisiert. Aus Gründen technischer Kompatibilität mit den Systemen von Payback wurde der Fragebogen dafür datenschutzkonform im Online-Tool LimeSurvey programmiert. Diese Befragung fand im Juli 2022 statt. Die breite Akquise der Teilnehmenden im Online-Bereich ist also zum einen der geringeren Anzahl an Personen in terrestrischen Spielstätten aufgrund der Covid-19-Pandemie sowie den damit einhergehenden Einschränkungen und Maßnahmen geschuldet. Zum anderen ist sie auf die beschriebenen Zugangsprobleme in Spielhallen sowie im Sportwettensegment zurückzuführen.

Es kann davon ausgegangen werden, dass die unterschiedlichen und teilweise sehr selektiven Rekrutierungswege einen entscheidenden Einfluss auf die erlangten Befunde haben. Daher weist dieser Bericht keine repräsentativen Ergebnisse aus, sondern beschränkt sich vielmehr auf eine explorative Darstellung von Glücksspielmustern älterer Personen. Aussagen können folglich nur für die vorliegende Stichprobe getroffen werden, Generalisierungen auf Bevölkerungsebene erweisen sich hier als unzulässig. Binnenvergleiche zwischen einzelnen Glücksspielsegmenten sind ebenfalls nicht zielführend. Auch können keine Schlussfolgerungen zum Gefährdungspotenzial einzelner Spielformen gezogen werden.

Fallzahlen

Insgesamt nahmen N = 515 Glücksspieler und Glücksspielerinnen ab 60 Jahren an den Befragungen teil, sodass die avisierte Stichprobenzahl von N = 400 deutlich übertroffen wurde. Die meisten Teilnehmer und Teilnehmerinnen konnten über die Befragung im Payback-Panel akquiriert werden (34,4 %), gefolgt von Personen in den Spielbanken (30,1 %), Personen, die im Online-Fragebogen des Tools SoSci Survey teilgenommen haben (18,6 %) und Glücksspielerinnen und Glücksspieler in den Lottoannahmestellen (15,0 %) (s. Tab. 5.1). Weniger Personen wurden bei Tipico vor Ort (1,7 %) und in der Spielhalle Delmenhorst (0,2 %) erreicht. Damit ergibt sich eine annähernde Gleichverteilung von Personen, die vor Ort (n = 242) und online (n = 273) an der Befragung teilgenommen haben.

---

6   Bundesweit außer in den Bundesländern Berlin, Hamburg und Schleswig-Holstein, da in diesen Bundesländern zeitgleich eine andere Studie zum Thema Glücksspiel über das Payback-Panel durchgeführt worden ist. Die beiden Befragungen sollten für die (potenziell) Teilnehmenden klar voneinander getrennt sein.

Tabelle 5.1: Verteilung der Befragten nach Befragungssetting

	Häufigkeit	Prozent
Lottoannahmestellen	77	15,0
Spielbanken	155	30,1
Spielhallen	1	0,2
Sportwettbüros	9	1,7
Online-Befragung mittels SoSci Survey	96	18,6
Online-Befragung Payback-Panel	177	34,4
N	515	100

Verwendeter Fragebogen

Für die Befragung wurde ein 7-seitiger Erhebungsbogen mit 17 Fragen eingesetzt. Dieser war, um auf möglicherweise bestehende Seheinschränkungen der Zielgruppe Rücksicht zu nehmen und das Ausfüllen zu erleichtern, in besonders großer Schrift verfasst und enthielt ein kurzes Informationsblatt zu Beginn. Der Fragebogen setzte sich aus verschiedenen bereits validierten Kurzskalen (siehe unten) sowie selbstformulierten Items zusammen. Konkret wurde zunächst nach der Teilnahmehäufigkeit an bestimmten Glücksspielen, unterteilt in die Teilnahme in Spielstätten und der im Internet, gefragt. Anschließend folgte eine Auflistung an Gründen für die Teilnahme an Glücksspielen sowie die Abfrage der Höhe des eingesetzten Geldes innerhalb der letzten vier Wochen. Außerdem wurden historisch-biografische Daten der Glücksspielteilnahme, Glücksspielprobleme in der Familie und die Akzeptanz sowie die Bekanntheit von Jugend- und Spielerschutzmaßnahmen thematisiert. Zudem kamen der Brief Biosocial Gambling Screen (BBGS; Gebauer/LaBrie/Shaffer 2010), die Oslo-3-Item-Social-Support Scale (Meltzer 2003), der MHI-5 (Berwick et al. 1991) sowie der Short Gambling Harm Screen (SGHS; Browne/Goodwin/Rockloff 2018) zum Einsatz. Abschließend erfolgte die Erfassung einiger soziodemografischer Daten wie unter anderem Alter, Geschlecht, Migrationshintergrund und Lebenssituation.

Datenvorbereitung

In einem ersten Schritt erfolgt zunächst eine Beschreibung der Stichprobe anhand von soziodemografischen Merkmalen und dem Glücksspielverhalten (Spielformen terrestrisch und online). In einem zweiten Schritt wird die Überprüfung auf Gruppenunterschiede (insgesamt vier Gruppenvergleiche, siehe oben) sowie die Analyse der Akzeptanz von Spieler- und Jugendschutzmaßnahmen in der gesamten Stichprobe vorgenommen. Die vier Gruppenvergleiche werden einheitlich anhand der folgenden Kriterien durchgeführt: Spieleinsätze, Teilnahmemotive, psychische Gesundheit, negative Folgen des Glücksspielens, Lebensqualität sowie Familienmitglieder mit Glücksspielproblemen.

In den folgenden Auswertungen wurden diejenigen Glücksspielenden als „belastet" bezeichnet, die mindestens eine Frage des BBGS mit „ja" beantwortet haben. Die Oslo-3-Item-Social-Support Scale umfasst drei Fragen (Unterstützung bei persönlichen Problemen, Unterstützung bei persönlichen Problemen, praktische Hilfe durch Nachbarn). Die Fragen wiederum beinhalten vier (Frage 1) bzw. fünf Kategorien (Fragen 2 und 3), die Werte zwischen 1 bis 4 bzw. zwischen 1 bis 5 annehmen können. Lag die Summe der Werte aller drei Items zwischen 3 und 8, wurde dies als „geringe Unterstützung", zwischen 9 und 11 als „mittlere Unterstützung" und zwischen 12 und 14 als „starke Unterstützung" definiert. Ebenso wurde bei den Items des MHI-5 verfahren. Hier wurden die Items 2 (ruhig und gelassen fühlen) und 4 (sehr glücklich sein) umgepolt, um eine Berechnung des Cut-off-Wertes mit gleichlaufenden Items zu ermöglichen. Zugleich wurden die Daten so transformiert, dass im Ergebnis jeweils ein Wert zwischen 0 (psychische Gesundheit extrem gering) und 100 (psychische Gesundheit extrem gut) vorliegt (Ware et al. 1993). Da der MHI-5 keinen standardisierten Cut-off-Wert besitzt, wurde in Anlehnung an eine repräsentative Studie des RKI (Hapke et al. 2012) sowie den aktuellen Glücksspielsurvey (Buth et al. 2022) ein Cut-off-Wert von 50 angesetzt, d. h. alle Personen mit einem Wert von 50 und kleiner wurden der Kategorie „nennenswerte Beeinträchtigung der psychischen Gesundheit" zugeordnet. Die Lebenszufriedenheit ist mit der Kurzskala Lebenszufriedenheit (L-1) erhoben worden (Beierlein et al. 2014). Dieses Instrument beinhaltet lediglich eine Frage: „Wie zufrieden sind Sie gegenwärtig, alles in allem, mit Ihrem Leben?". Antworten sind auf einer Skala von 0 bis 10 möglich. Der Wert 0 steht für „überhaupt nicht zufrieden", der Wert 11 für „völlig zufrieden". Die Autorinnen und Autoren geben für die Gruppe der über 65-Jährigen einen Referenzwert für die Lebenszufriedenheit von im Mittel 7,2 an.

Für die negativen Folgen des Glücksspielens (SGHS) wurde ebenfalls ein Summenwert aller Items erstellt, bei dem jeweils die Beantwortung der einzelnen Items mit „ja" in die Summe einbezogen worden ist. Bei einem Gesamtwert von 0 wurden „keine Schäden", bei einem Gesamtwert von 1 oder 2 „geringe Schäden", bei einem Gesamtwert zwischen 3 und 5 „moderate Schäden" und bei einem Gesamtwert von 6 und größer „hohe Schäden" definiert.

Statistische Analysen
Es wurden zum einen Signifikanz-Tests nach Chi-Quadrat durchgeführt und jeweils die Effektstärke mit Hilfe des Phi-Koeffizienten (bei einem Vergleich

zweier dichotomer Variablen) oder mittels Cramers V angegeben.[7] Für die vier Gruppenvergleiche wurden zudem für die Items Geldeinsatz in den letzten vier Wochen und Lebenszufriedenheit Mittelwertvergleiche durchgeführt. Da eine fehlende Normalverteilung angenommen werden muss, wurde hierfür der Mann-Whitney U Test genutzt. Für die Effektstärke wurde an dieser Stelle d nach Cohen (1992) angegeben.[8] Alle bivariaten Auswertungen wurden mit dem Statistikprogramm SPSS (Version 26.0) vorgenommen. Wenn in den folgenden Auswertungen der Begriff „signifikant" verwendet wird, liegen statistisch bedeutsame Unterschiede bei einem Signifikanzniveau von $p \leq 0{,}05$ vor.

5.3 Beschreibung der Stichprobe

Soziodemografie

Bei den für die quantitative Befragung gewonnenen älteren Glücksspielenden handelt es sich zu 28,8 % um Frauen (n = 139) und zu 71,2 % um Männer (n = 342). Der Altersdurchschnitt beträgt 68,9 Jahre in einer Spannbreite zwischen 60 und 93 Jahren. 15,7 % von ihnen haben einen Migrationshintergrund, d. h. bei ihnen wurde zumindest ein Elternteil nicht in Deutschland geboren.

Bei der sozialen Situation zeigt sich, dass 38,3 % der Befragten alleinlebend sind (s. Tab. 5.2). Eine Mehrheit lebt mit einer Partnerin oder einem Partner zusammen (58,7 %); davon sind bei wenigen (erwachsene) Kinder mit im Haushalt (6,4 % bezogen auf alle Personen). Etwas mehr als ein Viertel der Befragten (28,9 %) gibt an, sich nur auf eine geringe soziale Unterstützung (von nahestehenden Menschen und/oder Nachbarn) verlassen zu können, während 44,9 % auf eine mittlere und 20,2 % auf eine starke soziale Unterstützung zurückgreifen können.

Als Haupteinkommensquelle geben 73,2 % der älteren Glücksspielenden Rente oder Pension an. Jede fünfte Person geht (noch) einer Erwerbstätigkeit nach (20,4 %); 4,1 % nehmen staatliche oder familiäre Unterstützungsleistungen in Anspruch.

---

[7] Effektstärke Phi & Cramers V: < 0,1 entspricht keinem Effekt; 0,1 bis < 0,3 entspricht schwachem Effekt; 0,3 bis < 0,5 entspricht mittlerem Effekt; ≥ 0,5 entspricht starkem Effekt.
[8] Effektstärke d nach Cohen: < 0,2 entspricht keinem bzw. sehr geringen Effekt; < 0,5 entspricht geringem Effekt; < 0,8 entspricht mittlerem Effekt; ≥ 0,8 entspricht starkem Effekt.

Die Schulbildung der befragten Personen stellt sich gemessen an den drei traditionellen Abschlüssen wie folgt dar: 38,4 % besitzen die Mittlere Reife, 30,8 % Abitur/Fachhochschulreife und 29,0 % einen Hauptschulabschluss.

Tabelle 5.2: Soziale Situation der älteren Glücksspielenden

	gesamt
Aktuelle Lebenssituation	
alleinlebend	38,3 %
mit Partner/in ohne Kind(er)	52,3 %
mit Partner/in und Kind(ern)	6,4 %
mit Kind(ern)	1,2 %
andere Lebenssituation	1,8 %
n	488
Haupteinkommensquelle	
eigene Erwerbstätigkeit	20,4 %
ALG I	1,0 %
Hartz IV, Sozialhilfe	2,5 %
Rente/Pension	73,2 %
Unterstützung durch Familie/ Freunde/ Bekannte	0,6 %
andere	2,2 %
n	489
Höchster Schulabschluss	
Abitur/Fachhochschulreife	30,8 %
Mittlere Reife	38,4 %
Hauptschulabschluss	29,0 %
Förder-/Sonderschulabschluss	0,6 %
anderer Schulabschluss	0,8 %
kein Schulabschluss	0,4 %
n	490

Prozentangaben jeweils um fehlende Werte bereinigt.

Glücksspielverhalten

Im terrestrischen Bereich steht das Lotteriespiel an erster Stelle: 70,7 % der älteren Glücksspielenden haben zumindest einmal in den letzten 12 Monaten ein Lotterieprodukt gespielt (s. Tab. 5.3). Es folgen Sportwetten und die Glücksspielautomaten in Spielbanken mit einer Prävalenz von 35,0 % bzw. 34,8 %. Die Tischspiele in Spielbanken und die Geldspielautomaten in Spielhallen kommen auf Anteile von 20,3 % und 17,4 %.

Von häufigem Spiel – d.h. Teilnahme einmal pro Woche oder häufiger – berichtet mit 43,8 % die größte Gruppe von Befragten in Bezug auf Lotterien. Die entsprechenden Werte für die anderen Glücksspielformen liegen zwischen 5,2 % (Geldspielautomaten) und 21,7 % (Sportwetten).

Tabelle 5.3: Terrestrisches Spielverhalten der älteren Glücksspielenden (12-Monatsprävalenz)

	nie	bis zu 1x/ Mon.	2–3x/Mon.	1x/Woche	mehrmals p. Woche/fast tägl.
Lotterien (n = 509)	29,3 %	17,5 %	9,4 %	32,6 %	11,2 %
Sportwetten (n = 506)	65,0 %	6,3 %	6,9 %	8,9 %	12,8 %
Geldspielautomaten (n = 501)	82,6 %	8,2 %	4,0 %	2,4 %	2,8 %
Glücksspielautomaten (n = 506)	65,2 %	15,8 %	8,7 %	5,3 %	4,9 %
Poker, Roulette, Black Jack (n = 502)	79,7 %	10,4 %	4,0 %	2,6 %	3,4 %
Sonstige (n = 338)	92,6 %	3,6 %	1,8 %	2,1 %	0 %

Anders stellt sich das Spielverhalten der älteren Glücksspielenden im Onlinebereich dar: Hier werden alle Glücksspielformen von weniger Personen als im terrestrischen Format gespielt, wenn die 12-Monatsprävalenz betrachtet wird. Am deutlichsten ist der Unterschied bei den Lotterien: Während 70,7 % der Befragten diese Glücksspiele terrestrisch praktizieren, sind es online nur 26,2 % Prozent (s. Tab. 5.4). Bei den anderen Glücksspielformen ist diese Differenz nicht ganz so groß.

Wenn das häufige Spiel betrachtet wird, gibt es mit 19,7 % bei den Sportwetten kaum eine Abweichung zu der entsprechenden Prävalenz im terrestrischen Bereich. Bei den anderen Spielformen liegen die Prävalenzen dagegen (deutlich) unter denjenigen im terrestrischen Bereich, wobei zu beachten ist, dass beim virtuellen Automatenspiel keine Trennung zwischen verschiedenen Online-Anbietern (Glücks- und Geldspielautomaten) vorgenommen werden konnte.

Tabelle 5.4: Online-Spielverhalten der älteren Glücksspielenden (12-Monatsprävalenz)

	nie	bis zu 1x/ Mon.	2-3x/ Mon.	1x/ Woche	mehrmals p. Woche/fast tägl.
Lotterien (n = 503)	73,8 %	8,0 %	5,0 %	8,7 %	4,6 %
Sportwetten (n = 503)	70,6 %	4,8 %	5,0 %	6,8 %	12,9 %
Automatenspiel (n = 502)	87,1 %	4,0 %	3,0 %	2,6 %	3,4 %
Poker, Roulette, Black Jack (n = 500)	93,0 %	3,6 %	1,0 %	0,8 %	1,6 %
Sonstige (n = 336)	95,5 %	2,1 %	0,6 %	0,6 %	1,2 %

Mittels des BBGS erfolgte eine Unterscheidung der Befragten nach belasteten und nicht-belasteten Glücksspielenden. Dabei zeigt sich, dass 16,1 % der Glücksspielenden mindestens eine Frage des BBGS mit „ja" beantwortet haben und somit zu der Gruppe der belasteten Glücksspielenden gehören.

5.4 Ergebnisse: Gruppenvergleiche

Im Folgenden wurden vier Gruppenvergleiche durchgeführt, um mögliche Besonderheiten unter den älteren Glücksspielenden in dieser Gelegenheitsstichprobe kenntlich machen zu können. Neben einem Vergleich zwischen Frauen und Männern wurden alleinlebende und nicht-alleinlebende Personen, early-starter und late-starter sowie belastete und unbelastete Glücksspielende jeweils untereinander verglichen.

Vergleich 1: Frauen und Männer

Bei der ersten Vergleichsanalyse zeigen sich nur wenige bedeutsame Unterschiede (mit schwachen Effektstärken) zwischen den Geschlechtern. Bei den negativen Folgen des Glücksspielens, die in den letzten 12 Monaten aufgrund von Glücksspielaktivitäten erlebt worden sind, nennen Männer signifikant häufiger eine „Verringerung frei verfügbarer Geldbeträge" (s. Tab. 5.5). Frauen hingegen berichten signifikant häufiger davon „weniger Ausgaben für Freizeitaktivitäten" gehabt zu haben. Auch hinsichtlich der psychischen Gesundheit ergibt sich ein Unterschied: Eine nennenswerte Beeinträchtigung der psychischen Gesundheit zeigt sich signifikant häufiger bei Frauen als bei Männern (28,8 % zu 19,5 %).

Keine signifikanten Unterschiede zwischen Männern und Frauen bestehen hinsichtlich der Ausgaben für Glücksspiele in den letzten vier Wochen, der Teilnahmemotive, der Lebenszufriedenheit und der Betroffenheit von Familienmitgliedern von einem Problem mit Glücksspielen.

Tabelle 5.5: Männer und Frauen im Vergleich nach ausgewählten soziodemografischen und glücksspielbezogenen Merkmalen

	gesamt	männlich	weiblich	Teststatistik/ Effektstärke
Geldeinsatz				
bis zu 100 €	59,0 %	61,4 %	53,0 %	Chi^2: n. s.
101–500 €	32,3 %	30,6 %	36,6 %	Cramers V: 0,08
über 500 €	8,7 %	8,0 %	10,4 %	
Geldeinsatz Ø	243,7 €	217,9 €	308,6 €	n. s. Cohens d: -0,16
n	471	337	134	
Teilnahmemotive (Antwort: oft/ (fast) immer)				
Spannung	51,9 %	54,5 %	45,4 %	Chi^2: n. s. Phi: -0,082
Spaß	51,5 %	52,7 %	48,5 %	Chi^2: n. s. Phi: -0,038
Glaube an Glück	32,2 %	32,1 %	32,3 %	Chi^2: n. s. Phi: 0,002
das Gefühl lieben	30,3 %	31,3 %	27,9 %	Chi^2: n. s. Phi: -0,033
hilft gegen Langeweile	17,7 %	19,7 %	12,5 %	Chi^2: n. s. Phi: -0,085
hilft gegen Einsamkeit	10,1 %	9,8 %	10,9 %	Chi^2: n. s. Phi: 0,018
n	464	334	130	
Negative Folgen – Einzelbetrachtung (Antwort: ja)				
Verringerung frei verfügbarer Geldbeträge	17,9 %	20,7 %	10,9 %	Chi^2: 6,3/* Phi: -0,115
Glücksspielaktivitäten bereut	12,6 %	13,7 %	9,6 %	Chi^2: n. s. Phi: -0,056
Verringerung der Ersparnisse	10,5 %	11,5 %	8,0 %	Chi^2: n. s. Phi: -0,052
weniger Ausgaben für Freizeitaktivitäten	9,1 %	10,9 %	12,4 %	Chi^2: 5,1/* Phi: -0,104
weniger Zeit mit Menschen, die mir wichtig sind	8,1 %	9,2 %	10,9 %	Chi^2: n. s. Phi: -0,067
n	475	338	137	

	gesamt	männlich	weiblich	Teststatistik/ Effektstärke
Negative Folgen (Schaden durch Glücksspielteilnahme)				
kein Schaden	71,0 %	68,5 %	77,0 %	Chi^2: n. s.
geringer Schaden	19,5 %	20,1 %	18,0 %	Cramers V: 0,106
moderater/hoher Schaden	9,5 %	11,4 %	5,0 %	
n	482	343	139	
MHI-5 (nennenswerte Beeinträchtigung der psychischen Gesundheit)				
nein	77,8 %	80,5 %	71,2 %	Chi^2: 4,9/*
ja	22,2 %	19,5 %	28,8 %	Phi: -0,101
n	482	343	139	
Lebenszufriedenheit Ø	6,88	6,92	6,78	n. s. Cohens d: -0,07
n	470	335	135	
Negative Folgen – Einzelbetrachtung (Antwort: ja)				
Verringerung frei verfügbarer Geldbeträge	17,9 %	20,7 %	10,9 %	Chi^2: 6,3/* Phi: -0,115
Glücksspielaktivitäten bereut	12,6 %	13,7 %	9,6 %	Chi^2: n. s. Phi: -0,056
Verringerung der Ersparnisse	10,5 %	11,5 %	8,0 %	Chi^2: n. s. Phi: -0,052
weniger Ausgaben für Freizeitaktivitäten	9,1 %	10,9 %	12,4 %	Chi^2: 5,1/* Phi: -0,104
weniger Zeit mit Menschen, die mir wichtig sind	8,1 %	9,2 %	10,9 %	Chi^2: n. s. Phi: -0,067
n	475	338	137	
Negative Folgen (Schaden durch Glücksspielteilnahme)				
kein Schaden	71,0 %	68,5 %	77,0 %	Chi^2: n. s.
geringer Schaden	19,5 %	20,1 %	18,0 %	Cramers V: 0,106
moderater/hoher Schaden	9,5 %	11,4 %	5,0 %	
n	482	343	139	
MHI-5 (nennenswerte Beeinträchtigung der psychischen Gesundheit)				
nein	77,8 %	80,5 %	71,2 %	Chi^2: 4,9/*
ja	22,2 %	19,5 %	28,8 %	Phi: -0,101
n	482	343	139	
Lebenszufriedenheit Ø	6,88	6,92	6,78	n. s. Cohens d: -0,07
n	470	335	135	
Betroffenheit von Familienmitgliedern von Problem mit Glücksspiel				
nein	96,0 %	96,1 %	95,6 %	Chi^2: n. s.
ja	4,0 %	3,9 %	4,4 %	Phi: -0,012
n	472	335	137	

Prozentangaben jeweils um fehlende Werte bereinigt. Signifikanz: *p ≤ 0,05; **p ≤ 0,01; ***p ≤ 0,001; n. s. = nicht signifikant.

Vergleich 2: Alleinlebende und nicht-alleinlebende Personen

Der Vergleich zwischen den alleinlebenden und nicht-alleinlebenden älteren Glücksspielenden ergibt einige bemerkenswerte Befunde. Vor allem zeigt sich, dass der Anteil von Menschen mit einer beeinträchtigten psychischen Gesundheit unter den Alleinlebenden wesentlich höher ist als unter den nicht-alleinlebenden Personen (29,9 % zu 16,9 %, s. Tab. 5.6). Darüber hinaus besteht auch ein größerer Unterschied bei der Lebenszufriedenheit, die in der erst genannten Gruppe signifikant geringer ist als bei der zweitgenannten (6,24 zu 7,29). Zudem benennen immerhin 16,4 % bzw. 24,2 % der alleinlebenden Personen als Teilnahmemotive am Glücksspiel, dass es gegen Einsamkeit sowie gegen Langeweile helfe. Bei den Nicht-Alleinlebenden betragen die entsprechenden Anteile nur 6,3 % bzw. 13,7 %. Schließlich hat bei den Alleinlebenden ein signifikant größerer Anteil die Glücksspielaktivitäten schon einmal bereut (in den letzten 12 Monaten) als bei den Nicht-Alleinlebenden (16,3 % zu 9,9 %). Bei all diesen genannten (signifikanten) Auffälligkeiten liegen leichte bis mittlere Effektstärken vor. Beim Geldeinsatz und der Frage, ob es Familienmitglieder mit Glücksspielproblemen gibt, zeigen sich dagegen keine Abweichungen, wenn nach der Lebenssituation von älteren Glücksspielenden differenziert wird.

Tabelle 5.6: Alleinlebende und Nicht-Alleinlebende im Vergleich nach ausgewählten soziodemografischen und glücksspielbezogenen Merkmalen

	gesamt	alleinlebend	nicht-alleinlebend	Teststatistik/ Effektstärke
Geldeinsatz				
bis zu 100 €	59,1 %	54,3 %	62,1 %	Chi^2: n.s.
101–500 €	32,4 %	35,3 %	30,5 %	Cramers V: 0,08
über 500 €	8,5 %	10,3 %	7,4 %	
Geldeinsatz Ø	241,4 €	258,6 €	230,7 €	n.s. Cohens d: 0,05
n	482	184	298	
Teilnahmemotive (Antwort: oft/ (fast) immer)				
Spaß	51,9 %	48,1 %	54,4 %	Chi^2: n.s. Phi: 0,061
Spannung	51,4 %	50,3 %	52,1 %	Chi^2: n.s. Phi: 0,018
Glaube an Glück	32,3 %	34,8 %	30,8 %	Chi^2: n.s. Phi: -0,042
das Gefühl lieben	30,4 %	29,6 %	30,9 %	Chi^2: n.s. Phi: 0,013
hilft gegen Langeweile	17,7 %	24,2 %	13,7 %	Chi^2: 8,15/ * Phi: -0,133
hilft gegen Einsamkeit	10,2 %	16,4 %	6,3 %	Chi^2: 12,02/*** Phi: -0,161
n	470	181	289	

	gesamt	allein-lebend	nicht-alleinlebend	Teststatistik/ Effektstärke
Negative Folgen – Einzelbetrachtung (Antwort: ja)				
Verringerung frei verfügbarer Geldbeträge	18,0 %	21,6 %	15,8 %	Chi²: n. s. Phi: -0,074
Glücksspielaktivitäten bereut	12,4 %	16,3 %	9,9 %	Chi²: 4,28/* Phi: -0,095
Verringerung der Ersparnisse	10,8 %	10,3 %	11,1 %	Chi²: n. s. Phi: 0,013
weniger Ausgaben für Freizeitaktivitäten	9,5 %	7,0 %	11,1 %	Chi²: n. s. Phi: 0,067
weniger Zeit mit Menschen, die mir wichtig sind	7,9 %	8,7 %	7,5 %	Chi²: n. s. Phi: -0,022
n	483	185	298	
Negative Folgen (Schaden durch Glücksspielteilnahme)				
kein Schaden	70,7 %	66,3 %	73,4 %	Chi²: n. s.
geringer Schaden	19,5 %	24,6 %	16,3 %	Cramers V: 0,102
moderater/hoher Schaden	9,8 %	9,1 %	10,3 %	
n	488	187	301	
MHI-5 (nennenswerte Beeinträchtigung der psychischen Gesundheit)				
nein	78,1 %	70,1 %	83,1 %	Chi²: 11,39/***
ja	21,9 %	29,9 %	16,9 %	Phi: 0,153
N	488	187	301	
Lebenszufriedenheit (Skala von 0-10)	6,88	6,24	7,29	Sig.: *** Cohens d: -0,50
n	480	186	294	
Betroffenheit von Familienmitgliedern von Problem mit Glücksspiel				
nein	95,8 %	96,2 %	95,6 %	Chi²: n. s.
ja	4,2 %	3,8 %	4,4 %	Phi: -0,013
n	478	182	296	

Prozentangaben jeweils um fehlende Werte bereinigt. Signifikanz: *p ≤ 0,05; **p ≤ 0,01; ***p ≤ 0,001; n. s. = nicht signifikant.

Vergleich 3: Early-starter und late-starter

Im nächsten Vergleich werden die Befragungsteilnehmenden danach betrachtet, wann sie mit dem regelmäßigen Glücksspielen um Geld begonnen haben. Dafür wurden sie in zwei Kategorien unterteilt: in diejenigen, die schon vor ihrem 60. Geburtstag mit dem regelmäßigen Glücksspielen begonnen haben (= early-starter) und diejenigen, bei denen dies erst nach dem 60. Lebensjahr der Fall war (= late-starter). Bei einem solchen Vergleich ergeben sich jedoch nur wenige Unterschiede zwischen den beiden Gruppen: So wird ersichtlich, dass bei den early-startern die beiden Teilnahmemotive „um Spannung zu erleben" und der „Glaube an das Glück" von einem signifikant höheren Anteil genannt werden als bei den late-startern (56,3 % zu 42,2 % bzw. 35,2 % zu

21,1 %, s. Tab. 5.7). Bei den möglichen Negativfolgen des Glücksspielens zeigt sich nur bei der Antwortkategorie „Glücksspielaktivitäten bereut" (in den letzten 12 Monaten) eine signifikante Abweichung: Sie kommt bei den early-startern mit einem Wert von 14,9 % wesentlich häufiger vor als bei den late-startern. Ebenfalls ist die Lebenszufriedenheit bei den early-startern signifikant schlechter als bei den late-startern (6,75 zu 7,25). Insgesamt sind aber überall nur schwache Effektstärken vorhanden. Beim Geldeinsatz und der psychischen Gesundheit bestehen keine signifikanten Unterschiede zwischen den beiden Gruppen.

Tabelle 5.7: Early- und late-starter im Vergleich nach ausgewählten soziodemografischen und glücksspielbezogenen Merkmalen

	gesamt	early-starter	late-starter	Teststatistik/ Effektstärke
Geldeinsatz				
bis zu 100 €	57,5 %	57,9 %	56,0 %	Chi²: n. s.
101–500 €	33,7 %	33,3 %	35,2 %	Cramers V: 0,02
über 500 €	8,8 %	8,7 %	8,8 %	
Geldeinsatz Ø	250,3 €	240,2 €	291,0 €	n. s. Cohens d: -0,09
n	457	366	91	
Teilnahmemotive (Antwort: oft/ (fast) immer)				
Spannung	53,5 %	56,3 %	42,2 %	Chi²: 5,73/* Phi: -0,113
Spaß	53,0 %	53,7 %	50,6 %	Chi²: n. s. Phi: -0,025
Glaube an Glück	32,4 %	35,2 %	21,1 %	Chi²: 6,52/* Phi: -0,121
das Gefühl lieben	30,5 %	31,4 %	27,0 %	Chi²: n. s. Phi: -0,038
hilft gegen Langeweile	18,4 %	18,8 %	16,9 %	Chi²: n. s. Phi: -0,020
hilft gegen Einsamkeit	10,4 %	10,7 %	9,0 %	Chi²: n. s. Phi: -0,023
n	448	358	90	

	gesamt	early-starter	late-starter	Teststatistik/Effektstärke
Negative Folgen – Einzelbetrachtung (Antwort: ja)				
Verringerung frei verfügbarer Geldbeträge	18,2 %	19,6 %	13,0 %	Chi²: n. s. Phi: -0,068
Glücksspielaktivitäten bereut	12,8 %	14,9 %	4,4 %	Chi²: 7,17/** Phi: -0,127
Verringerung der Ersparnisse	10,4 %	10,6 %	9,8 %	Chi²: n. s. Phi: -0,011
weniger Ausgaben für Freizeitaktivitäten	9,1 %	9,5 %	7,6 %	Chi²: n. s. Phi: -0,026
weniger Zeit mit Menschen, die mir wichtig sind	8,1 %	8,7 %	5,5 %	Chi²: n. s. Phi: -0,048
n	450	358	92	
Negative Folgen (Schaden durch Glücksspielteilnahme)				
kein Schaden	70,8 %	70,2 %	73,1 %	Chi²: n. s. Cramers V: 0,092
geringer Schaden	19,7 %	19,0 %	22,6 %	
moderater/hoher Schaden	9,5 %	10,8 %	4,3 %	
n	462	369	93	
MHI-5 (nennenswerte Beeinträchtigung der psychischen Gesundheit)				
nein	76,6 %	75,9 %	79,6 %	Chi²: n. s. Phi: 0,035
ja	23,4 %	24,1 %	20,4 %	
n	462	369	93	
Lebenszufriedenheit Ø	6,86	6,75	7,25	Sig.: * Cohens d: -0,23
n	446	354	92	
Betroffenheit von Familienmitgliedern von Problem mit Glücksspiel				
nein	96,0 %	95,8 %	96,7 %	---
ja	4,0 %	4,2 %	3,3 %	
n	448	356	92	

Prozentzahlen jeweils um fehlende Werte bereinigt. Signifikanz: * p ≤ 0,05; **p ≤ 0,01; ***p ≤ 0,001; n. s. = nicht signifikant; --- = zu geringe Zellhäufigkeit für belastbare Aussagen.

Vergleich 4: Nicht-belastete und belastete Glücksspielende

Der Vergleich belasteter und nicht-belasteter Glücksspielender nach dem BBGS zeigt bedeutsame Unterschiede zwischen den Gruppen auf. Belastete Glücksspielende haben im Durchschnitt in den letzten vier Wochen signifikant mehr Geld für Glücksspiele ausgegeben als nicht-belastete: 503 € im Vergleich zu 183 € (s. Tab. 5.8). Dementsprechend liegt der Anteil derer, die über 500 € ausgegeben haben, bei den belasteten Glücksspielenden signifikant über dem der nicht-belasteten Personen (15,9 % zu 6,7 %). Mit Blick auf die Motive für eine Glücksspielteilnahme wird deutlich, dass belastete Glücksspielende signifikant häufiger die Gründe „das Gefühl lieben" (40,0 %

zu 27,9 %), „hilft gegen Langeweile" (32,5 % zu 14,5 %) und „hilft gegen Einsamkeit" (20,0 % zu 8,1 %) angeben. Zudem zeigt sich, dass belastete Glücksspielende signifikant häufiger von moderaten bis hohen Schäden durch das Glücksspiel berichten als nicht-belastete (42,2 % zu 3,2 %). Insbesondere werden signifikante Unterschiede bei der „Verringerung frei verfügbarer Geldbeträge" (51,8 % zu 11,1 %), der Aussage „ich habe meine Glücksspielaktivitäten bereut" (42,0 % zu 6,5 %), der „Verringerung der Ersparnisse" (36,1 % zu 5,7 %), „weniger Ausgaben für Freizeitaktivitäten" (33,7 % zu 4,4 %) und der Erkenntnis, „ich habe weniger Zeit mit Menschen verbracht, die mir wichtig sind" (25,6 % zu 4,5 %) deutlich. Zudem unterscheiden sich die beiden Gruppen signifikant in der Lebenszufriedenheit (nicht-belastet: 7,21, belastet: 5,24) sowie in ihrer psychischen Gesundheit. So sind 54,2 % der belasteten Glücksspielenden in ihrer psychischen Gesundheit beeinträchtigt, während dies nur auf 19,7 % der nicht-belasteten Glücksspielenden zutrifft. Bei den genannten (signifikanten) Auffälligkeiten liegen häufig mittlere Effektstärken vor.

Tabelle 5.8: Belastete und nicht-belastete Glücksspielende (nach dem BBGS) im Vergleich nach ausgewählten soziodemografischen und glücksspielbezogenen Merkmalen

	gesamt	nicht-belastete Glücksspielende	belastete Glücksspielende	Teststatistik/ Effektstärke
Geldeinsatz				
bis zu 100 €	**60,0 %**	**64,4 %**	**37,8 %**	Chi²: 21,6/***
101–500 €	**31,8 %**	**28,9 %**	**46,3 %**	Cramers V: 0,208
über 500 €	**8,2 %**	**6,7 %**	**15,9 %**	
Geldeinsatz	**235,7 €**	**183,3 €**	**503,3 €**	Sig.: ***
				Cohens d: -0,61
n	500	418	82	
Teilnahmemotive (Antwort: oft/ (fast) immer)				
Spaß	**51,4 %**	**51,8 %**	**49,4 %**	Chi²: n. s.
				Phi: -0,018
Spannung	**51,3 %**	**51,3 %**	**51,2 %**	Chi²: n. s.
				Phi: -0,001
Glaube an Glück	**32,3 %**	**31,6 %**	**35,8 %**	Chi²: n. s.
				Phi: 0,033
das Gefühl lieben	**29,9 %**	**27,9 %**	**40,0 %**	Chi²: 4,7/*
				Phi: 0,98
hilft gegen Langeweile	**17,4 %**	**14,5 %**	**32,5 %**	Chi²: 15,1/***
				Phi: 0,176
hilft gegen Einsamkeit	**10,1 %**	**8,1 %**	**20,0 %**	Chi²: 10,5/**
				Phi: 0,146
n	496	415	81	

	gesamt	nicht-belastete Glücksspielende	belastete Glücksspielende	Teststatistik/Effektstärke
Negative Folgen – Einzelbetrachtung (Antwort: ja)				
Verringerung frei verfügbarer Geldbeträge	18,0 %	11,1 %	51,8 %	Chi²: 77,4/*** Phi: 0,398
Glücksspielaktivitäten bereut	12,4 %	6,5 %	42,0 %	Chi²: 78,2/*** Phi: 0,402
Verringerung der Ersparnisse	10,8 %	5,7 %	36,1 %	Chi²: 66,3/*** Phi: 0,368
weniger Ausgaben für Freizeitaktivitäten	9,4 %	4,4 %	33,7 %	Chi²: 69,4/*** Phi: 0,377
weniger Zeit mit Menschen, die mir wichtig sind	8,0 %	4,5 %	25,6 %	Chi²: 41,2/*** Phi: 0,291
n	489	406	83	
Negative Folgen (Schaden durch Glücksspielteilnahme)				
kein Schaden	72,0 %	80,8 %	26,5 %	Chi²: 148,3/*** Cramers V: 0,537
geringer Schaden	18,4 %	16,0 %	31,3 %	
moderater/hoher Schaden	9,5 %	3,2 %	42,2 %	
n	515	432	83	
MHI-5 (nennenswerte Beeinträchtigung der psychischen Gesundheit)				
nein	74,8 %	80,3 %	45,8 %	Chi²: 44,0/*** Phi: -0,292
ja	25,2 %	19,7 %	54,2 %	
n	515	432	83	
Lebenszufriedenheit Ø	6,88	7,21	5,24	Sig.: *** Cohens d: 0,96
n	486	406	80	
Betroffenheit von Familienmitgliedern von Problem mit Glücksspiel				
nein	95,9 %	97,5 %	87,8 %	---
ja	4,1 %	2,5 %	12,2 %	
n	485	403	82	

*Prozentzahlen jeweils um fehlende Werte bereinigt. Signifikanz: *p ≤ 0,05; **p ≤ 0,01; ***p ≤ 0,001; n.s. = nicht signifikant; --- = zu geringe Zellhäufigkeit für belastbare Aussagen.*

5.5 Ergebnisse: Akzeptanz von Maßnahmen des Spieler- und Jugendschutzes

Abschließend zeigt eine Auswertung, wie die älteren Glücksspielenden insgesamt sechs verschiedene Maßnahmen des Spieler- und Jugendschutzes beurteilen. Die höchste Zustimmung („finde ich gut") erfährt dabei mit über 90 % das Teilnahmeverbot für Minderjährige (s. Tab. 5.9). Der vergleichsweise geringste Zuspruch zeigt sich bei der Möglichkeit, die monatlichen Einsätze selbst zu limitieren. Aber auch hier ist mit 63,2 % noch eine deutlich mehrheitliche Akzeptanz vorhanden. Die anderen vier Maßnahmen kommen auf Zustimmungswerte zwischen 73,8 % und 84,6 %. Bemerkenswert ist ferner, dass mindestens 94 % der älteren Glücksspielenden jeweils die abgefragte Maßnahme bekannt ist.

Tabelle 5.9: Akzeptanz von Maßnahmen des Spieler- und Jugendschutzes bei den älteren Glücksspielenden

	finde ich gut	lehne ich ab	unentschieden	kenne ich nicht
Teilnahmeverbot Minderjähriger (n = 490)	91,2 %	5,1 %	2,4 %	1,2 %
Schulungen Personal (n = 487)	84,6 %	2,5 %	8,0 %	4,9 %
Suchtwarnhinweise (n = 489)	83,2 %	5,3 %	10,0 %	1,4 %
Sperre für riskante Glücksspiele (n = 488)	77,0 %	9,0 %	10,9 %	3,1 %
Beschränkung Werbung (n = 488)	73,8 %	7,4 %	16,6 %	2,3 %
Selbst-Limitierung monatlicher Einsätze (n = 487)	63,2 %	16,4 %	15,0 %	5,3 %

Prozentzahlen jeweils um fehlende Werte bereinigt.

5.6 Diskussion und Fazit

Mit der vorliegenden Untersuchung liegen erstmals aus Deutschland empirische Daten zum (problematischen) Glücksspielverhalten älterer Personen vor. Aus der Literatur ist grundsätzlich bekannt, dass als Einflussfaktoren für glücksspielbezogene Fehlentwicklungen suchtmittelunspezifische E influsse wie soziale Isolation, Verlusterleben, Strukturlosigkeit oder eine erschwerte Teilhabe am sozialen Leben in Betracht kommen (Guillou Landreat et al. 2019; McNeilly/Burke 2000). In Anbetracht der ansteigenden Alterung der Bevölkerung sowie der zunehmenden Verfügbarkeit von Glücksspielen in Deutschland liegt die Vermutung nahe, dass ältere Erwachsene verschiedene Glücksspielangebote zunehmend als Freizeitbeschäftigung entdecken. Granero et al. (2020) weisen darauf hin, dass ältere Glücksspielende insbesondere nicht-strategische Glücksspiele, wie Lotterien und Automaten, bevorzugen. In der vorliegenden Gelegenheitsstichprobe spielt zudem fast die Hälfte der Befragten (auch) Online-Glücksspiele. Im Internet sind es dabei auch die Sportwetten, die für ältere Glücksspielende attraktiv erscheinen.

Granero et al. (2020) erwarten diesbezüglich eine steigende Wahrscheinlichkeit von Risikoverhaltensweisen älterer Glücksspielender, da diese ebenso zunehmend das Internet nutzen und somit vereinfachten Zugang zu Plattformen mit verschiedenen Formen von Glücksspielen erhalten. Onlinegestützte Maßnahmen des Spielerschutzes sollten deshalb immer so konzipiert sein, dass sie auch die (wachsende) Zielgruppe von älteren Glücksspielenden erreichen (z. B. durch große Schrift).

In der vorliegenden Befragung konnten insgesamt nur wenige geschlechterspezifische Unterschiede bei ausgewählten soziodemografischen und glücksspielbezogenen Merkmalen festgestellt werden. Diese Erkenntnisse decken sich mit den Befunden einer Studie aus Kanada (Turner et al. 2018), welche speziell das Glücksspielverhalten älterer Personen untersucht hat. Aufgrund der international wie auch in dieser Studie geringen Zahl an Unterschieden zwischen Männern und Frauen in diesem Bereich erscheinen nach Geschlecht zu differenzierende Empfehlungen für die Prävention zurzeit wenig zielführend.

Als ein Risikofaktor für das Glücksspielen werden international soziale Isolation und Einsamkeit beschrieben (Bjelde/Chromy/Pankow 2008; Guillou Landreat et al. 2019; Granero et al. 2022). Die durchgeführte Befragung liefert auch für Deutschland einige empirische Hinweise. So benennen alleinlebende häufiger als nicht-alleinlebende Personen als Teilnahmemotiv am Glücksspiel, dass es gegen Einsamkeit helfe. Weiterhin stellt sich die psychische Gesundheit der Alleinlebenden sowie deren Lebenszufriedenheit schlechter dar, als bei den nicht-alleinlebenden Personen. Daher sollten alleinlebende ältere Personen insgesamt eine wichtige Zielgruppe von Gesundheitsförderung, aber auch glücksspielpräventiver Anstrengungen sein.

Wie bei Guillou Landreat et al. (2019) dargestellt, sind die hedonistischen Motive Spaß und Spannung am Spiel die häufigsten Teilnahmegründe für das Glücksspiel. Insbesondere die early-starter werden durch die Spannung am Spiel, aber auch durch den Glauben an das Glück, zur Glücksspielbeteiligung motiviert. Für die Ausgestaltung von Prävention und Hilfe ist dieser Befund insofern von Belang, dass mit anhaltendem Glücksspiel offensichtlich kognitive Verzerrungen („Glaube an das Glück") eine immer bedeutsamere Rolle einnehmen.

Bei dem Gruppenvergleich nach den Belastungen durch das Glücksspiel (BBGS) ergibt sich erwartungsgemäß, dass belastete Glücksspielende in Einklang mit Befunden von Wiebe (2002) mehr Geld in das Glücksspiel investieren. Insbesondere haben sie deutlich häufiger eine Verringerung frei verfügbarer Geldbeträge sowie ihrer Ersparnisse zu verzeichnen. Zudem geben sie eine geringere Lebenszufriedenheit an und weisen vergleichsweise häufig eine nennenswerte Beeinträchtigung ihrer psychischen Gesundheit auf. Letzteres zeigte sich auch bei Bjelde et al. (2008), die Depression als häufigste Komorbidität bei älteren sich in Suchtberatung befindenden Glücksspielenden identifizierten. Auch Black et al. (2017) stellten fest, dass ältere Personen mit einer Glücksspielstörung häufiger depressive Symptome zeigen als ältere Personen ohne Glücksspielstörung. Für die Entwicklung und Implementierung von Präventions- und Hilfemaßnahmen ist es zunächst einmal wichtig, festzuhalten, dass es auch unter älteren Glücksspielenden Personen mit problematischen Konsummustern gibt. In dieser nicht-repräsentativen Stichprobe trifft dies immerhin auf ungefähr jede sechste Person zu (16 %). Deshalb sollten altersgerechte Präventionsmaterialien in den verschiedenen Spielsettings zur Verfügung gestellt werden. Dabei sollte vor allem das Bewusstsein für potenzielle Risiken des Glücksspiels, wie beispielsweise die Förderung von kognitiven Verzerrungen, gestärkt werden.

Die Befragungsergebnisse zeigen schließlich – wenn auch in abgestufter Form – eine hohe Akzeptanz von verschiedenen Maßnahmen des Spieler- und Jugendschutzes. Deshalb kann davon ausgegangen werden, dass auch neue und weiterentwickelte Interventionen bei der Zielgruppe älterer Glücksspielender grundsätzlich auf eine positive Resonanz treffen würden.

Insgesamt kann aus den hier ermittelten Ergebnissen in präventiver Hinsicht gefolgert werden, dass vor allem die zunehmenden Möglichkeiten der Teilnahme an Online-Glücksspielen, die offensichtlich auch für ältere, schon länger spielende Personen attraktiv sind, in Präventionsstrategien zunehmend Beachtung finden sollten. Matheson et al. (2018) betonen in dieser Hinsicht aber auch das Erfordernis einer ältere Menschen ansprechenden und zugleich an ihre kognitiven Fähigkeiten angepassten Präventionsstrategie. Dabei können zum Beispiel spezifisch an die Lebensumstände älterer Menschen angelehnte, die sozialen Gesundheitsfaktoren berücksichtigende, Warnhinweise eine Rolle spielen. Zu beachten ist dabei aber auch, dass die Zunahme an Online-Glücksspielangeboten nicht zu einer Verengung auf ebenfalls virtuelle Präventionsstrategien führt, um auch nicht internetversierte Personen, insbesondere ältere Menschen, erreichen zu können. Die vorliegende Auswertung untermauert, wie wichtig die Verhinderung einer solchen Verengung für Ältere ist, da über die Hälfte von ihnen nach wie vor ausschließlich terrestrisch spielt. Mit Blick auf den hohen Anteil alleinlebender sowie belasteter Glücksspielender mit nennenswerten psychischen Beeinträchtigungen erscheint es sinnvoll, etwaige Vertrauenspersonen und Multiplikatorinnen und Multiplikatoren zu sensibilisieren. Insbesondere könnte eine stärkere

Einbindung von Personen aus dem Gesundheitswesen, wie beispielsweise Haus- und Fachärztinnen und -ärzten, zu denen ältere Personen oftmals einen verstärkten langjährigen Kontakt haben, in die frühzeitige Erkennung von glücksspielbezogenen Problemen und eine qualifizierte Weiterleitung in das Suchthilfesystem erfolgen. Hier ist weitere Forschung erforderlich, um den spezifischen Informationsbedarf dieser Bevölkerungsgruppe zu identifizieren.

Darüber hinaus sind Evaluationsstudien notwendig, um Präventionsmaßnahmen zu ermitteln, die die Schäden des problematischen Glücksspielens gerade auch bei älteren Personen verringern könnten. Ferner bedarf es weiterer Forschung, um zum einen potenzielle Risiko- und insbesondere Schutzfaktoren zu identifizieren sowie zum anderen im Längsschnitt Trajektorien in den Lebensläufen älterer Glücksspielender herauszuarbeiten.

5.7 Limitationen

Wie bei allen Forschungsarbeiten bestehen bedeutsame Einschränkungen, die bei der Interpretation der Ergebnisse zu beachten sind. Insbesondere ist darauf hinzuweisen, dass diese Studie keine Repräsentativität beansprucht, sondern dass es sich um eine Gelegenheitsstichprobe mit einem explorativen Charakter handelt. Sie stützt sich auf Selbstauskünfte, die naturgemäß Einschränkungen unterliegen, insbesondere hinsichtlich der Erinnerung an das Geld, das für Glücksspiele ausgegeben wurde oder auch den Beginn des Glücksspielens bzw. der Dauer, wie lang bereits in der aktuellen Spielstätte gespielt wird. Zudem umfasste das eingesetzte Erhebungsinstrument und entsprechend die Analyse nur eine überschaubare Anzahl an Merkmalen, um die Motivation zur Teilnahme sowie zur vollständigen Beantwortung der Fragen hoch zu halten und die befragten Personen nicht zu überfordern. Weiterhin ist es möglich, dass die Personen, die nicht bereit waren an der Befragung teilzunehmen, von der Stichprobe abweichende Antworten gegeben hätten (z. B. hinsichtlich der Fragen, ob eine Belastung durch das Glücksspiel vorliegt).

Zudem kann davon ausgegangen werden, dass die unterschiedlichen und teilweise sehr selektiven Rekrutierungswege einen deutlichen Einfluss auf die erlangten Befunde gehabt haben. Die Aussagekraft dieses Forschungsmoduls beschränkt sich somit auf die vorliegende Stichprobe, Generalsierungen auf die Allgemeinbevölkerung sind nicht möglich. Dabei ist ebenfalls zu berücksichtigen, dass neben der Auswahl der konkreten Spielstätten vor bzw. in denen befragt worden ist, eine individuelle Einschätzung durch die

Befragungspersonen erfolgte, ob eine Person in die Zielgruppe passt und angesprochen wird. Eine abschließende Limitation betrifft den Verzicht auf multivariate Analysemodelle. Wegen des explorativen Charakters der Untersuchung und der (schwierigen) Stichprobenziehung wurde darauf verzichtet.

5.8 Literatur

Beierlein, C., Kovaleva, A., László, Z., Kemper, C.J./Rammstedt, B. (2014). Eine Single-Item-Skala zur Erfassung der Allgemeinen Lebenszufriedenheit: Die Kurzskala Lebenszufriedenheit-1 (L-1). Working Papers 33. GESIS – Leibniz-Institut für Sozialwissenschaften, Mannheim.

Bjelde, K., Chromy, B./Pankow D. (2008). Casino gambling among older adults in North Dakota: A policy analysis. Journal of Gambling Studies, 24, 423–440.

Black, D.W., Coryell, W., McCormick, B., Shaw, M./Allen, J. (2017). A prospective follow-up study of younger and older subjects with pathological gambling. Psychiatry Research, 256, 162–168.

Berwick, D.M., Murphy, J.M., Goldman, P.A., Ware, J.E., Barsky, A.J./Weinstein, A.J. (1991). Performance of a five-item mental health screening test. Medical Care, 29(2), 169-176.

Browne, M., Goodwin, B.C./Rockloff, M.J. (2018). Validation of the Short Gambling Harm Screens (SGHS): A tool for assessment of harms from gambling. Journal of Gambling Studies, 34, 499–512.

Buth, S., Meyer, G./Kalke, J. (2022). Glücksspielteilnahme und glücksspielbezogene Probleme in der Bevölkerung – Ergebnisse des Glücksspiel-Survey 2021. Institut für interdisziplinäre Sucht- und Drogenforschung (ISD), Hamburg.

Cohen, J. (1992). A power primer. Quantitative Methods for Psychology, 112, 155–159.

Gebauer, L., LaBrie, R./Shaffer H.J. (2010). Optimizing DSM-IV-TR classification accuracy: A Brief Biosocial Screen for detecting current gambling disorders among gamblers in the general household population. Canadian Journal of Psychiatry, 55(2), 82–90.

Granero, R., Jiménez-Murcia, S., del Pino-Gutiérrez, A., Mena-Moreno, T., Mestre-Bach, G., Gómez-Peña, M., Moragas, L., Aymamí, N., Giroux, I., Grall-Bronnec, M., Sauvaget, A., Codina, E., Vintró-Alcaraz, C., Lozano-Madrid, M., Camozzi, M., Agüera, Z., Martín-Romera, V., Sánchez-González, J., Casalé, G., Sánchez, I., López-González, H., Munguía, L., Valenciano-Mendoza, E., Mora, B., Baenas-Soto, I., Menchón, J.M./Fernández-Aranda, F. (2020). Gambling Phenotypes in Older Adults. Journal of Gambling Studies, 36, 809–828.

Granero, R., Jiménez-Murcia, S., Fernández-Aranda, F., Del Pino-Gutiérrez, A., Mena-Moreno, T., Mestre-Bach, G., Gómez-Penã, M., Moragas, L., Aymamí, N., Giroux, I., Grall-Bronnec, M., Sauvaget, A., Codina, E., Vintró-Alcaraz, C., Lozano-Madrid, M., Camozzi, M., Aguëra, Z., Sánchez-González, J., Casalé-Salayet, G., Sánchez, I., López-González, H., Baenas, I./Menchón, J.M. (2022). Contribution of stressful life events to gambling activity in older age. Ageing and Society, 42, 1513–1537.

Guillou Landreat, M., Cholet, J., Grall Bronnec, M., Lalande, S./Le Reste, J.Y. (2019). Determinants of gambling disorders in elderly people – A systematic review. Frontiers in Psychiatry, 10:837.

Hapke, U., von der Lippe, E., Busch, M./Lange, C. (2012). Psychische Gesundheit bei Erwachsenen in Deutschland. In: Daten und Fakten: Ergebnisse der Studie »Gesundheit in Deutschland aktuell 2010«. Beiträge zur Gesundheitsberichterstattung des Bundes. Robert Koch-Institut (Hrsg.), 39–50.

Matheson, F.I., Sztainert, T., Lakman, Y., Steele, S.J., Ziegler, C.P./Ferentzy, P. (2018). Prevention and treatment of problem gambling among older adults: A scoping review. Journal of Gambling Issues, 39, 6–66.

McNeilly, D.P./Burke, W.J. (2000). Late life gambling: The Attitudes and behaviors of older adults. Journal of Gambling Studies, 16, 393–415.

Meltzer, H. (2003). Development of a common instrument for mental health. In: EUROHIS: Developing Common Instruments for Health Surveys. Nosikov, A./Gudex, C. (Hrsg.), 35–60.

Subramaniam, M., Wang, P., Soh, P., Vaingankar, J.A., Chong, S.A., Browning, C.J./Thomas, S.A. (2015). Prevalence and determinants of gambling disorder among older adults: A systematic review. Addictive Behaviors, 41, 199–209.

Tse, S., Hong, S.I., Wang, C.W./Cunningham-Williams, R.M. (2012). Gambling behavior and problems among older adults: A systematic review of empirical studies. Journals of Gerontology Series B: Psychological Sciences and Social Sciences, 67, 639–652.

Turner, N.E., van der Maas, M., McCready, J., Hamilton, H.A., Schrans, T., Ialomiteanu A., Ferentzy, P., Elton-Marshall, T., Zaheer, S./Mann, R.E. (2018). Gambling behaviours and problem gambling among older adults who patronize Ontario casinos or racinos. Journal of Gambling Issues, 39, 85–110.

Ware, J., Snow, K., Kosinski, M./Gandek, B. (1993). SF36 Health Survey: Manual and Interpretation Guide, QualityMetric Incorporated. Lincoln.

Wiebe J. (2002). Gambling behaviour and factors associated with problem gambling among older adults. Manitoba.

6 Forschungsmodul 5: Panel von Expertinnen und Experten zu altersgerechten Präventions- und Hilfeansätzen per Delphi-Methode

Tobias Turowski, Tobias Hayer

6.1 Ausgangslage und Zielsetzung

In der Glücksspielforschung werden immer wieder große Forschungslücken sowie die mangelnde Sicherheit der Evidenz von Ergebnissen, beispielsweise mit Blick auf Interventions- und Präventionsmaßnahmen (Forsström et al. 2021), konstatiert. Darüber hinaus ist ein Defizit an Studien mit einem spezifischen Fokus auf das höhere Lebensalter festzustellen (Matheson et al. 2018). Weiterführende Verweise auf die Schwierigkeiten bei der Vergleichbarkeit der bereits existierenden Empirie finden sich an anderer Stelle dieses Forschungsberichtes (s. Kap. 2).

Um diesem unbefriedigenden Ist-Zustand zu begegnen, eignet sich die Durchführung einer Delphi-Befragung. Dabei handelt es sich um eine mehrstufig-iterative, anonymisierte Befragung einer Gruppe von Expertinnen und Experten zu einer bestimmten Thematik (Häder/Häder 2000). Sie bietet sich unter anderem dann an, wenn ein Sachverhalt sich eher als diffus darstellt (z. B. weil er wenig beforscht ist), um dann „gezielte Schlussfolgerungen für erforderliche Interventionen abzuleiten, um auf ein auf diese Weise ermitteltes Problem zu reagieren, oder um eine Sensibilisierung gegenüber befürchteten Fehlentwicklungen zu erreichen" (Häder/Häder 2022 S. 924). Genauso kann das Ziel verfolgt werden, ein hohes Maß an Konsens zu einzelnen Aspekten eines (diffusen) Forschungsfeldes zu erzielen, etwa in Vorbereitung auf einen demokratischen Entscheidungsprozess (Häder/Häder 2022). Somit vermag eine Delphi-Befragung die Meinungen verschiedener Strömungen einer Fachrichtung gleichzeitig darzustellen und dabei die Konsensfähigkeit verschiedener Handlungsvorschläge zu überprüfen.

Im Gegensatz zu anderen Formen der Gruppenbefragung bieten Delphi-Befragungen gewisse Vorteile. Im Vergleich zu klassischen Gruppendiskussion oder Panel-Befragungen wird durch die Anonymität der Teilnehmenden eine Meinungsführerschaft Einzelner vermieden (Häder/Häder 2022). Die Mehrstufigkeit, speziell die mehrfache Beantwortung von standardisierten Fragen oder Einschätzungen von vorgegebenen Aussagen, führt durch nochmaliges Auseinandersetzen mit den Antworten zu höherwertigen Urteilen (Häder/Häder 2022).

Die Stärken der Delphi-Methode liegen demnach in der Gruppenkommunikation und der Strukturierung unsicheren Wissens (Häder/Häder 2022). Der Ablauf einer Delphi-Studie kennt zwar viele Variationen, enthält jedoch grundsätzlich folgende Elemente (Jorm 2015). Eine Moderatorin oder ein Moderator (englisch „facilitator") organisiert die Studie. Diese Person rekrutiert eine Gruppe von Expertinnen und/oder Experten und legt ihnen einen Fragebogen mit einer Reihe von Aussagen zur Einschätzung vor. Die gegebenen Antworten werden von der moderierenden Person gesammelt. Anschließend erhalten die Expertinnen und/oder Experten ein anonymisiertes Feedback dazu, wie sich ihre individuellen Antworten im Verhältnis zu den Antworten der Gruppe darstellen. Auf Basis dieses Feedbacks wird den Expertinnen und/oder Experten Gelegenheit gegeben, ihre Antworten, wenn gewünscht, anzupassen. Die Befragung endet, sobald ein im Voraus festgelegtes Kriterium, beispielsweise eine gewisse Stabilität in den Antworten oder Konsens in der Gruppe, erreicht wurde.

Mittlerweile ist der Delphi-Ansatz in vielen wissenschaftlichen Disziplinen verbreitet. Auch für die Forschung zur psychischen Gesundheit werden DelphiStudien als valide Forschungsmethode gesehen (Jorm 2015). Im Feld der Glücksspielforschung werden Delphi-Befragungen in vielfältiger Weise genutzt, zum Beispiel zur Bewertung von Nutzen und Umsetzbarkeit von Interventionen und gesetzlichen Vorgaben im Bereich Spielerschutz (Regan et al. 2022), zur Entwicklung von Screening-Instrumenten (Molander et al. 2021) oder zur Bewertung der Möglichkeiten von Angehörigen, Menschen mit glücksspielbezogenen Problemen zu helfen (Bond et al. 2016).

Ziel der vorliegenden Delphi-Studie ist es, Konsens und Dissens von Expertinnen und Experten zu verschiedenen Aussagen des Themenfeldes „Glücksspiel und Glücksspielsucht im Alter" mit Fokus auf altersgerechten

Präventions- und Hilfeansätzen darzustellen. Dabei erlaubt dieses Verfahren, mehrheitsfähige Handlungsempfehlungen zu formulieren, die von Akteurinnen und Akteuren möglichst aller mit dem Thema befassten Gruppen mitgetragen werden können – und aufzuzeigen, wo keine Einigkeit besteht. Zwar liegen erste Versuche einer Systematisierung verschiedener Ansätze im Sinne von Best Practice Vorschlägen aus dem kanadischen Raum für den Präventions- (Turner et al. 2018) wie auch den Interventionssektor (Skinner et al. 2018) bereits vor. Die dort ausgearbeiteten Richtlinien lassen jedoch an vielen Stellen eine klare Neuartigkeit der Vorschläge speziell für die Altersgruppe der Älteren vermissen. Außerdem wurden zwar auch dort Expertinnen und Experten um Feedback zu von diesen Forschern erarbeiteten Ideen gebeten, eine mehrfache sowie regelgeleitete Auseinandersetzung mit diesen Ideen – wie im Rahmen einer Delphi-Befragung obligatorisch – fand jedoch nicht statt. Ferner war die Gruppe der Expertinnen und Experten sehr homogen zusammengesetzt.

Unter dem Strich steht am Ende dieses Delphi-Prozesses im Idealfall ein fester Maßnahmenkatalog, der sich direkt in Policy übersetzen lässt. Auf jeden Fall resultiert dieses methodische Vorgehen in einem kursorischen Überblick über Meinungen, die als politisch mehrheitsfähig gelten und damit einen demokratischen Entscheidungsprozess stützen können.

6.2 Methodik

Inhalte des Fragebogens

Bei den Inhalten des in der vorliegenden Delphi-Befragung genutzten Fragebogens handelte es sich zunächst um ein Konglomerat der im Einstiegsmodul identifizierten Themenfelder der aktuellen Forschung zum Thema „Glücksspiel und Glücksspielsucht im Alter" (s. Kap. 2). Diese umfassten die für diese Befragung geplanten Kernthemen Prävention und Hilfeansätze, aber auch darüber hinaus reichende Inhalte. Im Geiste des explorativen Charakters der Befragung wurden die Themenfelder um zusätzliche Ideen aus der Forschergruppe und den Forschungsmodulen 2, 3 und 4 (s. Kap. 4, 5 und 6) ergänzt. Aus den übergeordneten Inhalten ließen sich im Anschluss Aussagen generieren, die von den Expertinnen und Experten bewertet werden sollten. Die endgültige Formulierung dieser Aussagen stimmte das Forscherteam in einem Diskussionsprozess ab. Aussagen, die eine Abwägung von „mehr"- oder von „weniger"-Formulierungen verlangten (z. B. ob ältere Menschen wahrscheinlicher oder unwahrscheinlicher von einer Glücksspielsucht genesen), wurden unterschiedlich gepolt, um eine Musterbildung in den Antworten zu verhindern.

Durch das beschriebene Vorgehen ergaben sich im ersten Schritt 43 Aussagen, die für den Fragebogen in sieben Abschnitte gruppiert wurden:

1. Aussagen zu Glücksspiel als Freizeitgestaltung oder soziale Aktivität von Älteren (4 Aussagen).
2. Aussagen mit Bezug auf die Charakteristika der Glücksspielteilnahme bei Älteren (7 Aussagen).
3. Aussagen mit Bezug auf die durch Glücksspiel ausgelösten Probleme bei Älteren (11 Aussagen).
4. Aussagen zum Forschungsstand über Glücksspielprobleme bei Älteren (2 Aussagen).
5. Aussagen zu Prävention und Intervention bei Älteren (5 Aussagen).
6. Aussagen zum Hilfesystem für Ältere (7 Aussagen).
7. Aussagen zu spezifischen Spielerschutzmaßnahmen für Ältere (7 Aussagen).

In der ersten Runde gab es für die Expertinnen und Experten außerdem die Möglichkeit, im Rahmen von zwei Freitextantworten auf „neue, innovative Spielerschutz-, Präventions- oder Interventionsmaßnahmen, die unbedingt Beachtung finden sollten" hinzuweisen und „Vorschläge für weitere Aussagen zum Themenfeld Glücksspiel" zu machen, die in nachfolgenden Runden ebenfalls bewertet werden sollten. Auf Basis dieser Freitextantworten wurde in Runde 2 ein achter Abschnitt („Neu generierte Items") mit insgesamt sieben Aussagen hinzugefügt. Insgesamt kam es im Rahmen der Delphi-Befragung demnach zur Vorlage von 50 zu bewertenden Aussagen.

Darüber hinaus wurden die Befragten in der ersten Runde gebeten, jeweils anzugeben, ob und wie lange sie beruflich bereits mit dem Thema Glücksspiel zu tun hatten bzw. wie lange sie schon mit Älteren zusammenarbeiten. Außerdem sollten die Expertinnen und Experten die Relevanz des Themenfeldes Glücksspiel im Alter in ihrem Berufsalltag auf einer fünfstufigen Likert-Skala („überhaupt nicht relevant", „wenig relevant", „mäßig relevant", „sehr relevant", „fast ausschließliches Thema") einschätzen.

Einschätzungsoptionen

Die Expertinnen und Experten wurden gebeten, ihre Zustimmung zu den vorgegebenen Aussagen auf einer fünfstufigen Likert-Skala anzugeben. Diese gliederte sich in die Stufen „stimme absolut zu", „stimme eher zu", „teils/teils", „stimme eher nicht zu" und „stimme absolut nicht zu". Die Inklusion eines neutralen Mittelpunkts („teils/teils") erfolgte, da einerseits die Möglichkeit einer klar neutralen Haltung der Expertinnen und Experten für möglich gehalten wurde und andererseits das Wording der zu bewertenden

Aussagen nicht validiert war. Im letzteren Fall sollte die mittlere Kategorie in der Auswertung eine Möglichkeit darstellen, missverständliche Aussagen aufzudecken, denen die Expertinnen und Experten je nach Kontext zugestimmt oder widersprochen hätten. Zugleich wurden die Expertinnen und Experten ab der zweiten Runde aufgefordert, eine Auswahl der „teils/teils"-Option genau zu überdenken, um eine sozial angepasste Tendenz zur Mitte zu vermeiden und Konsens oder Dissens klar abbilden zu können.

Expertinnen und Experten wurde außerdem die Möglichkeit gegeben, die Antwortoption „kann ich nicht beurteilen" zu wählen. Damit sollte der Heterogenität der Arbeitsfelder der Teilnehmenden Rechnung getragen werden. Falls eine Aussage inhaltlich zu weit von ihrer Expertise und ihrem Arbeitsfeld entfernt war, sollte diese Option gewählt werden können. Auch hier wurden die Expertinnen und Experten ab der zweiten Runde gebeten, die Wahl zu überdenken.

Kriterien für Konsens und Dissens

In der internationalen Literatur gibt es keine festen Vorgaben für den idealen Cut-off-Wert eines Konsenses. So fand ein systematischer Review aus dem Jahr 2014 heraus, dass der Median unter 25 Delphi-Studien mit einem a priori festgelegten Konsens-Kriterium bei 75 % Zustimmung lag (Diamond et al. 2014). Später forderten Studien jedoch Werte von 80 % (Toma/Picioreanu 2016). Im Rahmen dieser Delphi-Befragung fiel die Entscheidung auf das strengere Kriterium von 80 %. Die Stopp-Kriterien von Konsens und Dissens wurden daher wie folgt festgelegt:

1. *Zustimmender Konsens* galt als erreicht, wenn mindestens 80 % der Expertinnen und Experten (d. h. 12 der 15) in einer Runde eine Aussage mit „stimme eher zu" oder „stimme absolut zu" bewerteten.

2. *Ablehnender Konsens* galt als erreicht, wenn mindestens 80 % der Expertinnen und Experten (d. h. 12 der 15) in einer Runde eine Aussage mit „stimme eher nicht zu" oder „stimme absolut nicht zu" bewerteten.

3. Das Kriterium eines *Dissenses* zu einer Aussage galt als erreicht, wenn drei Kriterien erfüllt wurden:
    (1) Es konnte zuvor kein Konsens (s. o.) erreicht werden.
    (2) Bei mindestens 80 % der Antworten muss es sich um Bindungen handeln. Mit anderen Worten: mindestens 80 % der Expertinnen und Experten (also 12 der 15) gaben dieselbe Einschätzung wie in der Runde zuvor.
    (3) Ein statistischer Test (Wilcoxon-Vorzeichen-Rang-Test) zur Stabilität der Antworten zwischen dieser und der vorigen Runde war nicht signifikant ($p > 0{,}05$).

Der Wilcoxon-Vorzeichen-Rang-Test gibt eine inferenzstatistische Aussage darüber, wie stark die Expertinnen und Experten ihre Einschätzungen zwischen den Runden ändern. Dieser Test ergibt einen signifikanten Wert ($p \leq 0{,}05$), wenn Teilnehmende in der Summe ihre Einschätzung sehr stark ändern (z. B. wenn viele ihre Einschätzung von „stimme absolut nicht zu" zu „stimme eher zu" korrigieren). Die Meinung der Expertinnen und Experten wäre in diesem Fall zum Zeitpunkt der Auswertung noch volatil, sodass sich im weiteren Verlauf der Runden doch ein Konsens finden könnte. Alternativ könnte sich ein klarer Dissens ergeben, der alle drei genannten Kriterien erfüllt. Der statistische Test wurde in SPSS 26 durchgeführt („Wilcoxon-Test bei verbundenen Stichproben"). Da die Stichprobengröße unter 25 lag, wurde ein exakter Testwert berechnet.

Neben den definierten Zielkriterien im Sinne von Konsens und Dissens wurde der Rücklauf als Abbruchkriterium der Befragung definiert: Sobald in einer beliebigen Runde keine Rücklaufquote von 100 % mehr erreicht werden konnte, war die Befragung abzubrechen. Mit anderen Worten: Nach einer Runde mit unvollständigem Rücklauf fand keine weitere Befragungsrunde mehr statt. Dies sollte eine Vergleichbarkeit der prozentualen Angaben über alle Runden der Befragung hinweg garantieren und eine Verzerrung der Antworttendenzen verhindern. Bei einer unvollständigen Runde erfolgte trotzdem noch eine Auswertung. In diesem Fall waren die Antworten wie zuvor mit Blick auf die Konsens- oder Dissenskriterien zu bewerten, wobei eine Grundgesamtheit von 15 Personen für die Prozentrechnungen zugrunde gelegt und die fehlenden Rückmeldungen als „missing values" (fehlende Werte) betrachtet wurden. Aussagen, die zu diesem Zeitpunkt nicht die Konsens- oder Dissenskriterien erreichten, ließen sich in eine eigene Kategorie aufnehmen und als „instabil" ansehen. Instabil meint hier, dass sie nicht mit Sicherheit einem der drei anderen Stopp-Kriterien zugeordnet werden können, da die mögliche weitere Entwicklung der Gruppenantworten über weitere Runden nicht vorsehbar ist.

Ablauf und Anzahl der Runden

Die Fragebögen aller Runden wurden den Teilnehmenden per E-Mail im PDF-Format zur Verfügung gestellt. Nach der Einschätzung der einzelnen Aussagen sendeten sie den Bogen ebenfalls per Mail oder postalisch zurück. Abgesehen von den beschriebenen Änderungen zwischen der ersten und zweiten Runde blieb der Fragebogen auf der Ebene der Aussagen in allen nachfolgenden Runden identisch.

Nach jeder Runde bekamen die Expertinnen und Experten den Fragebogen jeweils mit einem individualisierten Feedback zur erneuten Bewertung vorgelegt. Dazu wurde über jeder Antwortoption angegeben, wie viele Expertinnen und Experten sich in der letzten Runde für diese Option entschieden hatten. Um eine eventuelle Änderung der eigenen Einschätzung auf Basis der Antworten durch die Gruppe zu ermöglichen, wurden die Prozentzahlen derjenigen Option, die ein Experte oder eine Expertin in der letzten Runde selbst gewählt hatte, in Fettdruck und unterstrichen dargestellt. Aussagen, die eines der beiden Konsenskriterien oder das Dissenskriterium erreichten, mussten in den nachfolgenden Runden nicht erneut bewertet werden. In den Fragebögen der Runde nach Erreichung eines Kriteriums wurde bei der jeweiligen Aussage die Möglichkeit zu antworten entfernt, die jeweiligen prozentualen Angaben zu den gewählten Antwortoptionen blieben jedoch über alle Runden im Fragebogen enthalten. Bei den Aussagen, die zustimmenden oder ablehnenden Konsens erreichten, geschah dies ohne weitere Markierung. Bei Aussagen mit eindeutigem Dissens wurde die Aussage zusätzlich mit dem farbig unterlegten Hinweis „DISSENS" markiert. Um die Lesbarkeit zu erleichtern, erfolgte in der dritten Runde zudem bei allen Aussagen, die noch zu beantworten waren, eine farbige Markierung der Nummerierung am Anfang der Aussage (z. B. „3.1"). Abbildung 6.1 zeigt beispielhaft das Aussehen eines Fragebogenabschnitts zu Beginn von Runde 3. Zu sehen sind zwei noch weiter einzuschätzende Aussagen, eine Aussage mit Konsens und eine mit Dissens. Die Aussagen und Prozentwerte entsprechen denen zu Beginn von Runde 3. Die fett markierten Werte sind zufällig erstellt worden und bilden nicht die tatsächlichen Antwortmuster teilnehmender Expertinnen und Experten ab.

Abschnitt 3. Aussagen mit Bezug auf die durch Glücksspiel ausgelösten Probleme bei Älteren.

	Stimme absolut zu	Stimme eher zu	Teils/Teils	Stimme eher nicht zu	Stimme absolut nicht zu	Kann ich nicht beurteilen
3.1 Ältere Menschen mit Glücksspielproblemen sind häufiger alleinstehend als jüngere Betroffene.	0,0	53,3	0,0	20,0	0,0	26,7
3.2 Ältere Menschen haben deutlich seltener durch Glücksspiel ausgelöste Probleme als jüngere Menschen.	0,0	33,3	6,7	53,3	0,0	6,7
3.3 Ältere Menschen haben geringere Chancen von einer Glücksspielsucht zu genesen als jüngere.	0,0	0,0	6,7	73,3	6,7	13,3
3.4 Ältere Menschen haben seltener Probleme mit Automatenspielen (in Spielhallen, Gaststätten oder Spielbanken) als jüngere. DISSENS	0,0	13,0	13,3	53,0	6,7	13,3

Abbildung 6.1: Beispiel für das Aussehen des Fragebogens

Dem Fragebogen war ein personalisiertes Anschreiben vorangestellt, mit dem die Expertinnen und Experten über den Ablauf der Delphi-Befragung, die Definition von älteren Menschen bzw. Seniorinnen und Senioren als Menschen über 60 sowie über die Darstellung der Rückmeldungen informiert wurden. In jeder Runde wurde außerdem die Anzahl der noch einzuschätzenden Aussagen angegeben, genau wie die Anzahl der Aussagen, die in der vorigen Runde eines der Kriterien erreicht hatten.

Nach drei Runden wurde das Abbruchkriterium erfüllt, da eine Person auch nach zwei Nachfassversuchen keine Antworten abgab. Daher fand keine vierte Runde s. Eine Delphi-Befragung mit drei Runden darf jedoch als durchaus gewinnbringend betrachtet werden, da nach drei Runden in der Regel das Antwortverhalten der Teilnehmenden bereits stabil bleibt (Häder/ Häder 2000). Die erste Runde begann im Juni 2022, die zweite im August 2022 und die dritte im September 2022.

Beschreibung des Panels
Initial wurden über persönliche Kontakte und eine Internetrecherche 17 Expertinnen und Experten zur Delphi-Befragung eingeladen. Von ihnen konnten 15 (88 %) Expertinnen und Experten für die Teilnahme gewonnen werden, davon zehn Frauen (67 %) und fünf Männer (33 %). Sieben (47 %) Teilnehmende sind dem Bereich Hilfesystem (inkl. Präventionsarbeit) zuzuordnen, vier (27 %) dem Bereich Wissenschaft, drei (20 %) dem Umfeld der Glücksspielanbieter und eine Person (7 %) dem Bereich Altenpflege. Die Rücklaufquote lag in den ersten beiden Runden bei den geforderten 100 %, in der dritten Runde wie oben beschrieben bei 93,3 % (14 von 15 Expertinnen und Experten).

In Bezug auf ihre beruflichen Erfahrungen gaben 14 der 15 Teilnehmenden (93,3 %) an, im Bereich Glücksspiel tätig zu sein, im Durchschnitt seit 15,3 Jahren (Standardabweichung 7,5 Jahre). Von den 15 Personen berichteten außerdem neun (60 %) davon, mit Älteren zu arbeiten, dabei im Durchschnitt seit 17,8 Jahren (Standardabweichung 10,9 Jahre). In der Einschätzung der Relevanz des Themas hielten jeweils zwei Expertinnen und Experten das Thema für wenig bzw. sehr relevant, elf von ihnen hielten das Thema für mäßig relevant.

6.3 Ergebnisse

Aussagen mit zustimmendem Konsens
Zu insgesamt 19 Aussagen konnte im Verlauf der Befragung ein zustimmender Konsens unter den Expertinnen und Experten erreicht werden (9 in Runde 1; 8 in Runde 2; 2 in Runde 3). Tabelle 6.1 bietet einen Überblick über diese Aussagen und über die Prozentwerte der zustimmenden Bewertungen sowie den Zeitpunkt der Konsens-Erreichung.

In den von der Gruppe zustimmend bewerteten Aussagen lassen sich zwei grundsätzliche Stoßrichtungen ablesen: Erstens sehen die Expertinnen und Experten eine Besonderheit im OnlineGlücksspielverhalten der Älteren. Sie nähmen seltener daran teil als jüngere Personen und hätten auch seltener Probleme, die auf der Teilnahme daran basierten. Gleichzeitig gehen die Expertinnen und Experten davon aus, dass in Zukunft eine größere Anzahl älterer Personen Probleme mit dem Online-Glücksspiel haben wird als gegenwärtig. Zweitens gibt es in der Gruppe der Expertinnen und Experten einen weitreichenden Konsens über Maßnahmen, die das Thema Glücksspiel im Alter verstärkt ins Zentrum der Aufmerksamkeit bringen sollen. Das umfasst zunächst die Forderung nach auf Ältere spezialisierten Präventions- wie auch Interventionsangeboten, unter anderem durch eine eigene Internetseite mit Informationen, der Aufbereitung von Flyern (etwa mit größerer Schrift) sowie Präventionsprogrammen und -vorträgen speziell in Einrichtungen für Ältere (wie etwa Altersheimen). Zugleich sehen die Expertinnen und Experten ältere Menschen selbst als schwer für Präventionsprogramme erreichbare Zielgruppe an. Dazu passend sind Angehörige und außenstehende Dritte mehr über das Thema zu informieren und einzubinden. Dafür sollen pflegende Angehörige, Mitarbeitende in der ambulanten wie auch der stationären Suchthilfe, der Altersheime, Seniorentreffs oder andere Menschen mit beruflichem Kontakt zu Älteren, (Haus)Ärztinnen und Ärzte sowie auch Personal im Glücksspielbereich spezifisch zum Thema Glücksspielsucht im Alter geschult werden. Mitarbeitende des Suchthilfesystems, auch im nicht-medizinischen Bereich, sollen nach Meinung der Gruppe auch für das Thema medikamenteninduzierter Glücksspielprobleme sensibilisiert werden. Außerdem bestünde die Aufgabe stationärer Suchtkliniken darin, spezielle Gruppen für ältere Glücksspielsuchterkrankte anzubieten. Hinzu kommt die Forderung an hausärztliche Vorsorgeuntersuchungen, grundsätzlich auch Fragen zum Glücksspielverhalten zu stellen. Auch eine stärkere Vernetzung der Angebote wünschen sich die Expertinnen und Experten; speziell sollen Einrichtungen mit Freizeitangeboten für Ältere und Suchthilfe intensiver zusammenarbeiten.

Ein Nebenbefund betrifft eine Besonderheit in der Motivationslage älterer Glücksspielender. Hier ist es Konsens in der Gruppe der Expertinnen und Experten, dass ältere Menschen häufiger aus Einsamkeit oder sozialer Isolation an Glücksspiel teilnehmen als jüngere Menschen.

Tabelle 6.1: Aussagen, bei denen zustimmender Konsens erreicht werden konnte

Aussage	Zustimmung ges. (stimme eher zu/stimme absolut zu) in %[a]	Runde
2.6 Ältere Menschen nehmen seltener an Online-Glücksspiel teil als jüngere.	93,3 (73,3/20,0)	1
3.11 Es ist zu erwarten, dass in Zukunft mehr Senior*innen[b] Probleme mit Online-Glücksspiel haben werden als heute.	93,3 (40,0/53,3)	1
5.1 Es gibt grundsätzlich eine Notwendigkeit für spezifische Glücksspielsucht-Präventionsprogramme für Ältere.	86,7 (33,3/53,3)	1
5.3 Prävention und Suchthilfe sollten insgesamt mehr mit Einrichtungen, die Freizeitangebote für Senior*innen anbieten, zusammenarbeiten.	86,7 (40,0/46,7)	1
6.1 Als (in der Regel) erste Ansprechpartner*in bei Problemen sollten Hausärzt*innen/Allgemeinmediziner*innen spezifisch zum Thema Glücksspielsucht im Alter geschult werden.	86,7 (33,3/53,3)	1
6.4 Mitarbeitende im ambulanten und/oder stationären Suchthilfesystem sollten speziell auf das Thema Glücksspielsucht im Alter geschult werden.	86,7 (26,7/60,0)	1
6.5 Für Mitarbeitende in der ambulanten Pflege, in Altersheimen, in Seniorentreffs, in Seniorensportgruppen und für andere Menschen mit beruflichem Kontakt zu Älteren sollte es Schulungen zu Erkennung und Umgang mit Glücksspielproblemen bei Senior*innen geben.	93,3 (46,7/46,7)	1
6.6 Das Thema medikamenteninduzierte Glücksspielprobleme im Alter (z. B. durch Anti-Parkinson-Medikation) sollte fester Bestandteil auch von nicht-medizinischen Fortbildungen im Suchthilfesystem sein.	86,7 (40,0/46,7)	1
7.6 Es sollte spezielles Informationsmaterial für Ältere geben, das deren Bedürfnisse besonders berücksichtigt (z. B. große Schrift mit weniger Text).	86,7 (26,7/60,0)	1
3.8 Ältere Menschen haben seltener Probleme mit Online-Glücksspiel als jüngere.	80,0 (0,0/80,0)	2
5.2 Es gibt grundsätzlich eine Notwendigkeit für spezifische Glücksspiel-Interventionsprogramme (d. h. Beratungs- und Behandlungsprogramme) für Ältere.	86,7 (13,3/73,3)	2

Aussage	Zustimmung ges. (stimme eher zu/stimme absolut zu) in %[a]	Runde
5.4 In Einrichtungen, die speziell für Ältere geschaffen wurden (z. B. Altersheime oder Senioren-Treffs/Begegnungszentren) sollten regelmäßig Präventionsprogramme oder -Vorträge zum Thema Glücksspiel und Glücksspielsucht angeboten werden.	86,7 (73,3/13,3)	2
5.5 Im Internet sollte es Webseiten mit Informationen über die Besonderheiten von Glücksspiel im Alter und damit verbundenen besonderen Suchtgefahren geben.	93,3 (73,3/20,0)	2
6.7 Es sollte Schulungen zum Thema Glücksspielsucht im Alter für pflegende Angehörige geben.	80,0 (66,7/13,3)	2
7.2 Personal im Glücksspielbereich sollte speziell auf das Erkennen von Glücksspielproblemen bei Älteren geschult werden.	93,3 (80,0/13,3)	2
8.4 Stationäre Suchtkliniken sollten durch speziell geschultes Personal spezielle Therapiegruppen für ältere Glücksspielsuchterkrankte anbieten.	80,0 (40,0/40,0)	2
8.7 Ältere Menschen mit glücksspielbezogenen Problemen sind als Zielgruppe für Präventions- und Interventionsangebote schwierig zu erreichen.	80,0 (66,7/13,3)	2
6.3 Medizinische Vorsorgeuntersuchungen/„Check-Ups" bei Älteren sollten grundsätzlich auch eine Frage nach dem Glücksspielverhalten umfassen.	80,0 (73,3/6,7)[c]	3
8.1 Ältere Menschen nehmen häufiger als jüngere an Glücksspiel teil, weil sie sich einsam oder isoliert fühlen.	80,0 (80,0/0,0)[c]	3

Anmerkung: [a] Aufgrund von Rundung kann die angegebene Gesamtsumme um eine Nachkommastelle von der Summe der in den Klammern angegebenen Teilwerte abweichen. [b] Da im Fragebogen eine Formulierung mit Gendersternchen gewählt wurde und die Inhalte des Fragebogens hier im Wortlaut wiedergegeben werden, kommt es an dieser Stelle zur Abweichung vom Genderstandard des Berichtswesens. [c] Bei Zugrundelegung einer Grundgesamtheit von 15 Expertinnen und Experten mit einem fehlenden Wert.

Aussagen mit ablehnendem Konsens

Zu insgesamt acht Aussagen konnte über den Verlauf der Befragung ein ablehnender Konsens unter den Expertinnen und Experten erreicht werden (6 in Runde 1; 2 in Runde 2). In der dritten Runde wurde keine Aussage mehr konsensual von den Expertinnen und Experten abgelehnt. Tabelle 6.2 bietet einen Überblick über diese Aussagen und über die Prozentwerte der ablehnenden Bewertungen sowie den Zeitpunkt der Konsens-Erreichung.

Die Expertinnen und Experten glauben nicht, dass Ältere seltener Lotto oder Tischspiele in Spielbanken spielen als Jüngere oder dass sie mit dem Lottospiel seltener Probleme haben. Außerdem lehnen sie Aussagen ab, nach denen

Glücksspiele oder Angebote in räumlicher Nähe zu Glücksspielen eine unbedenkliche Möglichkeit zum Pflegen sozialer Kontakte sind. Darüber hinaus widersprechen sie dem Vorschlag, ab einem bestimmten Alter die Teilnahme an Glücksspiel zu verbieten. Die Gruppe zeigt sich außerdem überzeugt, dass ältere Menschen keine geringeren Chancen haben, von einer Glücksspielsucht zu genesen als jüngere. Zugleich halten sie die bisherige Forschung zu Besonderheiten älterer Glücksspielender und zu Unterschieden zu jüngeren Glücksspielenden bisher für nicht ausreichend.

Tabelle 6.2: Aussagen, bei denen ablehnender Konsens erreicht werden konnte

Aussage	Ablehnung insgesamt (stimme eher nicht zu/ stimme absolut nicht zu) in %[a]	Runde
1.3 Glücksspiele sind eine unbedenkliche Möglichkeit für Ältere, soziale Kontakte zu pflegen.	86,7 (40,0/46,7)	1
1.4 Aktivitäten, die in der Umgebung von Glücksspielangeboten (z. B. Kaffee und Kuchen in Spielbanken) stattfinden, sind eine unbedenkliche Möglichkeit für Ältere, soziale Kontakte zu pflegen.	86,7 (46,7/40,0)	1
2.4 Ältere Menschen nehmen seltener an Lotterien teil als jüngere.	93,3 (46,7/46,7)	1
3.6 Ältere Menschen haben seltener Probleme mit Lotterien als jüngere.	80,0 (46,7/33,3)	1
4.1 Hinsichtlich Besonderheiten und Gemeinsamkeiten zwischen älteren und jüngeren Glücksspielern[b] gibt es bereits ausreichend Forschung und die Befunde sind hinlänglich bekannt.	93,3 (33,3/60,0)	1
7.7 Ähnlich dem Mindestalter oder Vorschlägen eines ablaufenden Führerscheins sollte die Glücksspielteilnahme ab einem bestimmten Alter untersagt sein.	80,0 (33,3/46,7)	1
2.3 Ältere Menschen nehmen seltener an Tischspielen in Spielbanken (z. B. Roulette) teil als jüngere.	80,0 (73,3/6,7)	2
3.3 Ältere Menschen haben geringere Chancen von einer Glücksspielsucht zu genesen als jüngere.	80,0 (73,3/6,7)	2

Anmerkung: [a] Aufgrund von Rundung kann die angegebene Gesamtsumme um eine Nachkommastelle von der Summe der in den Klammern angegebenen Teilwerte abweichen. [b] Da hier die Formulierung des Fragebogens hier im Wortlaut wiedergegeben werden, kommt es an dieser Stelle zur Abweichung vom Genderstandard des Berichtswesens.

Aussagen mit Dissens

Insgesamt zwölf Aussagen erreichten im Verlauf der Befragung das Dissens-Kriterium (3 in Runde 2; 9 in Runde 3). Tabelle 6.3 bietet einen Überblick über die Anzahl der gleichgebliebenen Antworten in der Runde, in der das Dissens-Kriterium erreicht wurde, sowie über den Wert des Wilcoxon Tests.

In den Dissens-Aussagen verteilen sich die Einschätzungen der Befragten weitgehend zwischen zustimmenden und ablehnenden Optionen. Eine Besonderheit stellt die Aussage 3.9 dar, da der Dissens hier daraus entsteht, dass (in Runde 3) vier der Expertinnen und Experten angaben, die Aussage nicht beurteilen zu können, während alle übrigen Befragten die Option „stimme eher nicht zu" wählten. Mit Blick auf einzelne Glücksspielformen herrscht unter den Expertinnen und Experten Uneinigkeit darüber, ob ältere Menschen seltener an Sportwetten teilnehmen und ob Automatenspiele und Tischspiele in Spielbanken bei Älteren seltener Probleme auslösen als bei Jüngeren. Auch bei Aussage 3.10 („Bei Älteren mit Glücksspielproblemen spielen substanzbezogene Probleme eine deutlich kleinere Rolle als bei Jüngeren mit Glücksspielproblemen") wurde die Option „kann ich nicht beurteilen" überdurchschnittlich oft ausgewählt, hierfür entschieden sich in der letzten Runde fünf der Teilnehmenden.

Darüber hinaus gibt es bei den Befragten keinen Konsens über mögliche Eigenheiten von älteren Glücksspielenden. Einschätzungen, ob diese eher zur Ablenkung spielen, keine anderen Alltagsaktivitäten haben, häufiger aus nicht-mitteleuropäischen Ethnien stammen oder im Vergleich zu Jüngeren weniger substanzbezogene (Sucht-)Probleme aufweisen, resultierten nicht in Konsens nach dem festgelegten Kriterium. Auch ob bei den Älteren das Problem der mangelnden Krankheitseinsicht stärker ausgeprägt ist als bei Jüngeren, blieb kontrovers.

Bestimmte Aussagen zu Schutzmaßnahmen wurden ebenfalls stabil ohne Konsens eingeschätzt. Dies umfasst die Einschätzung, ob existierende Schutzmaßnahmen bei Älteren nur wenig greifen oder nur wenig passgenau sind, ob die Spielersperre bei ihnen besonders geeignet ist, oder ob es mehr Suchtwarnhinweise mit auf das höhere Lebensalter abzielenden Inhalten auf Spielscheinen, in Spielstätten oder als Pop-Ups in Automatenspielen geben soll. Auch ob Glücksspielsucht im Alter fester Bestandteil des Curriculums des Medizinstudiums sein soll, blieb ohne Konsens nach dem definierten Kriterium.

Tabelle 6.3: Aussagen, bei denen eindeutiger Dissens erreicht werden konnte

Aussage	Anzahl Bindungen[a]	Wert Teststatistik (pWert)	Runde
2.5 Ältere Menschen nehmen seltener an Sportwetten teil als jüngere.	12	-1,633 (0,102)	2
3.4 Ältere Menschen haben seltener Probleme mit Automatenspielen (in Spielhallen, Gaststätten oder Spielbanken) als jüngere.	12	-0,577 (1,000)	2
3.5 Ältere Menschen haben seltener Probleme mit Tischspielen in Spielbanken (z. B. Roulette) als jüngere.	12	-0,272 (1,000)	2
2.1 Im Gegensatz zu jüngeren Glücksspielenden suchen die Älteren eher nach Ablenkungen, statt auf Geldgewinne zu hoffen.	13	-1,000 (1,000)	3
3.9 Ältere Menschen mit Glücksspielproblemen stammen häufiger aus nicht-mitteleuropäischen Ethnien als jüngere Menschen mit Glücksspielproblemen.	13	-1,000 (1,000)	3
3.10 Bei Älteren mit Glücksspielproblemen spielen substanzbezogene Probleme eine deutlich kleinere Rolle als bei Jüngeren mit Glücksspielproblemen.	12	-1,342 (0,500)	3
6.2 Glücksspielsucht im Alter sollte fester Bestandteil des Curriculums des Medizinstudiums sein.	12	-1,414 (0,500)	3
7.1 Die existierenden Spielerschutzmaßnahmen greifen bei Älteren nur wenig oder sind nur wenig passgenau.	13	-1,000 (1,000)	3
7.3 Die Spielersperre ist als Werkzeug des Spielerschutzes besonders geeignet für Ältere.	12	0,000 (1,000)	3
7.4 Es sollte mehr Suchtwarnhinweise mit auf das höhere Lebensalter abzielenden Inhalten (z. B. „Verspielen Sie nicht Ihre Rente!") auf Spielscheinen, in Spielstätten oder als Pop-Ups in Automatenspielen geben.	12	-1,342 (0,500)	3
8.3 Ältere Menschen mit glücksspielbezogenen Problemen haben in der Regel keine anderen Alltagsaktivitäten.	12	-0,447 (1,000)	3
8.6 Bei Älteren ist das Problem der mangelnden Krankheitseinsicht deutlich ausgeprägter als bei jüngeren Menschen mit Glücksspielproblemen.	12	-1,342 (0,500)	3

Anmerkung: [a] Bindungen = Anzahl der gleichgebliebenen Antworten zwischen der unter „Runde" angegebenen und der vorigen Runde.

Aussagen mit instabilen Antwortmustern

Da die Befragung nach drei Runden abgebrochen wurde, konnten nicht alle Aussagen die Kriterien von Konsens oder Dissens erreichen. Dies betraf elf Aussagen. Tabelle 6.4 gibt einen Überblick über die Anzahl der zuletzt gleichgebliebenen Antworten, den Anteil an zustimmenden bzw. ablehnenden Einschätzungen der Gruppe und über die Wilcoxon-Teststatistik. Daraus Tendenzen abzulesen ist nur in sehr begrenzter Form möglich, da nicht mit Sicherheit eingeschätzt werden kann, ob eine der Aussagen in weiteren Runden eines der Konsenskriterien oder das Dissenskriterium erfüllt hätte.

Die Aussagen, bei denen am Ende der Befragung keines der Kriterien erreicht werden konnte, umfassen die Frage, ob glücksspielähnliche Aktivitäten (ob mit oder ohne Geldeinsatz) eine unbedenkliche Form der Freizeitgestaltung im höheren Lebensalter sind. Eine finale Einschätzung dazu, ob ältere Menschen im Allgemeinen seltener als jüngere an Glücksspiel und an Automatenspiel im Speziellen teilnehmen, konnte ebenso wenig erreicht werden, wie eine Einschätzung dazu, ob Ältere im Vergleich zu Jüngeren allgemein seltener durch Glücksspiel ausgelöste Probleme oder speziell mit Sportwetten weniger Probleme haben. Auch zu der Frage nach der Übertragbarkeit der Ergebnisse aus anderen Ländern konnte die Gruppe der Expertinnen und Experten keine abschließende Aussage treffen, wobei bei diesem Ergebnis hervorzuheben ist, dass sieben (also die Hälfte) der noch teilnehmenden Expertinnen und Experten hier die „teils/teils"-Option wählten und somit eine klare Zuordnung zu Konsens oder Dissens wahrscheinlich auch im weiteren Verlauf kaum zu erreichen gewesen wäre.

Ebenso blieb die Aussage zu Langeweile als Motivationsfaktor zur Glücksspielteilnahme Älterer unbeantwortet. Außerdem konnten die Expertinnen und Experten innerhalb der drei Runden die Aussage dazu, ob ältere Menschen mit Glücksspielproblemen öfter alleinstehend sind, nicht abschließend einschätzen. Zwei Aussagen mit Blick auf die Prävention, nämlich die Sinnhaftigkeit einer „Spielerkarte" zur automatischen Generierung von Suchtwarnhinweisen und die Frage, ob im Alter Verhältnis- oder Verhaltensprävention relevanter ist, blieben ebenfalls offen.

Tabelle 6.4: Aussagen, bei denen kein Kriterium erreicht werden konnte

Aussage	Anzahl Bindungen zw. Rd. 2 u. 3[b]	Wert Teststatistik (p-Wert) in Rd. 3	Anteil Zustimmung/ Ablehnung in Rd. 3[b]
1.1 Glücksspielähnliche Aktivitäten (z. B. „Bingo-Abende" im Altersheim) sind – auch mit Geldeinsatz – unbedenkliche Formen der Freizeitgestaltung von Senior*innen[c].	9	-1,414 (0,312)	13,3/66,7
1.2 Glücksspielähnliche Aktivitäten (z. B. „Bingo-Abende" im Altersheim) sind nur ohne Geldeinsatz unbedenkliche Formen der Freizeitgestaltung von Senior*innen.	9	-1,342 (0,375)	73,3/0,0
2.2 Ältere Menschen nehmen seltener am Automatenspiel (in Spielhallen, Gaststätten oder Spielbanken) teil als jüngere.	11	-1,089 (0,500)	20,0/53,3
2.7 Ältere Menschen nehmen über alle Glücksspielformen hinweg pro Jahr an deutlich weniger Glücksspielen teil als jüngere Menschen.	10	-1,300 (0,375)	20,0/53,3
3.1 Ältere Menschen mit Glücksspielproblemen sind häufiger alleinstehend als jüngere Betroffene.	9	-1,656 (0,188)	73,3/6,7
3.2 Ältere Menschen haben deutlich seltener durch Glücksspiel ausgelöste Probleme als jüngere Menschen.	10	-1,841 (0,125)	20,0/53,3
1.2 Glücksspielähnliche Aktivitäten (z. B. „Bingo-Abende" im Altersheim) sind nur ohne Geldeinsatz unbedenkliche Formen der Freizeitgestaltung von Senior*innen.	9	-1,342 (0,375)	73,3/0,0
2.2 Ältere Menschen nehmen seltener am Automatenspiel (in Spielhallen, Gaststätten oder Spielbanken) teil als jüngere.	11	-1,089 (0,500)	20,0/53,3
2.7 Ältere Menschen nehmen über alle Glücksspielformen hinweg pro Jahr an deutlich weniger Glücksspielen teil als jüngere Menschen.	10	-1,300 (0,375)	20,0/53,3
3.1 Ältere Menschen mit Glücksspielproblemen sind häufiger alleinstehend als jüngere Betroffene.	9	-1,656 (0,188)	73,3/6,7
3.2 Ältere Menschen haben deutlich seltener durch Glücksspiel ausgelöste Probleme als jüngere Menschen.	10	-1,841 (0,125)	20,0/53,3
3.7 Ältere Menschen haben seltener Probleme mit Sportwetten als jüngere.	9	-0,408 (0,875)	40,0/40,0

Aussage	Anzahl Bindungen zw. Rd. 2 u. 3[a]	Wert Teststatistik (p-Wert) in Rd. 3	Anteil Zustimmung/ Ablehnung in Rd. 3[b]
4.2 Ergebnisse zu den möglichen Besonderheiten von Glücksspiel(sucht) im Alter aus anderen Ländern lassen sich auf die deutsche Situation übertragen.	9	-0,406 (0,750)	13,3/13,3
7.5 Es sollte eine personalisierte Spielerkarte eingeführt werden, sodass beim Spielen automatisch dem Alter der Spielenden angemessene Suchtwarnhinweise generiert werden können.	10	-1,890 (0,125)	73,3/13,3
8.2 Ältere Menschen nehmen häufiger als jüngere an Glücksspiel teil, weil sie sich langweilen.	9	-1,361 (0,250)	66,7/13,3
8.5 Gerade im Alter sind Maßnahmen der Verhältnisprävention (z. B. Verfügbarkeitsbeschränkungen oder Werberestriktionen) wichtiger als Maßnahmen der Verhaltensprävention (z. B. Aufklärung oder Warnhinweise).	11	-0,577 (1,000)	20,0/40,0

Anmerkung: [a] Bindungen = Anzahl der gleichgebliebenen Antworten. [b] Die Prozentzahlen basieren auf den 15 Personen, wobei durch den unvollständigen Rücklauf grundsätzlich ein fehlender Wert in die Grundgesamtheit eingeht. Zustimmung = Summe der Prozentwerte von „stimme absolut zu" und „stimme eher zu"; Ablehnung = Summe der Prozentwerte von „stimme absolut nicht zu" und „stimme eher nicht zu". [c] Da im Fragebogen eine Formulierung mit Gendersternchen gewählt wurde und die Inhalte des Fragebogens hier im Wortlaut wiedergegeben werden, kommt es an dieser Stelle zur Abweichung vom Genderstandard des Berichtswesens.

6.4 Diskussion

Mit der vorliegenden Delphi-Studie konnte erstmals in Deutschland in systematischer Weise die Einschätzung von Expertinnen und Experten aus verschiedenen Sachgebieten zum Themenfeld „Glücksspiel und Glücksspielsucht im Alter" herausgearbeitet werden. Dabei fanden insbesondere konkrete Präventions- und Hilfemaßnahmen aber auch weitere Facetten rund um diesen Forschungsgegenstand Berücksichtigung. Die vorliegende Auswertung ermöglicht damit eine erste themenbezogene Abbildung von mehrheitsfähigen Meinungen und Dissens-Bereichen unter Personen mit Fachexpertise.

Bei der Ergebnisbetrachtung sticht zunächst der Konsens unter den Expertinnen und Experten zu den im Fragebogen enthaltenen Aussagen zur Prävention und Intervention sowie zum Hilfesystem (Abschnitt 5 und 6 im Fragebogen) hervor. Dort ging es um Maßnahmen zur Erhöhung der Wahrnehmung des Problems der Glücksspielsucht im Alter und einer erhöhten Verzahnung verschiedener von Seniorinnen und Senioren genutzter Anlaufstellen sowie vermehrter Schulung dieser Institutionen. Die hohe Zustimmung muss jedoch nicht zwangsläufig einen ausschließlich altersbasierten Befund darstellen. Vielmehr dürfte diese Forderung im Rahmen einer Zielgruppenorientierung verstanden werden, die in ähnlicher Form auch bei anderen Altersgruppen wie beispielsweise Jugendlichen gilt. In diesem Sinne wäre eine Anpassung vorliegender Maßnahmen an die spezifischen Belange von älteren Personen anzustreben, eine dezidierte Forderung nach neuen Maßnahmen für Seniorinnen und Senioren ergibt sich hier nicht.

Die Expertinnen und Experten scheinen daneben nur wenig einzigartige Motivationslagen zur Glücksspielteilnahme bei älteren Menschen anzunehmen. Zwar sehen sie in diesem Zusammenhang Einsamkeit und soziale Isolation als häufigeren Faktor an als bei jüngeren Menschen. Dies dürfte zumindest zum Teil dem proportional höheren Anteil der durch diese Problemlage betroffenen Personen in dieser Altersgruppe zuzuordnen sein. Seniorinnen und Senioren erleben mit dem Übergang ins Rentenalter oft eine Verringerung ihrer sozialen Kontakte, verlieren mit fortschreitendem Lebensalter zusätzlich wichtige Beziehungspersonen und sind außerdem oft in ihrer Mobilität eingeschränkt, sodass eine Partizipation am öffentlichen Leben weniger möglich ist. An dieser Stelle ist anzumerken, dass Befunde des deutschen Alterssurveys (Huxhold/Engstler 2019; Huxhold/Fiori/Windsor 2013) zeigen, dass zwar die Größe des sozialen Netzwerkes im Alter abnimmt (und damit das Risiko an sozialer Isolation zunimmt), das Gefühl der emotionalen Unterstützung („emotional support") jedoch gleichbleibt (Huxhold et al. 2013) und das Risiko von Einsamkeitsgefühlen von 40-Jährigen auf gleicher Höhe liegt wie das von 90-Jährigen, während der Verlauf dazwischen annähernd U-förmig ausfällt (Huxhold/Engstler 2019). Eine Assoziation zwischen zunehmendem Alter und Glücksspielteilnahme ließe sich also offenbar nicht ohne weiteres durch eine Zunahme von Einsamkeitsgefühlen beschreiben. Außerdem scheinen frühere Jahrgänge in höherem Alter häufiger von Einsamkeit betroffen als spätere Jahrgänge im gleichen Alter (Huxhold/Engstler 2019). Präventionsmaßnahmen, die an dieser Stelle ansetzen wollten, bedürften also gegebenenfalls weiterer Forschung, die Isolation und Einsamkeit im Detail berücksichtigt.

Andere Motivationen, beispielsweise ein Mangel an anderen Aktivitätsoptionen, dem Wunsch nach Ablenkung oder kulturelle Gründe können von der Gruppe nicht im Sinne des festgelegten Konsenskriteriums eingeschätzt werden. Dies ist womöglich der Einschätzung der Expertinnen und Experten geschuldet, dass die bisherige Forschung zu Besonderheiten älterer Glücksspielender und Unterschiede zu jüngeren Glücksspielenden nicht ausreichend sei. Zugleich stufen die Expertinnen und Experten ihre Erfahrung im Bereich der Arbeit mit älteren Personen als eher gering ein; nur 60 % der Stichprobe gaben an, mit dieser Klientel zu arbeiten.

Besonderheiten sehen die Expertinnen und Experten hingegen eher im Glücksspielverhalten der Älteren. Sie nähmen seltener an Online-Glücksspiel teil, wobei sich ihrer Einschätzung nach der Anteil der älteren Menschen mit Problemen durch dieses Segment in Zukunft vergrößern werde (siehe auch Kapitel 4). Forschungsarbeiten, die diese Annahme empirisch belegen könnten, sind daher zwingend einzufordern. Darüber hinaus gehen die Befragten nicht davon aus, dass Ältere seltener Lotto oder Tischspiele in Spielbanken spielen als Jüngere oder dass sie mit dem Lottospiel seltener Probleme haben. Ob dies jedoch bedeutet, dass Ältere gleich häufig oder häufiger teilnehmen bzw. Probleme haben, kann angesichts der Formulierung der Aussagen nicht mit Sicherheit beantwortet werden. Ähnliche Interpretationsspielräume in der Formulierung könnten Grundlage des Dissens darüber sein, ob ältere Menschen seltener an Sportwetten teilnehmen und ob Automatenspiele und Tischspiele in Spielbanken bei Älteren seltener Probleme auslösen als bei Jüngeren.

Neben wie oben beschriebenen Schulungs- und Informationsmaßnahmen, die von 80 % der Expertinnen und Experten befürwortet werden, können keine anderen Maßnahmen diesen Konsens erzielen. Während ein einfaches Verbot von Glücksspiel ab einem bestimmten Alter – offenbar als zu starker Eingriff in die Selbstbestimmtheit – klar abgelehnt wird, kommt es bei allen anderen im Fragebogen aufgenommenen Alternativen zu einem Dissens. Vor allem überrascht der Dissens über die ausreichende „Passgenauigkeit" der existierenden Maßnahmen. Auch hier könnte die Formulierung der Aussage (im Sinne sowohl eines Verständnis-Problems als auch eines Abstraktions-Problems; vgl. Häder 2014) verantwortlich sein. Daneben ist nicht auszuschließen, dass die oder-Verknüpfung in diesem Item zu Unschärfen in der Antwort geführt hat („greifen bei Älteren nur wenig ODER sind nur wenig passgenau").

Im Rahmen der Freitext-Kommentare der ersten Runde lassen sich außerdem noch einige Impulse herauslesen. So wird von einer Person zur konkreten Umsetzung vorgeschlagen, die Krankenkassen in Präventionsmaßnahmen einzubeziehen, beispielsweise durch Förderung von Präventionsangeboten oder telefonischer Beratung. Eine andere Person schlägt gesetzlich verankerte Verpflichtungen zu struktureller Prävention vor, dies allerdings nur für „gefährliche Spiele". Hier wird also eine zusätzliche Differenzierung der Maßnahmen nach Glücksspielform gefordert. Mehrere Personen verweisen des Weiteren auf Problemfelder oder Präventionsangebote, die eine hohe Bedeutsamkeit besitzen, jedoch wenig altersspezifisch erscheinen: So wird vorgeschlagen, Mitglieder von Fußballvereinen und Angestellte von Spielhallen als möglicherweise gefährdete Personen in den Blick zu nehmen oder Angestellte von Banken mit Blick auf eine Kreditvergabe auf Glücksspielprobleme zu schulen. Eine Person sieht zudem eine generelle Erweiterung des Medizinstudiums um suchtspezifische Themen und Kommunikationstechniken als sinnvoll an. In einem Freitext-Kommentar wird spezifisch das in Hessen etablierte OASISSystem positiv hervorgehoben. Ein Kommentar wirft zudem erneut die Frage nach der Motivation von älteren Glücksspielteilnehmenden auf: Hier wird einerseits nach der Rolle von Einsamkeit oder Isolation sowie Depressionen im Alter gefragt, andererseits die Rolle von Glücksspiel als möglicher protektiver Faktor („Stimmungsaufheller" oder „Highlight") gegen jene Probleme zur Sprache gebracht. Letzteres erscheint nicht als unmögliche Motivation (siehe hierzu auch einige der Interviews aus Kapitel 4). Dies unterstreicht erneut die unzureichende Forschung zu Isolation und Einsamkeit und deren Wirkung auf eine (problematische) Glücksspielteilnahme im fortgeschrittenen Alter.

Limitationen

Diese Befragung, die in ihrer Form und Zielsetzung in Deutschland als einmalig betrachtet werden darf, bleibt aber nicht ohne Limitationen. Eine erste wesentliche Einschränkung bezieht sich auf die Panel-Gestaltung. Während es keine festen Normen zur notwendigen Anzahl der befragten Expertinnen und Experten gibt, ist eine Delphi-Studie durchaus in der Lage, die Meinung von sehr viel mehr als 15 Expertinnen und Experten auszuwerten. Damit hätte sich gegebenenfalls ein differenzierteres Stimmungsbild ergeben können. Auch wäre die Einbindung von älteren Betroffenen als eigene Gruppe sicherlich genauso wünschenswert gewesen wie eine größere Anzahl von weniger suchtspezifisch, aber dafür mehr altersspezifisch arbeitenden Menschen (z. B. aus der Altenpflege). Eine zweite grundlegende Limitation ist dem explorativen Charakter dieser Studie geschuldet, die unter anderem dazu führt, dass nicht alle Aussagen trennscharf ausfielen: Ablehnende Antworten zu Aussagen mit den Formulierungen „seltener" oder "weniger" könnten sowohl bedeuten, dass die Expertinnen und Experten als Alternative von "gleich viel" oder von "mehr" ausgehen. Wer beispielsweise Aussage 3.7 ("Ältere Menschen haben seltener Probleme mit Sportwetten als jüngere") ablehnend einschätzt, könnte sowohl der Meinung sein, dass Ältere *genauso häufig* Probleme mit Sportwetten haben wie Jüngere, als auch, dass Ältere *häufiger* Probleme mit Sportwetten zeigen als Jüngere. Auch die konkrete Ausgestaltung der einzelnen Maßnahmen, beispielsweise konkrete Inhalte einer altersspezifischen Schulung zum Thema Glücksspielsucht im Alter, konnte im Rahmen dieser Studie nicht erhoben werden und bedarf in Anknüpfungsforschungen einer weiteren Konkretisierung. Schließlich lässt sich die Altersgruppe, die in dieser Befragung fokussiert wurde, als limitierender Faktor begreifen. Im Allgemeinen gilt, dass auch dieser Lebensabschnitt heterogen verläuft. Zudem verändern sich der Umfang körperlicher Einschränkungen und die mit dem Alter einhergehende Verkleinerung des sozialen Netzes (und mit beidem die Teilhabe an öffentlichem Leben) im Laufe des fortschreitenden Lebensalters. Insofern könnte eine weitere Ausdifferenzierung der Altersgruppe, etwa in "jüngere Ältere" (über 60) und "ältere" (über 80), notwendig sein, um passende Präventions- und Hilfemaßnahmen für diese Subgruppen zu schaffen. Trotz dieser Kritikpunkte bleibt die vorliegende gebündelte Einschätzung der Meinung von Expertinnen und Experten verschiedener beteiligter Gruppen von hohem Stellenwert für eine erste informierte Entscheidung im Hinblick auf zu etablierende Präventions- und Interventionsmaßnahmen.

6.5 Fazit und Handlungsempfehlungen

Aus den dargestellten Einschätzungen der Expertinnen und Experten lassen sich auf Basis der vorgenommenen Einordnungen verschiedene Handlungsempfehlungen für die Praxis ableiten:

1. Zukünftige Forschung sollte sich verstärkt dem Thema Online-Glücksspiel und den damit assoziierten Folgeschäden im Alter widmen. Im Rahmen des demografischen Wandels und der älterwerdenden Bevölkerung ist mit einem stetig steigenden Anteil an älteren Personen zu rechnen, der am Online-Glücksspiel teilnimmt. Ob sich dieser Personenkreis dabei in seinem Verhalten, den Suchtrisiken und anderen Eigenschaften von anderen Altersgruppen unterscheidet, lässt sich mit der aktuellen Forschungsliteratur noch nicht ausreichend abbilden.

2. Es braucht (mehr) altersspezifische, digitale Präventions- bzw. Aufklärungsangebote und Unterstützungshilfen. Auf Basis der Rückmeldung der Expertinnen und Experten bietet sich in erster Linie die Erstellung einer Informationswebseite für diese Zielgruppe an. Dies könnte auch

auf Basis existierender Webseiten zum Thema „Sucht im Alter" geschehen. Zum Beispiel böte es sich an, die Informationsseiten der Deutschen Hauptstelle für Suchtfragen (www.dhs.de/lebenswelten/sucht-im-alter) in einem ersten Schritt um Basisangaben zu „Glücksspielsucht im Alter" zu ergänzen.

3. Nach Meinung der Expertinnen und Experten sind ältere Glücksspielende offenbar schwerer für Präventionsangebote zu erreichen. Hier sollte ein Modellprojekt die Gründe für diese Schwierigkeiten in differenzierter Weise beleuchten. Qualitativ oder quantitativ ausgerichtete Forschungsfragen könnten hier insbesondere darauf abzielen, ob und wie existierende Präventionsmaßnahmen von Älteren wahrgenommen werden und welchen Hürden sie sich beim Übergang ins Hilfesystem gegenübersehen.

4. Um ältere Betroffene mit einer Glücksspielproblematik zu unterstützen, erscheint es besonders wichtig, ihr persönliches Netzwerk einschließlich Multiplikatorinnen und Multiplikatoren aus dem professionellen Umfeld zu nutzen und zu sensibilisieren. Sinnvoll erscheinen in diesem Zusammenhang vor allem Schulungsmaßnahmen mit kontextabhängiger Ausgestaltung: So könnte man Pflegepersonal eher in Richtung Frühintervention schulen, während für Medizinerinnen und Mediziner der Schwerpunkt auf Intervention und Abgrenzung zu medikamenteninduzierter Glücksspielsucht zu legen wäre.

5. In einem Modellvorhaben sollten Behandlungsangebote für Ältere mit glücksspielbezogenen Problemen für den stationären Kontext entwickelt werden. Durch eine Erprobung von Konzepten auf Basis bisheriger klinischer Erfahrung (vgl. Schwager 2013) und einer begleitenden wissenschaftlichen Evaluation zur Effektivität entstünde womöglich ein evidenzbasierter Interventionsstandard. Hier geschaffene Ergebnisse ließen sich im Ablauf vereinheitlichen, im Idealfall bis hin zu einer Manualisierung. Dies wäre die Voraussetzung für die deutschlandweite Umsetzung eines derartigen qualitätsabgesicherten Behandlungsangebotes.

6. Lockmittel, die das Pflegen sozialer Kontakte unmittelbar mit Glücksspielen verbinden, sollten für diese Altersgruppe unterbunden werden. Zu solchen Initiativen gehören in anderen Ländern beispielsweise „Kaffeefahrten" oder Busausflüge in Casinos (vgl. van der Maas et al. 2017). Ohne Frage soll es auch Älteren weiterhin freistehen, ob sie an Glücksspiel teilnehmen möchten oder nicht. Marketingstrategien, die Glücksspielangebote gezielt über soziale Teilhabemöglichkeiten für Ältere maskieren, sind jedoch grundsätzlich zu verbieten.

7. Insgesamt lassen die Rückmeldungen der Expertinnen und Experten darauf schließen, dass es weniger Bedarf an einzigartigen oder neuar-

tigen Spielerschutz- und Präventionsmaßnahmen für ältere Personengruppen gibt. Vielmehr erscheint die zielgruppenorientierte Anpassung bestehender und grundsätzlich als wirksam erachteter Maßnahmen auf diese Altersgruppe erforderlich. Zum Beispiel könnten auch in dieser Altersgruppe Flyer mit Aufklärungshinweisen zum Treffen wohlinformierter (Glücksspiel-)Entscheidungen sein. Diese müssten jedoch ein Layout aufweisen, bei dem sich die Informationen auch ohne Zuhilfenahme einer Lesebrille leicht lesen lassen (vgl. für ähnliche Handlungsempfehlungen mit Turner et al. 2018).

6.6 Literatur

Bond, K. S., Jorm, A. F., Miller, H. E., Rodda, S. N., Reavley, N. J., Kelly, C. M./Kitchener, B. A. (2016). How a concerned family member, friend or member of the public can help someone with gambling problems: a Delphi consensus study. BMC Psychology, 4(6). DOI: 10.1186/s40359-016-0110-y.

Diamond, I. R., Grant, R. C., Feldman, B. M., Pencharz, P. B., Ling, S. C., Moore, A. M./Wales, P. W. (2014). Defining consensus: A systematic review recommends methodologic criteria for reporting of Delphi studies. Journal of Clinical Epidemiology, 67, 401–409.

Forsström, D., Spångberg, J., Petterson, A., Brolund, A./Odeberg, J. (2021). A systematic review of educational programs and consumer protection measures for gambling: an extension of previous reviews. Addiction Research/Theory, 29, 398–412.

Häder, M. (2014). Delphi-Befragungen: Ein Arbeitsbuch. Wiesbaden: Springer VS.

Häder, M./Häder, S. (2000). Die Delphi-Methode als Gegenstand methodischer Forschungen. In: Häder, M./Häder, S. (Hrsg.), Die Delphi-Technik in den Sozialwissenschaften. ZUMA-Publikationen (S. 11-31). Wiesbaden: VS Verlag für Sozialwissenschaften.

Häder, M./Häder, S. (2022). Delphi-Befragung. In: Baur, N./Blasius, J. (Hrsg.), Handbuch Methoden der empirischen Sozialforschung (S. 921-928). Wiesbaden: Springer VS.

Huxhold, O./Engstler, E. (2019). Soziale Isolation und Einsamkeit bei Frauen und Männern im Verlauf der zweiten Lebenshälfte. In: Vogel, C., Wettstein, M./Tesch-Römer, C. (Hrsg.). Frauen und Männer in der zweiten Lebenshälfte (S. 71–89). Älterwerden im sozialen Wandel. Wiesbaden: Springer VS.

Huxhold, O., Fiori, K. L./Windsor, T. D. (2013). The dynamic interplay of social network characteristics, subjective well-being, and health: The costs and benefits of socio-emotional selectivity. Psychology and Ageing, 28, 3–16.

Jorm, A. F. (2015). Using the Delphi expert consensus method in mental health research. Australian/New Zealand Journal of Psychiatry, 49, 887–897.

Matheson, F., Sztainert, T., Lakman, Y., Steele, S., Ziegler, C./Ferentzy, P. (2018). Prevention and treatment of problem gambling among older adults: A scoping review. Journal of Gambling Issues, 39, 6–66.

Molander, O., Volberg, R., Månsson, V., Sundqvist, K./Wennberg, P./Berman A. H. (2021). Development of the Gambling Disorder Identification Test: Results from an international Delphi and consensus process. International Journal of Methods in Psychiatric Research, 30: e1865. DOI: 10.1002/mpr.1865.

Regan, M., Smolar, M., Burton, R., Clarke, Z., Sharpe, C., Henn, C./Marsden, J. (2022). Policies and interventions to reduce harmful gambling: An international Delphi consensus and implementation rating study. The Lancet Public Health, 7(8), 705-717. DOI: 10.1016/S2468-2667(22)00137-2.

Schwager, J.-C. (2013). Die Behandlung von älteren Glücksspielern. In: Petry, J. (Hrsg.), Differentielle Behandlungsstrategien bei pathologischem Glücksspielen (S. 49-61). Freiburg: Lambertus.

Skinner, W. J. W., Littman-Sharp, N., Leslie, J., Ferentzy, P., Zaheer, S., Smit Quosai, T., Sztainert, T., Mann, R. E./McCready, J. (2018). Best practices for the treatment of older adult problem gamblers. Journal of Gambling Issues, 39, 166–203.

Toma, C./Picioreanu, I. (2016). The Delphi technique: Methodological considerations and the need for reporting guidelines in medical journals. International Journal of Public Health Research, 4(6), 47–59.

Turner, N. E., Wiebe, J., Ferentzy, P., Kauffman, N., Zaheer, S., Quosai, T. S., Sztainert, T., Murray, R., Hamilton, H., Sanchez, S., Matheson, F., McCready, J./Mann, R. E. (2018). Developing a best practices guide for the prevention of problem gambling among older adults. Journal of Gambling Issues, 39, 112–165.

van der Maas, M., Mann, R. E., Matheson, F. I., Turner, N. E., Hamilton, H. A./McCready, J. (2017). A free ride? An analysis of the association of casino bus tours and problem gambling among older adults. Addiction, 112, 2217–2224.

7 Implikationen

Tobias Hayer, Jens Kalke

7.1 Fazit

Mit dem vorliegenden Forschungsprojekt wurden erstmals in Deutschland auf breiter Basis wissenschaftlich belastbare Daten zum (problematischen) Glücksspielverhalten von älteren Personen (≥ 60 Jahre) gesammelt und ausgewertet. Über fünf Forschungsmodule ließen sich im Rahmen eines Mixed-Methods-Ansatzes diverse Facetten dieses Themenfeldes aus verschiedenen Perspektiven beleuchten und neuartige Erkenntnisse gewinnen. Unterdessen stellte die direkt vor Projektbeginn einsetzende Corona-Pandemie den gesamten Forschungsprozess vor besondere Herausforderungen. Vor allem die aktive Akquise von Studienteilnehmenden (Forschungsmodule 3 und 4 bzw. Kapitel 4 und 5 betreffend) gestaltete sich zum Teil weitaus diffiziler als ursprünglich angenommen.

Abgesehen von diesen administrativen Hürden hatten das pandemische Geschehen und die damit verbundenen Ängste bzw. Unsicherheiten aufseiten der Bürgerinnen und Bürger einerseits sowie die in Deutschland flächendeckend umgesetzten Corona-Schutzmaßnahmen andererseits (z. B. temporäre Schließung von terrestrischen Spielstätten, zeitweise Aussetzung von Sportveranstaltungen) einen bedeutsamen Einfluss auf die Nachfrage nach Glücksspielen. So belegen Forschungsbefunde aus dem internationalen Kontext, dass die Glücksspielaktivitäten auf Populationsebene zumindest in der Anfangsphase der Pandemie rückläufig ausfielen (Forsström/Lindner/Hayer 2023). Weiterführend lässt sich festhalten, dass nur ein kleiner Teil der Bevölkerung während des Lockdowns tatsächlich vermehrt „gezockt" hat. Hierbei handelt es sich vorrangig um jüngere Männer mit einer bereits vorab bestehenden hohen Glücksspiel-Affinität. Erste Forschungsstudien aus Deutschland bestätigen diesen Sachverhalt im Kern (Georgiadou et al.

2022; Schütze/Kalke/Buth 2023). Es ist davon auszugehen, dass der generelle Rückgang der Glücksspielnachfrage auch für die hier im Fokus stehende ältere Zielgruppe zutrifft. Dieser nicht zu kontrollierende Makroeinfluss ist bei der Befundbewertung auf jeden Fall zu berücksichtigen.

Insgesamt konnte dennoch eine Reihe von Bedingungsfaktoren bestimmt werden, die als Risikokandidaten für die Entwicklung und Manifestation glücksspielbezogener Probleme im Seniorenalter in Betracht kommen. Die modulübergreifend feststellbare Ergebnisheterogenität lässt die Formulierung eines geschlossenen Störungsmodells für ältere Glücksspielerinnen und Glücksspieler zum jetzigen Zeitpunkt hingegen noch nicht zu. Ohnehin drängt sich in der Gesamtbetrachtung der Befundlage der Verdacht auf, dass die extrahierten Risikofaktoren einer Glücksspielproblematik bei den 60+-Jährigen keineswegs alterstypisch ausgefallen sind. Vielmehr scheinen sie vor allem generische (d. h. altersunabhängige) Risikobedingungen (vgl. für einen Überblick mit Meyer/Bachmann 2017) abzubilden, die in späteren Lebensabschnitten aufgrund der dann vorherrschenden spezifischen Entwicklungsaufgaben besonders zum Tragen kommen. Beispielhaft soll an dieser Stelle zum einen das Merkmalsbündel soziale Isolation, das Erleben von Einsamkeit und der Umgang mit Verlustereignissen Erwähnung finden. Derartige Belastungen erhöhen grundsätzlich während der gesamten Lebensspanne die Wahrscheinlichkeit einer glücksspielbedingten Fehlanpassung – im fortgeschrittenen Alter dürfte ihre Auftretenswahrscheinlichkeit jedoch erhöht sein, sodass ihnen eine noch größere Bedeutung zukommt. Darüber hinaus verweisen Forschungsbefunde konsistent darauf, dass verschiedenartige Werbeformate und -inhalte für Glücksspiele das Potenzial besitzen, Einstellungsmuster, Verhaltensintentionen und Konsumentscheidungen zu formen (Hayer et al. 2020). Unabhängig von ihrer bisherigen Umsetzung sind Marketingmaßnahmen wie sogenannte „Kasino-Bustouren" oder „Kaffee-Nachmittage" in Spielbanken, die sich gezielt an Ältere und deren Bedürfnisse richten (z. B. nach vermehrter sozialer Teilhabe; vgl. Piscitelli et al. 2017; Southwell/Boreham/Laffan 2008; van der Maas et al. 2017), demnach im Sinne des Spielerschutzes ganz konkret zu unterbinden.

Gleichzeitig deutet diese Befundlage an, dass eine allgemeine, frühzeitig einsetzende Präventionsstrategie sinnvoll erscheint, um den mit Glücksspielen einhergehenden Suchtgefahren adäquat zu begegnen. Handlungsleitend könnte hier der interdisziplinär ausgerichtete Ansatz der öffentlichen Gesundheitsfürsorge (Public Health) sein, dessen suchtpräventiver Mehrwert mittlerweile unstrittig ist (Meyer/Hayer 2023). Jener populationsorientierte Public Health-Ansatz setzt im Wesentlichen auf verhältnispräventive Maßnahmen, indem er darauf abzielt, gesundheitsförderliche Arbeits- und

Lebensbedingungen zu schaffen. Entsprechend rückt die Gesundheit und das Wohlbefinden der Gesamtbevölkerung – und eben nicht bestimmter Populations- oder Altersgruppen – in den Mittelpunkt der Präventionspraxis. Beispielhafte Maßnahmen wären abgesehen von Werberestriktionen spürbare Verfügbarkeitsbegrenzungen und -einschränkungen vor allem bei Glücksspielen mit einem erhöhten Gefährdungspotential sowie in sozialstrukturell benachteiligten Settings (Gesundheitsschutz), dynamische Warnhinweise an Spielautomaten mit regelmäßig wechselnden Präventionsbotschaften (Gesundheitsförderung) oder verbindliche, im Vorfeld einer Glücksspielteilnahme festzulegende Begrenzungen der Maximalspielzeit, des Maximaleinsatzes und der Maximalverluste unter Berücksichtigung aller Glücksspielformen (Schadensminimierung).

Zu diesem generischen Blickwinkel passen drei weitere weitgehend einheitliche Beobachtungen. Erstens fällt ähnlich wie bei anderen Alterskohorten auf, dass Seniorinnen und Senioren mit einer Glücksspielproblematik offenbar häufig unter komorbiden Belastungen (u. a. depressiver Symptomatik) leiden – entweder als Vorläufer oder als Folge des pathologischen Glücksspielverhaltens. Zweitens scheint der vorherrschende fehlangepasste Entwicklungsverlauf darin zu bestehen, bereits vor dem 60. Lebensjahr zumindest mit dem regelmäßigen Glücksspielen begonnen (early-starter) bzw. diesbezüglich sogar manifeste Probleme entwickelt zu haben (early-onset). In beiden Fällen würde das hohe Lebensalter nicht per se ein auslösendes (initiales) Moment für die dauerhaften Glücksspielaktivitäten bzw. die Problemgenese verkörpern. Erneut liegt eher auf der Hand, dass die mit dieser Lebensphase in Verbindung stehenden spezifischen Lebenssituationen und Entwicklungsaufgaben eine gewichtige Rolle spielen und zu der Aufrechterhaltung bzw. Intensivierung des Glücksspielverhaltens beitragen. Drittens herrscht insgesamt ein gravierender Mangel an Präventions- und Interventionsansätzen vor, die sich an Personen im fortgeschrittenen Alter richten. Ein Grund hierfür könnte in dem weitgehenden Fehlen von altersspezifischen Risikokonstellationen zu finden sein. Darüber hinaus liefert der Projektbericht im Ganzen weitere wichtige Impulse für die Praxis, wie der folgende abschließende Abschnitt zeigt.

7.2 Handlungsempfehlungen für Prävention, Hilfe und Forschung

In den fünf verschiedenen Forschungsmodulen wurden jeweils einzelne Handlungsempfehlungen für Prävention, Hilfe und Forschung formuliert. In diesem Kapitel erfolgt ihre integrale Zusammenführung. In Klammern ist jeweils angegeben, aus welchem Kapitel die Empfehlung stammt.

Handlungsempfehlungen für die Prävention glücksspielbezogener Probleme im Alter

Zielgruppe
- Zielgruppe für spezifische Präventionsmaßnahmen sind generell ältere Personen in bestimmten „isolierten" Lebenssituationen, beispielsweise ohne nahen Kontakt zu Angehörigen, mit viel freier Zeit (im Sinne von ungeplant bzw. ohne sinnstiftende Aufgaben) oder körperlichen Einschränkungen. Infolgedessen stellen in diesem Zusammenhang primär die Alltagsstrukturierung und ein vielfältiges Freizeitangebot Präventionsempfehlungen dar, die auf kommunaler Ebene alters-, kultur- bzw. bedarfsspezifisch und möglichst inklusiv ausgestaltet werden sollten (Modul 1).
- Weiterführend bilden insbesondere alleinlebende ältere Personen eine wichtige Zielgruppe von Gesundheitsförderung im Allgemeinen, aber auch von glücksspielpräventiven Anstrengungen im Speziellen (Modul 4). Hier steht insbesondere die soziale Einbindung als Präventionsempfehlung im Mittelpunkt.

Präventionsansätze
- Es braucht (mehr) altersspezifische, digitale Präventions- bzw. Aufklärungsangebote und Unterstützungshilfen. Es bietet sich in erster Linie die Erstellung einer Informationswebseite für diese Zielgruppe an. Dies könnte in effizienter Weise auf Basis bereits existierender Homepages zum Thema „Sucht im Alter" geschehen (Modul 5).
- Darüber hinaus ließen sich altersspezifische Materialien universeller Prävention über Verbände und Organisationen verteilen, die sich gezielt an ältere Menschen richten (z. B. Seniorenclubs, Altenverbände) (Modul 2).
- Generell ist eine zielgruppenorientierte Anpassung bestehender und grundsätzlich als wirksam erachteter Präventions- und Informationsmaßnahmen (vgl. Kalke/Hayer 2019) für diese Altersgruppe erforderlich. Zum Beispiel könnten dies Flyer mit Aufklärungshinweisen zum Treffen wohlinformierter (Glückspiel-)Entscheidungen sein. Diese Materialien

müssten jedoch ein Layout aufweisen, bei dem sich die Informationen auch ohne Zuhilfenahme einer Lesebrille leicht lesen lassen (Modul 5).
- Aufgrund der international wie auch in dieser Studie geringen Anzahl festgestellter Unterschiede zwischen Männern und Frauen erscheinen nach Geschlecht zu differenzierende Empfehlungen für die Prävention glücksspielbezogener Probleme im Alter zurzeit wenig zielführend (Modul 4).

Spezifische Aspekte

- In den altersgerechten Präventionsmaterialien sollte vor allem das Bewusstsein für potenzielle Risiken des Glücksspiels, wie etwa kognitive Verzerrungen und hier vor allem unrealistische Gewinnerwartungen, gestärkt werden (Modul 4).
- Die Morbus Parkinson-Medikation ist zwingend als Fort- bzw. Weiterbildungsthema glücksspielsuchtbezogener Prävention bei neurologischen Fachdiensten sowie Hausarztpraxen einzubinden (Modul 3).
- Lockmittel durch Glücksspielanbieter, die das Pflegen sozialer Kontakte bzw. Aktivitäten unmittelbar mit Glücksspielen verknüpfen, sollten für diese Altersgruppe unterbunden werden (z. B. „Kaffee-Nachmittage" in Spielbanken). Marketingstrategien, die Glücksspielangebote gezielt über soziale Teilhabemöglichkeiten für Ältere maskieren, sind grundsätzlich zu untersagen, da die mit diesem Vorgehen verbundenen Risiken etwaige Positiveffekte übersteigen (Modul 5). Die Einhaltung dieser Verbote sollte regelmäßig von staatlicher Seite durch die Aufsichtsbehörden kontrolliert werden.

Handlungsempfehlungen für das Hilfesystem mit Bezug auf ältere Glücksspielerinnen und Glücksspieler

Zielgruppenspezifische Ansprache

- Es sollte geprüft werden, ob sich die Entwicklung von Standards zielgruppenspezifischer Ansprachen als sinnvoll erweist, beispielsweise für problematisch spielende Frauen in bestimmten Spielumgebungen (z. B. Spielbanken). Entsprechende Aspekte wären dann auch in den Personalschulungen zur Früherkennung von Problemspielenden zu berücksichtigen (Modul 2).

Inhalte und Modalitäten von Hilfeangeboten

- Eine Verstärkung der Interventionsanstrengungen in Bezug auf Glücksspielsucht sollte sich auf das Lebensereignis „Berentung" beziehen, weil

dort ein günstiger Ausstiegspunkt aus der Glücksspielproblematik liegt (Modul 3).
- In der Behandlung sollte, gerade bei älteren Glücksspielenden, ein besonderer Wert auf Sinnstiftung und Werteorientierung gelegt werden (Modul 3).
- Bei allen professionellen Angeboten (Beratung, ambulante und stationäre Therapie) und den Selbsthilfen ist auch für ältere betroffene Menschen die stärkere ergänzende Nutzung von Online-Ressourcen zu empfehlen (Modul 3).

Kooperationen
- Es sind spezifische Angebote für glücksspielsüchtige Menschen im Alter durch fachgerechte Kooperationen zwischen Suchthilfe und altersspezifischen Hilfen zu konzipieren und in der Praxis umzusetzen (Modul 3).
- Sinnvoll erscheinen zudem basale Schulungsmaßnahmen mit kontextabhängiger Ausgestaltung: So wäre das Pflegepersonal in Richtung Früherkennung und Frühintervention zu schulen, während für Medizinerinnen und Mediziner der Schwerpunkt auf Intervention und Abgrenzung zu medikamenteninduzierter Glücksspielsucht zu legen wäre (Modul 5).
- Schließlich ist wegen der häufig intermittierend auftretenden Suizidalität eine engere und stärkere Kooperation mit Diensten in diesem Bereich (Krisenintervention, Notruf, psychiatrische Akutstationen) anzustreben (Modul 3).

Handlungsempfehlungen für Anknüpfungsforschungen
- Eine wesentliche Aufgabe zukünftiger Forschungsaktivitäten ist es, ein konsentiertes Verständnis der Begriffsverwendung „Seniorenalter" zu entwickeln. Die hier zugrunde gelegte Altersuntergrenze von 60 Jahren hat sich bewährt, da mit ihr eine Reihe von Glücksspielerfahrungen abgebildet werden konnten, die im Zusammenhang mit den Herausforderungen des fortgeschrittenen Alters einschließlich altersspezifischen Entwicklungsübergängen (u. a. Berentung) stehen. Es wird empfohlen, diese Definition zukünftig zu übernehmen und damit die Befundvergleichbarkeit insgesamt zu erleichtern (modulübergreifend).
- Die Überlegungen zur Abhängigkeit von unterschiedlichen Lebenssituationen im Seniorenalter legen grundsätzlich interdisziplinäre Forschungskooperationen zwischen geriatrischer und Suchtforschung nahe (Modul 1).

- Zukünftige Forschung sollte sich ferner verstärkt dem Thema Online-Glücksspiel und den damit assoziierten Suchtrisiken und Folgeschäden im Alter widmen (Modul 5).
- In einem Modellprojekt sind die Gründe dafür zu untersuchen, ob und wenn ja warum, ältere Glücksspielende schwerer für Präventionsangebote zu erreichen sind (Modul 5).

In einem weiteren Modellvorhaben könnten passgenaue Behandlungsangebote für Ältere mit glücksspielbezogenen Problemen für den stationären Kontext entwickelt, erprobt und evaluiert werden (Modul 5).

Abschließend sei ein kleiner Ausblick gewagt: Zukünftig dürften die nationalen wie internationalen Glücksspielmärkte weitere tiefgreifende Veränderungen durchlaufen. Aufgrund des raschen technologischen Wandels werden insbesondere digitale Glücksspielangebote zunehmend an Bedeutung gewinnen und verstärkt in alltägliche Abläufe eingebettet bzw. in private Sphären vordringen (Pitt et al. 2023). Es ist zu vermuten, dass dieser Entwicklungstrend generationenübergreifend wirkt und damit auch das Glücksspielverhalten der Seniorinnen und Senioren nachhaltig beeinflusst. Eine generell bessere Zugänglichkeit, die permanente Verfügbarkeit und eine damit assoziierte erhöhte soziale Akzeptanz dürften dazu beitragen, die Wahrnehmung von Glücksspielen in Richtung Normalisierung (d.h. weg von einer als risikobehaftet angesehenen Freizeitbeschäftigung) transformieren. Welche Risiken damit gerade für ältere Menschen verbunden sind, müssen zukünftige Forschungsarbeiten klären.

7.3 Literatur

Forsström, D., Lindner, P./Hayer, T. (2023). Editorial: Gambling during COVID-19: Changes, risks, challenges and opportunities in the wake of COVID-19. Frontiers in Psychology, 13:1110963.

Georgiadou, E., Müller, A., Koopmann, A., Leménager, T., Hillemacher T./Kiefer, F. (2022). Changes in gambling behavior during the COVID-19 lockdown in Germany. International Gambling Studies, 22, 45–62.

Hayer, T., Füchtenschnieder, I., Hardeling, A., Landgraf, K., Rehbein, F., Wulf, R./Rumpf, H.-J. (2020). Empfehlung zu Glücksspielwerbung während der Corona-Pandemie. Sucht, 66, 217–222.

Kalke, J./Hayer, T. (2019). Expertise zur Wirksamkeit von Maßnahmen des Spieler- und Jugendschutzes: Ein systematischer Review. Berlin: Peter Lang.

Meyer G./Bachmann, M. (2017). Spielsucht: Ursachen, Therapie und Prävention von glücksspielbezogenem Suchtverhalten. Berlin: Springer.

Meyer, G./Hayer, T. (2023). Schadensbegrenzung beim Glücksspiel: Eine Aufgabe für die öffentliche Gesundheitsfürsorge. Prävention und Gesundheitsförderung, 18, 1–9.

Piscitelli, A., Harrison, J., Doherty, S./Carmichael, B. A. (2017). Older adults' casino gambling behavior and their attitudes toward new casino development. International Journal of Aging and Human Development, 84, 415–430.

Pitt, H., McCarthy, S., Thomas, S.L., Randle, M., Marko, S., Cowlishaw, S., Kairouz. S./Daube, M. (2023). Older adults' perceptions of the risks associated with contemporary gambling environments: Implications for public health policy and practice. Frontiers in Sociology, 8:1061872.

Schütze, C., Kalke, J./Buth, S. (2023). Lockdown und der Wechsel ins Online-Glücksspiel: Das Glücksspielverhalten von Kasino- und Automatenspielern sowie Sportwettern in der Phase des ersten COVID-19-Lockdowns in Deutschland. Zeitschrift für Wett- und Glücksspielrecht, 22(1), 22–29.

Southwell, J., Boreham, P./Laffan. W. (2008). Problem gambling and the circumstances facing older people: A study of gaming machine players aged 60+ in licensed clubs. Journal of Gambling Studies, 24, 151–74.

van der Maas, M., Mann, R. E., Matheson, F. I., Turner, N. E., Hamilton, H. A./McCready, J. (2017). A free ride? An analysis of the association of casino bus tours and problem gambling among older adults. Addiction, 112, 2217–2224.

Verzeichnis der Autorinnen und Autoren

Dr. Lydia Girndt
Universität Bremen
Institut für Public Health & Pflegeforschung
Abteilung für Gesundheit und Gesellschaft
Grazer Str. 2, 28359 Bremen
E-Mail: info@lydia-girndt.com

Dr. Tobias Hayer
Universität Bremen
Institut für Public Health & Pflegeforschung
Abteilung für Gesundheit und Gesellschaft
Leitung der Arbeitseinheit Glücksspielforschung
Grazer Str. 2, 28359 Bremen
E-Mail: tobha@uni-bremen.de

Dr. Jens Kalke
Institut für interdisziplinäre Sucht- und Drogenforschung (ISD)
Lokstedter Weg 24, 20251 Hamburg
E-Mail: j.kalke@isd-hamburg.de

Zentrum für interdisziplinäre Suchtforschung (ZIS),
Universitätsklinikum Hamburg-Eppendorf
Martinistr. 52, 20246 Hamburg

Prof. Dr. Michael Klein
Katholische Hochschule NRW
Wörth Str. 10, 50668 Köln
E-Mail: mikle@katho-nrw.de

Veronika Möller
Institut für interdisziplinäre Sucht- und Drogenforschung (ISD)
Lokstedter Weg 24, 20251 Hamburg
E-Mail: v.moeller@isd-hamburg.de

Eike Neumann-Runde
Institut für interdisziplinäre Sucht- und Drogenforschung (ISD)
Lokstedter Weg 24, 20251 Hamburg
E-Mail: eike.neumann@uni-hamburg.de

Zentrum für interdisziplinäre Suchtforschung (ZIS),
Universitätsklinikum Hamburg-Eppendorf
Martinistr. 52, 20246 Hamburg

Tobias Turowski
Universität Bremen
Institut für Public Health & Pflegeforschung
Abteilung für Gesundheit und Gesellschaft
Grazer Str. 2, 28359 Bremen
E-Mail: turowski@uni-bremen.de

Motivierende Gesprächsführung

Die Neuauflage unterscheidet sich deutlich von ihren Vorgängern, da die Weiterentwicklung standardisierter Verfahren zur Gesprächsanalyse die Identifikation von zentralen Wirkmechanismen ermöglicht.
Anstatt wie zuvor in erster Linie auf Phasen und Prinzipien von MI abzuheben, wird an vier weit gefassten Prozessen angesetzt, die als Grundelemente zum MI-Ansatz gehören – Beziehungsaufbau, Fokussierung, Evokation und Planung. Dieses Vier-Prozesse-Modell zeigt die Praxis von MI. Die Autoren führen aus, wie sich die genannten MI-Prozesse während des gesamten Veränderungsverlaufs einsetzen lassen, und zwar nicht nur im Hinblick auf Verhaltensänderungen. Außerdem gibt neue Erkenntnisse zu MI-Basiselementen und zur MI-Ausbildung: Status-quo-Sprache wird nun als das Gegenteil von Veränderungssprache (Change Talk) beschrieben und von Anzeichen für Dissonanz in der Beziehung von Beraterin/Berater und Klientin/Klient abgegrenzt. Folglich rücken die Autoren von ihrem früheren Konzept des Widerstands ab.
Unverändert ist hingegen die geistige und emotionale Grundhaltung, in der MI durchgeführt wird, nämlich in einem kooperativen, partnerschaftlichen Verhältnis zum Gegenüber. Damit schließen die Autoren an die jahrtausendealte und kulturübergreifende Einsicht an, wie wichtig Mitgefühl für mögliche Heilungsprozesse ist.
Das Buch enthält außerdem neue Fallbeispiele, ein Glossar mit MI-Begriffen und eine aktualisierte Bibliografie. Erstmals erscheint die komplette Übersetzung der amerikanischen Ausgabe als deutsche Übersetzung.
Die ideale Ergänzung zum Buch: Die Motivational Interviewing Box mit Fragekarten – Arbeitshilfen für Therapie und Beratung. Auch im Set erhältlich.

William R. Miller, Stephen Rollnick

Motivierende Gesprächsführung
Motivational Interviewing: 3. Auflage des Standardwerks in Deutsch
4. Vollständige Übersetzung der 3. amerikanischen Auflage,
Oktober 2015
Kartoniert/Broschiert, 484 Seiten
ISBN 978-3-7841-2545-9

LAMBERTUS
SOZIAL | RECHT | CARITAS

www.lambertus.de

Motivational Interviewing Box mit Fragekarten

Motivational Interviewing (Miller & Rollnick, 2015) ist ein zugleich direktives und klientenzentriertes Verfahren, das den gleichberechtigten Dialog über Veränderung in den Fokus des Gesprächs rückt. Um die Motivation des Klienten zu wecken, initiiert der Therapeut ein lautes Nachdenken über Veränderung – den so genannten change talk – und versucht darüber hinaus, das Verharren im Status quo (sustain talk) abzuschwächen. Neben der Motivation des Klienten muss der Therapeut eine Reihe weiterer Voraussetzungen erfolgreicher Behandlung im Blick haben: den Aufbau einer vertrauensvollen Beziehung (engaging), die Abklärung der Behandlungsziele (focusing) und die Vorbereitung der Verhaltens änderung (planning).

Miller und Rollnick (2015) beschreiben verschiedene Möglichkeiten, diesen Herausforderungen gerecht zu werden. So erleichtert beispielsweise der gemeinsame Blick auf das agenda mapping chart die Vereinbarung der Behandlungsziele in gegenseitigem Einvernehmen, der value card sort lenkt das Gespräch auf die Motive einer Veränderung und die Einschätzung des Selbstvertrauens auf der Z-Skala (confidence ruler) kann die Planung der ersten Schritte einleiten.

Die „Arbeitshilfen für Therapie und Beratung" bieten erstmals eine deutschsprachige Sammlung dieser und anderer Instrumente. Sie ergänzen das Standardwerk von Miller und Rollnick (2015) und erleichtern die Anwendung in Therapie und Beratung.

Kartenset passend zum Buch „Motivierende Gesprächsführung"
- 119 Bild- und Textkarten im Karton
- Mit Farbfotos und Begleitheft

Ralf Demmel, Gergely Kemény, Stephen Rollnick, William R. Miller

Motivational Interviewing Box mit Fragekarten
Arbeitshilfen für Therapie und Beratung - Mit Begleitbuch und Geleitwort von Stephen Rollnick

2. Auflage, 2022, 119 Bild- und Textkarten im Karton
€ 42,00
ISBN 978-3-7841-3370-6

Auch als eBook erhältlich

www.lambertus.de

LAMBERTUS
SOZIAL | RECHT | CARITAS

Freizeit- und Glücksspielverhalten Jugendlicher und junger Erwachsener

Risiken von Glücksspielen um Geld, insbesondere auch für Jugendliche, sind seit geraumer Zeit Gegenstand der politischen und gesellschaftlichen Diskussion.

Das vorliegende Buch diskutiert die Forschungslage zum Glücksspielen in Deutschland und stellt die Ergebnisse einer Studie vor, die dazu beitragen soll, die empirische Grundlage für die Ableitung wirksamer Präventionsansätze im Bereich Glücksspielen zu verbessern.

Im Rahmen einer breit angelegten Online-Befragung von fast 7.000 Jugendlichen und jungen Erwachsenen in Deutschland wurden über das Spielverhalten hinaus – von Lotto, Sportwetten, Internet-Glücksspiel, bis hin zu Geldgewinnspielgeräten – eine Vielzahl von Daten zum Freizeitverhalten und zur Lebenswelt der Jugendlichen und jungen Erwachsenen erfasst. Dabei zeigte sich u.a., dass Glücksspielen an sich noch kein Hinweis auf eine Problemlage ist, sondern dass bei problematischen Spielern das missbräuchliche Glücksspiel offensichtlich nur ein Symptom vielfältiger dahinterliegender Problematiken ist.

Heino Stöver, Oliver Kaul, Roger Kauffmann

Freizeit- und Glücksspielverhalten Jugendlicher und junger Erwachsener

1. Auflage, 2014
Kartoniert/Broschiert, 118 Seiten
19,90 €
ISBN 978-3-7841-2686-9

LAMBERTUS
SOZIAL | RECHT | CARITAS

www.lambertus.de

SGB II nach der Einführung des neuen Bürgergelds

Das SGB II - Grundsicherung für Arbeitsuchende – erfährt mit dem neu geschaffenen Bürgergeld zum 1. Januar 2023 eine grundlegende Reform. Nachhaltige Arbeitsmarktintegration durch mehr und bessere Qualifizierungs- und Weiterbildungsmöglichkeiten erhält eine größere Bedeutung und das Grundbedürfnis Wohnen und der Erhalt des bisherigen Lebensumfelds werden betont. 17 Jahre nach Einführung der Grundsicherung für Arbeitsuchende werden damit zentrale Webfehler des ursprünglichen Gesetzes beseitigt. Die Hinweise des Bundesverfassungsgerichts zur verfassungswidrigen Sanktionspraxis, ebenso wie das Sozialmonitoring der Wohlfahrtsverbände und die Analysen der Armuts- und Reichtumsberichte setzen dabei entscheidende Impulse.

Deutscher Caritasverband e.V.

SGB II nach der Einführung des neuen Bürgergelds

Gesetzestext mit gekennzeichneten Änderungen, Einführung und Stellungnahmen

1. Auflage, 2023
Kartoniert/Broschiert, 180 Seiten
9,90 €
ISBN 978-3-7841-3556-4

www.lambertus.de

LAMBERTUS
SOZIAL | RECHT | CARITAS